누가복음의 이해
(LUKE)

누가복음의 이해

2018년 6월 20일 초 판 1쇄 인쇄
2018년 6월 25일 초 판 1쇄 발행

저 자 • 양 창 삼
발행인 • 조 경 혜
발행처 • 도서출판 그리심
07030 서울시 동작구 사당로2길 72 인정 인정 B동 (B01)

등록번호 • 제 7-258호(1998. 4. 23)

출 판 사 • 전화 523-7589 팩스 523-7590
홈페이지 • http://grisim.biz
전자우편 • grisimcho@hanmail.net

값: 표지 뒷면에

ISBN 978-89-5799-411-5 93230

양 창 삼

서울대학교 정치학과(학사, 석사)
서울대학교 대학원(경영학석사)
웨스턴일리노이대학교(MBA)
연세대학교 대학원(경영학박사)
총신대학교 대학원(M.Div., Th.M.)
한양대학교 경상대학 학장
한양대학교 산업경영대학원 원장
연변과기대 부총장, 챈슬러
현) 한양대학교 경상대학 경영학부 명예교수
목사

성경관계 저서

사도행전의 이해(2018)
히브리서의 이해(2017)
민수기의 이해(2017)
신명기(2017)
출애굽기(2017)
레위기의 이해(2017)
빌립보서(2016)
요한복음(2012)
로마서의 이해(2009)
요한1 · 2 · 3서와 요한계시록(2008)
창세기 강해(1998)
다니엘서(1994)
그 외 다수

머리말

누가복음(the Gospel of Luke, the Gospel According to Luke)은 사복음서의 하나로 누가(Luke)가 썼다. 그는 이방인이었으며(골 4:11), 디도의 형제로도 추정되고 있다(고후 8:16-18, 12:18). 그는 무엇보다 수리아의 안티오크(Antioch)에 거주하던 의사로 알려져 있다. 그는 바울의 건강을 돌보았다. 바울은 안질을 앓고 있었는데 다마스쿠스(Damascus) 도상에서의 성령의 빛 때문일 것이라는 주장도 있다. 바울은 간질도 앓고 있었던 것으로 보인다.

누가가 바울의 제2차 전도여행 때 동행한 것으로 보아(행 16:10) 초기부터 이방인 회심자였던 것으로 보인다. 그는 바울의 제3차 여행에도 동행했으며 바울이 예루살렘에서 체포되는 위험상황에서나 로마에 있을 때도 함께 있었다. 이것으로 보아 누가는 바울의 진실한 동역자요 사랑하는 친구였음이 확실하다. 바울은 그를 가리켜 '사랑을 받는 누가(골 4:14)' 라 하고 그가 "너희에게 문안한."고 하였다. 로마에서 바울의 마지막 생활을 묘사하는 서신에서도 "누가만 나와 함께 있느니라(딤후 4:11)"고 했다. 이것은 누가가 의사이면서 바울의 사랑을 흠뻑 받고 있는 선교동역자임을 보여준다.

누가는 누가복음과 사도행전의 저자로 알려져 있다. 복음서에 대한 반마르키온서문(Anti-Marcionite Prologues), 무라토리아 정경(Muratorian Canon), 이레네우스(Irenaeus) 등 여러 전승도 제3복음서와 사도행전이 수리아의 안디옥 출신 누가에 의해 기록되었음을 밝히고 있다. 누가는 바울의 동역자요 친구로 바울이 전파하는 복음을 듣고 조사하여 누가복음과 사도행전을 기록한 것으로 보인다.

그러나 우리가 누가에 대해서 빼놓아서 안 될 중요한 것은 복음에 관한 한 어느 누구보다 강한 열정을 가진 인물이라는 사실이다. 그는 예수님께서 구세주시라는 강한 확신을 가지고 예수님의 자취와 복음의 역사를 기록으로 제시함으로써 우리에게 하나님의 뜻을 밝히려한 위대한 역사가이다. 나아가 그는 복음이 이스라엘 국경을 넘어 이방세계까지 전파되는 일에도 관심을 가지고 사도행전을 기록하였다.

1) 과학자로서 객관성과 정확성

누가복음은 풍부한 단어를 사용했고, 사복음서 가운데 가장 자세히 기록하였다. 자료를 취합해 완벽하게 기록한 역사서로도 인정받고 있다. 누가복음은 예수님의 인성을 완벽하게 그렸다. 예수님을 사람의 아들로, 어린 때의 모습까지 묘사했다. 누가는 비록 사도들의 총회와 같은 몇 가지 문제에 대해 바울과 다른 관점을 가지고 있었지만(행 15;갈 2) 그의 독특한 경험은 두 권의 책을 쓰는 데 귀중한 배경을 제공해 주었다. 그는 성경의 저자가운데 유일한 이방인이기도 하다.

2) 누가복음 기록 연대

누가복음이 기록 연대를 정확히 산출하기는 어렵다. 그러나 여러 성경학자들은 두 가지 점에서 생각을 같이 하고 있다. 하나는 마가복음을 기초 자료로 사용했을 것으로 추정되기 때문에 누가복음은 마가복음 이후에 기록되었다는 점이다. 다른 하나는 누가가 사도행전 첫머리에 "데오빌로여 내가 먼저 쓴 글에는 무릇 예수의 행하시며 가르치시기를 시작하심부터 승천하신 날까지의 일을 기록하였노라(행 1:1-2)"라고 말하고 있어 만일 먼저 쓴 글이 누가복음이라 할 경우 누가복음은 사도행전보다 먼저 쓰였다는 점이다. 이 두 가지 점을 고려하여 학자들은 누가복음의 기록연대를 A.D. 63년에서 A.D. 80년 사이로 추정하고 있다.

그러나 기록 연대에 관한 논란은 계속되고 있다. 가장 논란되고 있는 것은 예루살렘 멸망에 관한 예수님 말씀에 대한 기록(눅 19:41-44, 21:20-24)을 사건 전의 초자연적 예언으로 볼 것이냐 아니면 사건 후의 기록으로 볼 것이냐 하는 것이다. 예루살렘의 멸망이 A.D. 70년에 있었고 누가복음이 비록 예언이라 할지라도 이 사건을 비교적 정확한 내용을 담고 있어 그 사건이 일어난 후에 기록된 것으로 간주되기 쉽다. 특히 예수님께서 예루살렘을 향해 "돌 위에 돌 하나도 남지 않으리라."는 예언의 말씀은 70년 로마군에 의한 예루살렘 파괴가 보여준 너무나 생생한 표현이라는 주장이다.

누가복음이 이 사건 후의 기록으로 간주될 경우 누가복음은 사도행전보다 늦게 기록된 것이 아닌가 하는 추측을 낳게 한다. 사도행전은 일반적으로 A.D. 63년에 기록한 것으로 알려져 있다. 왜냐하면 64년에 로마의 대화재와 함께 기독교인에 대한 심한 박해가 있었는데 사도행전에 이 박해에 관한 기록이 없기 때문이다. 이 경우 누가복음이 사도행전보다 먼저 쓰였을 것으로 본 성경의 기록과 달라진다. 따라서 여러 복음주의 학자들은 예루살렘 멸망에 관한 누가복음의 기록은 사건의 성취까지 담은 것이 아니라 말씀 그대로 미래의 일로 남겨둔 초자연적 예언으로 간주하고 있다.

복음서에 대한 반마르키온서문에 따르면 누가복음은 아가야에서 기록되었다. 그러나 여러 학자들은 이 견해에 신빙성을 두지 않고 로마나 안티오크를 기록장소로 간주하고 있다.

3) 기록의 원천

누가는 예수님의 관한 행적을 차례대로 써보고 싶었다. 예수님에 관한 행적은 예수님을 직접 목격했고 지금은 그리스도의 일꾼이 되어 열심히 일하는 사도들의 입을 통해 전해오는 전승이 있었다. 누가 이외에도 전해 내려오는 예수님의 행적에 관한 것을 쓰려고 붓을 든 사람들이 많이 있었다(눅 1:2). 누가는 이런 많은 자료들을 참고했을 것이다.

성경학자들은 누가가 마가복음과 아직 그 정체가 확실히 밝혀지지 않았으나 가장 먼저 쓰인 복음서로 인정받고 있는 '가문서 Q' 를 주로 사용했을 것으로 보고 있다. 가문서 Q는 마가복음에 기록되지 않았지만 마태복음과 누가복음에는 기록되어 있는 약 200절 이상의 성경구절이 실려 있을 것으로 추정되고 있다. 많은 성경학자들은 누가가 많은 자료가운데서도 마가의 것을 가장 많이 참고했을 것으로 보고 있다.

누가는 마가복음과 마태복음에 있는 내용을 생략하기도 하고, 두 복음서에 실려 있지 않는 자신만의 내용을 첨가하기도 했다. 특히 그는 요한의 부모와 예수님의 탄생과 다른 복음서에 나타나 있지 않은 사건들에 관해 개인적으로 자료들을 입수했던 것으로 보인다. 누가는 당신 노인이 되었을 예수님의 모친 마리아로부터 예수님에 관한 여러 말씀을 직접 듣고 기록했을 것으로 보인다. 왜냐하면 다른 공관복음에 없는 세례 요한의 출생예고와 예수의 탄생예고의 사건, 마리아의 찬송, 목자들에게 전해진 천사의 메시지, 어린 예수의 성전방문 사건 등 여러 가지가 마리아의 직접 증언에 바탕을 둔 것으로 보이기 때문이다.

누가는 여러 전승 자료뿐 아니라 자신이 직접 조사한 자료들을 모아 복음이 진리라는 확신을 가지고 이 진리를 밝히기 위해 자료들을 차례대로 체계화시켜 나갔다.

4) 누가복음이 다른 복음과 다른 특색

누가복음은 다른 복음서와 여러 가지 점에서 다른 특색이 있다.

첫째, 누가복음의 초점은 항상 예수님에 맞춰져 있다. 마태복음에 소개된 예수님의 족보는 아담에서 출발하여 예수에 이르지만 누가복음에 기록된 예수님의 족보는 예수로부터 출발하여 아담에 이른다, 누가복음의 출발점이 바로 예수님이시라는 것은 누가복음이 예수님으로부터 출발한다는 것을 보여준다.

둘째, 그리스도의 주되심을 강조하고 있다. 누가는 최소한 18회 정도 '주님' 이라는 칭호를 사용했다. 사도행전에서는 약 50회 정도 사용되었다. 그는 예수님이 주님이심을 고백하는 신앙에서 주님을 향해 경외를 나타냈다. 누가에 있어서 그리스도는 하나님의 아들이자 주님이시다. 그 주님은 하나님의 뜻을 이루기 위해 고난과 죽음과 부활을 경험하셨으며 이 과정을 통해 은혜의 사역을 완성하셨다.

셋째, 누가복음은 이방선교에 대해 특별한 관심을 보이고 있다. 이방인 전도에 대한 관심은 나사렛 회당에서의 설교(4:25-27), 탄생기사(2:32), 큰 잔치비유(14:23), 선교의 명령(24:47) 등에서 뚜렷이 나타나 있다. 누가는 죄인들의 회심과 사마리아에서의 회개역사에 특별한 관심을 보였고, 예수님의 많은 사역들이 예루살렘에서 이루어졌으나 교회가 예루살렘에서 시작되어 온 세계로 뻗어나감을 보여주었다. 사도행전은 이러한 전파과정을 잘 보여주고 있다.

넷째, 누가복음은 사회문제에 관심을 보였다. 이 관심은 가난한 자들에 대한 축복과 부자들에 대한 화의선언(6:20-26), 물질에 대한 비유, 어리석은 부자의 비유, 부자와 나사로의 비유, 구제와 선행에 대한 강조 등에 나타나 있다. 누가복음은 당시 천대받았던 가난한 자나 여성에 대한 예수님의 깊은 관심을 드러냈다. 누가는 잃은 양, 잃어버린 동전, 기다리는 아버지의 비유를 통해 예수님을 낮고 천한 이들에게 희망을 주시며 죄를 용서하고 끝없이 사랑하시는 분으로 묘사하고 있다.

또한 누가는 나인성 과부, 회개한 창기, 혈루증 앓는 여인, 마르다와 마리아, 불의한 재판관의 비유 등을 통해 다른 복음서보다 여인에 대해 더 많은 이야기를 다룸으로써 여성에 대한 예수님의 관심을 보였다. 이것은 예수님이 누구를 더 생각하셨는가를 보여주고 우리도 그러한 삶을 살아야 한다는 것을 일깨워준다. 선한 사마리아 비유는 이것을 밝히 가르쳐 준다. 누가는 그리스도의 제자라면 물질적인 희생과 나눔을 당연히 감당해야 한다고 주장하고 헌신적인 희생의 제자도를 강조하였다.

다섯째, 구원의 기쁨을 강조하였다. 누가는 목자들에게 준 천사의 메시지, 돌아온 탕자의 비유, 예수님의 발을 눈물과 향유로 씻은 여인 등의 사건을 통해 구원의 기쁨과 감격을 전하고 있다. 누가는 이 구원의 기쁨이 모든 인류, 곧 이방인이나 사마리아인이나 세리나 죄인이나 모두를 위한 것임을 강조함으로써 누가복음을 세계인을 위한 복음서로 만들었다.

여섯째, 임할 하나님의 나라와 은사, 그리고 성령의 기쁨을 강조하고 있다. 누가는 앞으로 임할 나라와 은사, 성취, 그리고 성령의 기쁨에 대해서도 특별한 관심을 가지고 있었다. 그는 자기 자녀들에게 좋은 선물을 주시는 이상적인 아버지처럼 하나님을 '구하는 자에게 성령을 주시는 하늘에 계신 아버지(눅 11:13)'로, 그리고 이와 똑같은 사랑과 용서를 이웃에게 베풀라 권면하였다.

일곱째, 누가는 자비한 은혜와 엄격한 요구가 상존하고 있음을 보여주고 있다. 그는 삭개오와 회개한 창녀의 이야기 등을 통해 예수님의 부드러움과 자애심을 드러내는 반면 제자들에게는 자신에 대해 절대적인 신뢰와 복종을 요구하신다는 것을 보여줌으로써 은혜와 복종을 병존시켰다. 그는 예수님이 전한 복음은 은혜와 책임, 선물과 과제라는 이중적인 성격이 있음을 강조하였다.

끝으로, 누가복음만의 독특한 기록이 있다. 누가복음에는 마태복음이나 마가복음에서 찾아볼 수 없는 기록들이 있다. 70인의 제자파송, 마리아와 마르다, 어리석은 부자, 거지 나사로, 삭개오, 열 므나의 비유, 다시 찾은 드라크마, 과부와 재판관, 세리의 기도, 그리고 예수님의 승천에 대한 언급 등이 그 예다.

지금까지 성경을 연구하며 주해하는 작업을 해왔다. 하나님의 말씀은 우리 삶의 궁극적인 지표가 되고, 알면 알수록 예수의 생명이 우리 안에 역사하심을 느낄 수 있기 때문이다. 우리 모두는 하나님의 백성들이다. 누가복음은 예수 그리스도가 왜 우리에게 큰 기쁨과 소망을 주시는가를 가르쳐 줄 뿐 아니라 왜 그 나라를 구하며 살아야하는가를 보여준다. 이 책이 우리 주님과 주신 복음을 좀 더 이해하는 데 길잡이가 되었으면 한다. 모든 영광을 하나님께.

양 창 삼

목 차

The Gospel according to LUKE

누가복음의 이해

양 창 삼 지음

제1장

돋는 해가 위로부터 우리에게 임하다

1. 누가복음을 쓴 목적(1-4절)

누가는 머리말에 해당하는 누가복음 1:1-4에서 이 복음서를 기록한 목적을 다음과 같이 밝혔다.

첫째로, 그는 예언이 사실로 이루어졌음을 보여주고자 했다. 누가는 맨 먼저 '우리 중에 이루어진 사실'에 대해 기록하고 싶어 했다. 이루어진 사실이란 이미 선지자를 통해 예언된 것이 사실 그대로 우리 가운데 이루어진 것으로 예수님의 사역을 말한다. 이것은 기독교가 역사적 사건에 기초한 종교임을 입증한다. 기독교는 어느 누구의 환상이나 투시나 이론이나 관념에 바탕을 둔 것이 아니라 오직 예수 그리스도의 구원 사건에 바탕을 두었다는 것이다. 이것은 우리 믿음의 근거가 되는 것이며 우리 삶의 이유가 된다.

이 구속적 사실, 역사적 사실이 우리 믿음의 존재근거가 되어야 함에도 불구하고 우리가운데 상당수는 지금도 허황된 꿈이나 환상을 믿고, 투시자의 말에 어쩔 줄 몰라 하며, 지식인들의 관념에 도취되어 그것을 진리로 받아들이며, 심지어 사이비종교가들의 말에 빠지기도 한다. 이것은 우리 믿음이 이루어진 사실에 근거하지 않은 연약한 믿음임을 보여준다.

기독교는 환상의 종교도 아니고 투시의 종교도 아니며 오직 하나님의 말씀이 이루어진 사실에 입각한 종교다. 누가는 바로 이 사실을 차례로 기술하고자 했다. 이런 의미에서 누가복음은 이 세상의 역사기록이 아니라 이 세상을 향한 하나님의 뜻을 담은 역사기록이라는 특색이 있다.

둘째로, 누가는 그리스도 공동체 모두를 대상으로 복음서를 썼다. 누가는 이 복음서를 데오빌로(Theophilus) 각하에게 보내기 위한 것임을 분명히 했다(3절). 데오빌로는 로마의 관원으로 보기도 하고 안디옥교회의 감독으로 추측하기도 한다. 종종 책을 쓸 때 재정적으로 도움을 준 사람에게 감사의 뜻으로 언급되기도 하는데 그가 누가에게도 재정적으로 지원을 하지 않았겠느냐는 추측을 낳게 한다.

그러나 그 이름 속에는 '하나님(데오)을 사랑함(빌로)' 이라는 뜻을 가지고 있어 하나님을 열심히 섬기는 인물임을 짐작케 한다. 그는 아마도 예수 그리스도를 믿고 사랑하기는 하지만 구속사적인 점들에 관해 미비한 부분이 있었지 않았나 생각이 든다.

누가는 사도행전을 쓰면서도 데오빌로를 언급함으로써 두 기록 모두 그를 의식하며 기록했다는 것을 알 수 있다. 그러나 두 기록 모두에서 데오빌로가 나온다고 해서 그 사람만 읽어보도록 쓴 것은 아니다. 오히려 누가는 로마 제국 전역에 흩어져 있는 기독교 공동체를 마음에 그리며 그들에게 예수님의 생애에 관한 중요한 사실들을 제공하기 위해 누가복음을 기록했을 것이다.

당시 교회들은 사도들의 글과 편지를 돌아가며 읽고 위안을 받았다. 그러므로 누가가 두 기록 모두 데오빌로에게 보낸 것이었다 해도 그만 읽은 것이 아니라 당시의 많은 그리스도 공동체에서 읽혀졌다는 점에 비추어 누가는 한 인물을 대상으로 기록한 것이 아니라 그리스도인 모두를 위한 것이었음을 알 수 있다. 2천년이 지난 지금 우리 모두가 그의 글을 읽고 있음을 볼 때 얼마나 큰 축복인가.

셋째로, 믿음을 확실히 하기 위해 복음서를 썼다. 누가는 이 복음서를 쓴 목적을 '각하로 그 배운 바의 확실함을 알게 하려 함이로라(4절)' 못 박았다. 데오빌로는 예수의 여러 행적에 대해 배웠던 것이 명확하다. 그러나 누가는 그 행적에 대한 사실 인식에 그치지 않고 그 사건 하나하나가 하나님의 뜻을 이루고자 한 것임을 분명히 하고자 했다. 이를테면 예수님께서 회당에서 이사야의 글을 읽으신 다음 "이 글이 오늘날 너희 귀에 응하였느니라(눅 4:21)"는 말씀이 있다. 이것은 예수님의 행적 하나하나가 선지자를 통하여 전해진 예언의 말씀을 이루는 것임을 의미한다. 누가는 예수님의 내력에 관해 그 근원부터 차례대로 그리고 소상히 밝힘으로써 예언의 말씀이 어떻게 이루어졌는가를 보여주고자 했다. 그는 이러한 깨달음을 통해 우리로 하여금 확고한 믿음을 가지도록 한 것이다.

누가가 복음서를 기록하고자 한 것은 복음에 대한 열정 때문이었다. 그는 복음이 가지고 있는 의미를 확실하게 우리에게 전달하고 싶어 했으며 이 복음의 말씀을 통해 예수님에 대해 흔들림이 없는 믿음 갖기를 열망했다. 그가 기록한 말씀은 일반 역사와 다르다. 그의 기록은 진실을 밝히는 것이며 하나님의 목적을 드러내는 것이다. 그가 쓴 복음서는 상상에서 나온 것이 아니다. 목격자이자 일꾼들인 사도들의 증언에 바탕을 둔 기록이다. 우리는 이 복음서를 읽으면서 우리의 믿음을 향한 그의 열정을 느껴야 하며 특히 그가 말하고자 하는 복음의 의미를 바로 이해하고 보다 바른 믿음을 갖도록 노력해야 할 것이다.

2. 세례 요한의 탄생 예고(5-25절)

누가는 1장에서 세례 요한의 출생과 예수님의 탄생 기사를 함께 다루면서 두 사건 모두 하나님이 가브리엘 천사를 통해 하나님의 계시를 전달했으며, 그 계시를 통해 앞으로 두 사람이 어떤 역할을 맡게 될지 명백히 했다.

천사 가브리엘[1]은 하나님의 명령을 받고 제사장 직무를 수행하고 있던 사가랴에게 나타났다. 사가랴는 헤롯 왕 때 아이야 반열의 제사장이었다. 유다의 제사장들은 모두 24개조로 구성되어 있다. 아비야 제사장 조는 여덟 번째에 속한다. 그의 아내는 엘리사벳으로 아론의 자손이었다. 두 사람 모두 하나님 앞에 의인이고 주의 계명과 법도를 흠 없이 행했지만 나이가 많고 둘 사이에 자식이 없었다.

사가랴의 차례가 되어 분향 단에 분향을 하며 제사장으로서의 직무를 수행하고 있을 때 갑자기 주의 천사가 나타났다. 천사를 보고 놀라자 "네 아내 엘리사벳이

1) 가브리엘은 천사장으로 그리스도 탄생을 위해 하나님으로부터 파견된 천사이다. 사가랴에게 나타나 세례 요한의 출생을, 마리아에게 나타나 그리스도의 탄생을 예고했다. 목자나 요셉에게 나타난 천사도 가브리엘일 것으로 추정되고 있다. 가브리엘은 인간 구원에 관심이 많았다. 가브리엘은 다니엘에게 나타나 70주 예언을 했다.

네게 아들을 낳아 주리니 그 이름을 요한이라 하라" 했다. 하나님의 능력이 나타날 것이란 말이다. 요한은 '하나님은 은혜로우시다' 라는 뜻을 가지고 있다. 요한의 출생은 하나님의 은혜라는 말이다.

가브리엘은 저가 주 앞에 큰 자가 되어 이스라엘 자손을 많이 하나님께로 돌아오게 하고(예언자적 사명) 주를 위하여 세운 백성을 예비하리라(주의 길을 예비하리라) 엘리야의 심령과 능력으로 주 앞에 먼저 와서 아버지의 마음을 자식에게, 거스르는 자를 의인의 슬기에 돌아오게 하고 주를 위하여 세운 백성을 준비하리라[2]하였다(15-17절). 그의 역할에 대한 예언이다. 요한은 나실인처럼 독한 술을 입에 대지 않고, 하나님의 중요한 과업을 성취하기 위해 태아 때부터 성령 충만할 것이라 했다. 보통 사람이 아니라 하나님의 특별한 선택을 받았다는 말이다.

사가랴가 그 일에 대해 의심을 했다. 두 사람 모두 나이 들어 임신이 가능한 나이가 아니었기 때문이다. 천사는 자신이 가브리엘임을 밝히고, 이 일이 이루어지는 때까지 말을 못하는 벙어리가 될 것이고, 때가 이르면 그의 말이 이루어질 것이라 했다. 말을 못하게 된 것은 불신앙에 대한 징계이기도 하고, 주의 계시를 비밀에 붙이는 방편이기도 하다. 사가랴가 직무를 마치고 집으로 돌아갔고, 그의 아내 엘리사벳은 수태하게 되었다. 엘리사벳이 임신하자 다섯 달 동안 숨어 지냈다. 숨어 지낸 정확한 이유는 알 수 없다. 천사의 말이 이루어질 때까지 근신한 것으로 보인다. 엘리사벳은 말했다. "주께서 나를 돌보시는 날에 사람들 앞에서 내 부끄러움을 없게 하시려고 이렇게 행하심이라." 하나님이 그녀를 돌아보았다는 것이다. 불가능을 가능케 하시는 분은 하나님이다.

3. 예수님의 탄생 예고(26-38절)

여섯 째 달에[3] 천사 가브리엘이 하나님의 보내심을 받아 갈릴리 나사렛에 있

2) "엘리야의 심령과 능력으로 주 앞에 먼저 와서 아버지의 마음을 자식에게, 거스르는 자를 의인의 슬기에 돌아오게 하고 주를 위하여 세운 백성을 준비하리라(17절)." Living Bible에 따르면 "어른의 마음을 어린 아이의 마음과 같이 되도록 부드럽게 하고"라 하였다.

3) 이것은 세례 요한이 예수보다 6개월 먼저 태어났음을 보여준다.

는 마리아에게 갔다. 그는 다윗의 자손 요셉과 약혼한 사이다. 마리아는 16-18세였을 것으로 추정되고 있다.

가브리엘은 마리아에게 말한다. "은혜를 받은 자여 평안할 지어다. 주께서 너와 함께 하시도다. 무서워하지 말라 네가 하나님께 은혜를 입었느니라." 요셉과 마리아는 정혼한 사이다. 정혼은 양가에서 서로 인정하는 것으로, 법적 효력을 지닌다. 여기서 은혜는 잉태해 아들을 낳는 일이다. 무엇이 은혜인가?

첫째, 하나님이 아시고 함께 하는 것이 은혜다. 당시 사람들은 나사렛에서 선한 것이 날 수 없다고 생각했다. 나사렛은 타락하고 범죄가 많은 곳이자 변방으로 인정을 받지 못한 곳이었다. 하나님은 이 비천한 곳을 돌아보셨다. "은혜를 받은 자여"는 이미 은혜 받은 것이 지속되었음을 보여준다. "주께서 너와 함께 하시도다." 이미 함께 하셔서 순수성을 유지할 수 있었다. 하나님은 다 보고 계시고, 알아주신다. 남이 몰라준다 할지라도, 하나님이 알아주시는 것으로 감사하자.

둘째, 이미 함께 하신 은혜를 깨닫는 것이 은혜다. 깨달아지는 은혜다. 믿음 갖고 있는 것 자체가 은혜다. 하나님이 붙들고 있지 않으면 불가능하다. 반석이신 예수님이 광야 길의 그들을 따르셨다. 주님은 광야길 생명 물줄기를 뚫고 계셨다.

셋째, 하나님 나라를 위해 쓰임 받는 것이 은혜다. 내가 생각하는 대로 되는 것을 은혜로 생각하는 것을 벗어나라. 마리아는 말한다. "주의 여종이오니 말씀대로 내게 이루어지이다." 세상 사람들이 자신을 비난할 수도 있다. 그렇다 해도 자신이 하나님을 위해 쓰임 받는다는 사실을 기뻐했다. 이것이 바로 하나님을 향한 마리아의 믿음이다.

가브리엘 태어날 예수가 5가지를 할 것이라 예언했다(26-38절). 첫째, 큰 자가 된다. 전 인류를 위해 봉사한다. 죄에서 구원하시기 때문이다. 둘째, 지극히 높으신 분이시다. 셋째, 다윗의 위로 오실 메시야시다. 다윗에게 주신 언약에 근거하여 메시야로서 다윗의 왕좌를 이어받는다는 것이다. 넷째, 영원히 왕 노릇하신다. 끝으로, 그 나라가 무궁하다.

예수님은 완전한 사람, 완전한 하나님 두 품성을 한 인격 속에 가지신 분으로 이 땅에 오신다. 예수님만이 구세주가 되신다. 하나님은 능치 못하심이 없다. 마리아는 자신을 계집종이라 했다. 순종하겠다는 것이다. 그는 은혜 받은 즉시 행동으로 옮겼다. 우리도 그런 자세가 필요하다. 마리아의 받은 은혜가 우리에게 넘치기를 기도한다.

4. 마리아의 엘리사벳 방문(39-45절)

마리아가 친족인 엘리사벳을 방문한다. 마리아의 문안을 받자 엘리사벳은 아이가 복중에서 뛰노는 것을 느꼈다. 엘리사벳이 성령이 충만한 가운데 큰 소리로 축복한다.

> "여자 중에 네가 복이 있으며 네 태중의 아이도 복이 있도다 내 주의 어머니가 내게 나아오니 이 어찌 된 일인가 보라 네 문안하는 소리가 내 귀에 들릴 때에 아이가 내 복중에서 기쁨으로 뛰놀았도다 주께서 하신 말씀이 반드시 이루어지리라고 믿은 그 여자에게 복이 있도다(42-45절)."

마리아를 축복한 것이다. 또한 마리아를 가리켜 '내 주의 어머니' 라 했다. 이것은 태중의 예수를 '주' 라 한 것으로, 메시야로서의 예수의 지위를 말해준다. 요한은 그의 종으로서의 역할을 하게 된다는 것이다. 나이 많은 엘리사벳도 젊은 마리아 앞에서 예의를 갖췄다. 메시야의 어머니가 자신을 찾아준 것은 감당할 수 없는 일이었기 때문이다.

그뿐 아니다. '아이가 복중에서 기쁨으로 뛰놀았다' 는 것은 단순히 태아의 움직임을 말하는 것이 아니다. 태중의 요한이 예수님의 방문을 기뻐한 것이다. 이것은 예수님과 요한의 탄생이 하나님의 섭리에 따라 된 것이며 모두에게 기쁨을 주는 일을 말해준다.

5. 마리아의 찬송(46-56절)

누가복음 1:46-55은 '마그니피카트(*Magnificat*)' 라 불리는 마리아의 송가이다.

이 송가는 기독교교회 역사 초기부터 불려진 4곡의 크리스마스 축복의 송가 중 하나이다. 다른 송가들로는 '베네딕투스(*Benedictus*)' 라 불리는 사가랴의 송가(눅 1:67-80), '천상의 글로리아(*Gloria in Excelsis*)' 라 불리는 천사들의 송가(눅 2:14), 그리고 '눙크 디미티스(*Nunc Dimittis* 이제 놓아주시는도다)' 라 불리는 시므온의 송가(눅 2:29-32)가 있다.

성탄의 진정한 의미는 "왜 예배해야 하는가?"를 우리에게 가르쳐 준다는 점에 있다. 예배는 하나님을 경배하고 예배하기 위한 것이다. 마리아의 찬양과 경배는 마리아가 경배 받을 신적 존재가 아니라 하나님께 경배 올리는 자임을 보여준다.

마리아는 송가에서 "내 영혼이 주 찬송하며 내 마음이 내 구주를 기뻐한다"고 했다. 이것이 경배의 내용이다. 그는 마음과 영혼이 하나님을 찬송한다고 했다. 예배에는 내면이 중요함을 가르쳐 준다. 마음이 떠난, 입술만의 예배는 안 된다.

"여종의 비천함을 돌아보셨다"고 했다. 겸손의 표현이다. 진정한 경배는 겸손에서 나온다. 예배는 겸손과 겸비가 필요하다. 자기 자신을 생각하지 않는다. 교만은 자기에게 집중하게 만든다. C.S. 루이스는 '나를 덜 생각하고 주님을 더 깊이 생각하는 것이 겸손이다' 하였다. 하나님은 마음이 겸손한 자와 함께 하신다(사 57:15). 긍휼하심이 겸손하게 경배하는 자에게 대대로 이른다. "여호와의 인자하심은 자기를 경외하는 자에게 영원부터 영원까지 이르며 그의 의는 자손의 자손에게 이르리니(시 103:17)." 개인의 경배가 공동체적으로 흘러넘친다. 마리아의 찬송 상당 부분은 삼상 2;1-10에 나오는 한나의 기도와 유사하다.

천국의 문지방을 넘는 경험을 하는 것이 예배다. 하늘의 신비다. 성탄의 정신은 경배를 통해 그 신비를 경험한다. 엘리사벳은 아이를 갖지 못했었다. 출산하지 못하면 희망이 없는 사람으로 간주되었다. 그러나 그는 하나님의 능력으로 세례 요한을 낳게 된다. "출산하지 못한 너는 노래하라(사 54:1)." 경배하면 달라진다. 마리아는 석 달 정도 함께 있다가 집으로 돌아갔다.

5. 세례 요한의 출생(56-66절)

세례 요한의 탄생을 기록한 부분이다. 엘리사벳이 아들을 낳자 이웃과 친족이 함께 기뻐했다. 팔레스타인에서는 여인이 해산할 때가 되면 친족들과 동네의 악사들이 모여 기다리다가 아들이 태어나면 함께 노래를 부르며 기뻐한다. 딸이 태어나면 그냥 말없이 각기 흩어졌다고 한다.

출산 후 8일이 되자 할례 식을 하기 위해 사람들이 모였고, 아이의 이름을 부친의 이름을 따 '사가랴' 로 하자고 했다. 그러자 엘리사벳은 '요한' 이라 하도록 했다. 이것은 아이의 이름을 요한으로 하도록 한 천사의 말을 엘리사벳도 알았음을 보여준다. 사람들은 친족 중에 그런 이름이 없다며 거부감을 드러냈다. 부친에게 물어보자며 사가랴에게 그의 의사를 물었다. 아직도 입이 풀리지 않은 사가랴는 서판을 달라며 그 이름을 '요한' 으로 하도록 했다. 사람들이 기이히 여기는 순간 사가랴의 입이 풀렸다.

다시 말을 할 수 있게 된 사가랴는 하나님을 찬송하고 그들에게 자초지종을 말해주었다. 소문은 널리 퍼지게 되었고, 그 말을 들은 사람들은 모두 그의 말을 마음에 새기며 "이 아기가 앞으로 어떤 사람이 될까?" 했다. '이는 주의 손이 저와 함께 하심이라(66절)' 했다. 이것은 주님의 손길이 그 아기를 보살피고 계신 것이 분명하다는 것을 확신했음을 의미한다.

6. 사가랴의 찬송(67-79절)

67-79절은 사가랴의 축복의 송가다. 축복의 송가는 마음 상한 자를 살리는 강력한 무기이다. 사가랴는 엘리사벳이 낳은 아이의 이름을 요한이라 하도록 했다. 마침내 입이 열린 그는 성령의 충만함을 받아 예언하기 시작한다. 이것이 그의 송가다.

그의 송가의 주제는 "찬송하리로다 주 이스라엘의 하나님이여 그 백성을 돌보사 속량하시며(68절)" 에 있다. 예수의 오심은 백성을 속량하기 위함이다. 이를 위해 구원의 뿔(69절)[4]을 높이 들고 원수의 손에서 구출(71,74절)해 내고 죄를 용

---

4) 구원의 뿔은 구약에서 자주 언급되는 것으로, 힘과 능력을 은유화한 것이다.

서(77절)하신다. "아들을 낳으리니 이름을 예수라 하라 이는 그가 자기 백성을 그들의 죄에서 구원할 자이심이라 하니라(마 1:21)." 하지 않으셨는가. "이는 우리 하나님의 긍휼로 인함이라 이로써 돋는 해가 위로부터 우리에게 임하여(78절)." 하나님이 우리를 불쌍히 여기심 때문이다. '돌보다(episkeptomai, look upon, visit)' 는 '찾아오셨다' 는 말이다. 하나님이 찾아오시면 축

예수님이 이 땅에 오시는 것은 예언의 성취다. "이것은 주께서 예로부터 거룩한 선지자의 입으로 말씀하신 바와 같이(70절)." 선지자들이 전한 약속이었다. "우리 조상을 긍휼히 여기시며 그 거룩한 언약을 기억하셨으니(72절)." 조상들이 간직한 약속이었다. "곧 우리 조상 아브라함에게 하신 맹세라(73절)." 언약으로 보증된 약속이었다.

예수님께서 오심으로 변화가 일어난다. "종신토록 주의 앞에서 성결과 의로(75절 상반부)" "두려움 없이 섬기게 하리라(75절 하반부)." 윤리적으로 변화가 일어나고 정서적으로 변화가 일어난다. 주의 오심으로 우리에게 영적인 변화가 일어난다.

태어날 요한은 주의 길을 평탄케 하는 일을 하게 된다. "너는 주의 길을 예비할 것(76절)" 이고 "너는 구원의 지식을 선포할 것(77절)" 이다. "선지자 이사야의 글에 보라 내가 내 사자를 네 앞에 보내노니 그가 네 길을 준비하리라 광야에 외치는 자의 소리가 있어 이르되 너희는 주의 길을 준비하라 그의 오실 길을 곧게 하라(막 1:2-3)." 광야의 오치는 자의 소리가 된다.

주님은 우리를 자유하게 하신다. "이로써 돋는 해가 위로부터 우리에게 임하여(78절)" 어두움가운데 빛이 임한다. "어둠과 죽음의 그늘에 앉은 자에게 비치고 우리 발을 평강의 길로 인도하시리로다(78절)," 저주받는 자를 용서하시고 길 잃은 자 인도하신다.

예수님은 이렇게 오셨다. 겸손한 영혼만이 오늘도 예수 그리스도에게 다가가 그를 경배하고 찬양할수 있다. 이것이 그리스도인의 특권이다.

제2장

예수 탄생, 큰 기쁨의 좋은 소식

1. 예수의 탄생(1-7절)

요셉은 가이사 아구스도(Caesar Augustus)가 내린 호적등록 명령(a decree to register)에 따라 호적을 하기 위해 고향인 베들레헴으로 갔다. 아구스도는 율리우스 시저를 계승한 로마 최초의 황제인 옥타비아누스를 가리킨다.[5] 그는 B. C. 31년에서 A. D. 14년까지 로마 황제를 지냈다. 로마 제국 전체에 내려진 호적등록 명령은 로마제국의 인구조사(a census)로, 주로 세금을 안정적으로 확보하기 위한 것이었다. 황제의 호적 령에 따라 수리아 총독(governor of Syria)으로 있던 구레뇨(Quirinius)가 B. C. 4년에 이 지방에 대한 책임을 지고 실행에 들어갔다. 구레뇨는 B. C. 4년에서 A. D. 7년까지 총독으로 있었다.

요셉은 다윗 족속이기 때문에 갈릴리 나사렛에서 베들레헴으로 가야 했다. 누가가 이것을 언급한 것은 예수 탄생이 역사적인 사건임을 보여준다. 나사렛에서 베들레헴까지는 약 160km이다. 베들레헴은 다윗의 성읍이자 라헬이 묻힌 곳이며 룻이 살던 곳이었다.

마리아가 해산할 날도 가까웠다. 하지만 머물 곳이 없었다. 사람들로 붐볐기 때문이다. "사관에 있을 곳이 없음이라." 사관을 여러 역본에서는 여관(inn)으로 해석하고 있다. 그러나 원문은 '카타루마(kataluma)' 로 '묵을 방' 을 의미한다. 학자

---

5) 아우구스투스는 로마 제국의 초대 황제이다. 또한 로마 제국의 첫 번째 황조인 율리우스-클라우디우스 왕조의 초대 황제이기도 하다. 본명은 가이우스 옥타비우스 투리누스였으나, 카이사르의 양자로 입적된 후 가이우스 율리우스 카이사르 옥타비아누스로 불렸다.

에 따라서는 당시 베들레헴에 일반적인 여관이 있었다고 보기 어렵기 때문에 그저 '머물 곳'을 말하는 것이 합당하다 주장하기도 한다.

이 땅에 오신 예수님에게 머물 곳이 없었다는 것은 예수의 탄생이 열악한 환경 가운데서 이루어졌음을 보여준다. 현재 우리의 입장에서 생각하면 결코 있을 수 없는 일이다. 하지만 하나님 편에서 보면 그리스도의 겸손하심과 인간에 대한 사랑이 얼마나 크신가를 보여준다. 하나님이 인간이 되신다는 것은 우리의 상상을 뛰어넘는 지극히 낮아지심이기 때문이다. 주님이 이 땅에 오시는 데도 불구하고 머물 곳이 없을 만큼 환영받지 못한 모습을 볼 때 안타깝기 그지없다. 아직도 우리 안에 주님이 머무실 공간(room)이 없지 않은지 살펴봐야 한다.

예수님은 마구간에서 태어났다. 강보(swaddling cloths)에 싸여 구유(manger)에 뉘였다. 가장 비위생적인 곳에서 태어나셨다. 하지만 이곳은 누구나 가까이 접할 수 있는 곳이다. 우리는 우리를 향하신 하나님의 마음을 읽을 수 있어야 한다.

2. 천사들이 목자들에게 전해 준 기쁜 소식(8-20절)

예수 탄생과 연관해 마태가 동방박사를 소개했다면 누가는 목자들에게 탄생의 기쁜 소식을 기록했다는 점에서 특이하다.

베들레헴에 가면 예수 탄생기념 교회가 있다. 그리고 목자들이 양을 치던 곳으로 생각되는 곳을 안내받는다. "베들레헴 에브라다야 너는 유다 족속 중에 작을지라도 이스라엘을 다스릴 자가 네게서 내게로 나올 것이라 그의 근본은 상고에, 태초에니라" 하신 미가서 5장 2절이 성취된 곳이다.

예수의 탄생 소식은 밤에 양 떼를 지키던 목자들에게 전해졌다. 그것도 천사를 통해. 목자들은 무서웠다. 천사는 무서워말라며 인류가 기다리고 기다렸던 소식을 전한다.

"내가 온 백성에게 미칠 큰 기쁨의 좋은 소식을 너희에게 전하노라 오늘날 다윗의 동네에 너희를 위하여 구주가 나셨으니 곧 그리스도 주시니라 너희가 가서 강보여 싸여 구유에 누인 아기를 보리니 이것이 너희에게 표적이니라(눅 2:10-12)."

이스라엘이 얼마나 기다렸던 소식인가. 지난 4백 년 동안 이스라엘은 메시야 오기를 기다렸지만 소식이 없었다. 백성들은 외세의 지배를 받으며 힘겹게 살아왔다. 사람들은 하나님께서 자기 백성을 잊으신 것은 아닌가 생각했다. 이사야에서도 메시야가 오실 것이라 약속하지 않으셨는가. 이 약속의 말씀을 믿고 기다리고 기다렸건만 아무 소식이 없더니 이제야 하나님은 그 기쁜 소식을 전하게 하신다. 하나님은 약속하신 것은 결코 잊지 않으신다. 하나님의 일에는 하나님의 때가 있다.

천사들은 이 기쁜 소식을 목자들에게 알려주었다. 이 소식을 왕이나 제사장들에게 알려주지 않으셨다. 당시 목자들은 천대받는 계층이었다. 원래 이스라엘민족은 유목민족이기 때문에 목자를 존중했지만 시대가 바뀌면서 천하게 여겼다. 목자들에게 전함은 하나님이 약자의 편에 서신 것을 알 수 있다. 목자들은 그 밤에 일하는 가운데서 이 소식을 들었다. 우리도 재림의 소식을 일하는 가운데서 들을 가능성이 높다.

천사는 말한다. 너희를 위해 구주가 나셨다. 구주라는 말은 원래 승전한 황제 아우구스투스에게 붙여진 이름이다. 아우구스투스는 정치적 평화를 가져다주었지만 구주 예수는 하늘의 평화를 가져다주었다. 이 평화는 하나님과 나 사이의 평화, 내 자신(죄)와 양심과의 평화, 나 자신과 이웃과의 평화를 상징한다. 구주가 오셨다는 것은 하나님의 임재를 뜻하며, 그분의 통치가 시작되었음을 의미한다. 그분의 통치를 받는 자마다 하늘의 평화가 임한다.

천사는 구유에 누인 아기를 보라 한다. 구유에 누인 아기는 하나님이 사람이 되셨다는 뜻이다. 창조자가 피조물이 되셨다. 필립 얀시는 "우주를 창조하신 크신 하나님이 난세포로까지 작아지셨다."고 말한다. 왜 그리하셨을까? 우리를 더 잘 알기 위해서, 그리고 우리와 더 가까이 하고 싶어서가 아닐까.

일은 그것으로 끝나지 않았다. 허다한 천군천사들의 찬양이 이어진 것이다. 하늘 찬양대의 찬송을 들을 수 있었다니, 얼마나 장엄하고 귀한가. 찬양의 내용은 누가복음 2장 14절에 있다.

- "지극히 높은 곳에서는 하나님께 영광이요 땅에서는 기뻐하심을 입은 자들 중에 평화로다"
- "Doxa en hupistois Deo kai epi ges eirene en anthropois eudokias." (희랍어)
- "Glory to God in the highest and on earth peace in men on whom his favor rests."

이 천사들의 송가를 가리켜 '천상의 글로리아(*Gloria in Excelsis*)' 라 한다. 글로리아 인 엑셀시스 데오(*Gloria in Excelsis Deo*). '지극히 높은 곳에서는 하나님께 영광' 이라는 라틴어 표현을 그대로 사용한 것이다.

예수 나심은 하나님께는 영광이다. 영광은 하나님의 임재를 의미한다. 예수님이 주님으로 이 땅에 오신 자체가 영광이다. 하나님의 사랑과 자비에 근거한 하나님의 능력이 이 땅에 임한 것이다. 그 영광은 오직 하나님께 드릴 수 있는 것으로 인간이 취할 영광이 아니다. 우리는 모든 영광을 하나님께 드려야 한다.

그의 오심을 기뻐하는 모든 사람들에게는 평화가 임한다. 그저 모든 사람이 아니라 하나님과 화평함을 누리는 사람에게는 하늘의 평화가 임한다는 뜻이다. 그의 오심을 기다리고 바라는 모든 자들에게 하늘의 평화가 임한다. "어두움과 죽음의 그늘에 앉은 자에게 비취고 우리 발을 평강의 길로 인도하시리로다(눅 1:79)."

예수님이 평화의 왕으로 오실 것은 이미 예언되어 있다. "이는 한 아기가 우리에게 났고 한 아들을 우리에게 주신 바 되었는데 그 어깨에는 정사를 메었고 그 이름은 기묘자라 모사라 전능하신 하나님이라 영존하시는 아버지라 평강의 왕이라 할 것임이니라(사 9:6)." 주님은 전문적으로 평화를 만드시는 분(professional peacemaker)이시다.

이 시대에 누가 주님의 오심을 기뻐할 수 있는가? 무엇보다 주님이 필요한 사람들이다. 인생의 그늘 진 곳에서 힘들게 살아가는 사람들이다. 주님이 필요한 사람은 교회 안보다 교회 밖에 더 많다. 당시 목자들이 기쁜 소식을 들은 것도 이런 의미에서 뜻이 있다. 그들은 밤중에 양을 지켜야 할 만큼 힘든 삶을 살았다. 하나님은 그들을 먼저 찾으셨다. 우리가 가난하거나 좌절에 처하거나 고통이나 실패의 자리에 있을 때 하나님은 주목하신다는 것을 잊지 말자. 주님은 고통을 복으로 바꾸어 주신다. 그러므로 고난을 고난으로 보지 않는 안목이 필요하다.

주님의 오심을 기뻐하는 사람은 누구보다 구원을 간절히 기다리는 자들이다. 요셉과 마리아도, 성전에서 시중들며 살았던 안나도 그리스도의 오심을 기다린 사람이었다. 세상적인 것으로 가득차면 예수님 오심을 기뻐할 수 없다. 구원을 기다리는 자는 기댈 언덕을 이 세상이 아니라 하나님께 두는 자들이다. 기다리다 간 사람도 많았다. 그들은 비록 예수님을 보지 못하고 갔지만 기쁨으로 갔다. 그런데 주님이 우리 가운데 오셨다. 인간을 죄에서 구원하고 영원한 영광을 얻기 위해 오셨다. 주님이 오심으로 끝나는 것이 아니라 우리 생애의 가장 최고의 행복은 우리 앞에 있다. 오실 주님을 맞는 그 순간이 앞에 있기 때문이다. 따라서 그리스도인은 절망이 아니라 희망가운데 있다. 주님을 더 큰 기쁨으로 맞으려면 낮아지라. 마음을 비우라. 그러면 기쁨이 찰 것이다. 그리고 예수님이 나의 기쁨이 될 것이다.

하나님은 잊지 않으시고 예수님을 이 땅에 보내셨다. 주님이 오심으로 그동안 풀길 없던 죄의 문제를 해결해 주셨고, 우리 안에 하늘의 평화를 누리게 하셨다. 또한 그 평화를 이웃과 함께 누리게 하셨다. 누릴 자격이 없던 우리가 그 나라의 삶을 살 때 우리는 하나님께 찬양하지 않을 수 없다. “지극히 높은 곳에서는 하나님께 영광이요 땅에서는 기뻐하심을 입은 자들 중에 평화로다.”

3. 정결 의식(21-24절)

이 단원에서 예수님의 할례(circumcision), 마리아의 산후 정결(purification), 그리고 예수님을 하나님께 드리는 헌신례가 소개되고 있다. 세 가지 내용이 복합적으로 언급되어 있어 보다 엄밀한 이해가 필요하다.

21절은 할례 받았음을 말해주고 있다. 율법에 따라 남자 아이는 태어난 지 8일이 되면 할례를 한다(창 17:23). 예수님은 율법이 정하는 의식을 따랐다. 예수님은 죄가 없으시지만 죄인들을 구원하시기 위해 죄 있는 육신의 모습으로 율법아래 서신 것이다. 아브라함 90세에, 이삭은 8일에, 야곱은 13세에 할례를 했다. 이 할례의식은 오늘날 유아세례로 발전했다.

22절은 마리아의 산후 정결의식을 소개하고 있다. 산후 정결도 모세의 율법에 규정되어 있다. 남자를 낳은 경우 그 어머니는 40일을 부정하다 보았고, 여자를 낳은 경우 80일을 부정하다고 보았다. 그 후 정결을 위해 번제와 속죄제를 드린다. 마리아는 40일째 되는 날 속죄제를 드림으로 정결하게 된다(레 12:1-8).

22절 후반절과 23절은 예수님을 하나님께 드리는 헌신례를 소개하고 있다. 율법에 따르면 장자는 하나님께 속한 것이므로, 그의 대속을 위해서는 다섯 세겔을 드려야 했다(민 18:15-16). 이것은 이집트에서 이스라엘의 장자가 구원받은 역사와 연관되어 있다. 누가는 예수님을 맏아들이라 소개했다(눅 2;7). 마리아는 아기를 데리고 왔다.

율법에 따라 장자를 주께 구별하여 드리기 위함(to be consecrated to the Lord)이다. 헌신례를 위해 아이를 성전에 반드시 데려올 필요는 없다. 그럼에도 불구하고 아이를 데리고 온 것은 삼손이나 사무엘처럼 그를 구별하여 하나님께 바치고자 한 마리아의 헌신의 마음을 읽을 수 있다.

24절은 율법에 따라 비둘기(doves) 한 쌍이나 어린 반구(young pigeons, 비둘기 새끼나 어린 새) 둘로 제사하기 위함이라 했다. 보통 여인의 산후 정결을 위해 드려지는 제물은 어린 양이었지만 가난한 자들을 위해 비둘기를 허락했다. 비둘기는 가난한 자가 드리는 예물이다. 양을 살 형편이 못되어 비둘기를 산 것이다. 이것은 예수님이 가난한 가정에서 태어나셨음을 보여준다.

예수님은 원래 죄가 없으시므로 할례를 받거나 초태생이 받을 죽음의 형벌을 면한 것에 대한 속전을 낼 필요는 없다. 하지만 그는 세상 죄를 지기 위해 부러 이 땅에 오셨다. 예수님은 율법아래 있는 자를 속량하고 자유를 주기 위해 이 땅에 오셨다(갈 4:4-5). 그리고 기꺼이 십자가를 지셨다. 제물을 드림은 죄 씻음, 곧 구원과 연관된다. 구약시대에는 율법에 따라 제물을 드림으로 정결케 되는 의식을 치렀다. 그것은 예수의 피로 죄를 씻고 정결케 되는 모형이었다. 그러나 예수님이 직접 우리에게 오셔서 보혈의 피를 흘리심으로 우리를 죄로부터 정결케 하셨다. 예수의 피가 우리 안에 흘러야 깨끗하게 된다.

4. 시므온의 찬송(25-35절)

예루살렘에 올라온 아기 예수는 두 사람을 만나게 된다. 하나는 시므온(Simeon)이고, 다른 하나는 안나(Anna)다. 두 사람 모두 죽기 전에 그리스도를 보기 원했던 사람들이다. 그들은 오랫동안 기도하며 만남의 시간을 고대해왔다. 기다림의 영성이 큰 인물들이다. 그런데 그 남녀 두 사람이 예수를 만나게 된 것이다. 이것은 예수 탄생과 함께 일어난 기적이다. 나아가 그리스도는 어떤 사람과 만나는가를 보여주는 아름다운 장면이기도 하다.

시므온은 의롭고 경건한 인물이며 '이스라엘의 위로(consolation)'를 기다리는 자였다. 이스라엘의 위로란 메시야가 가져다 줄 구원으로 인한 위로를 말한다. 그리고 성령과 동행하는 삶을 살았다. 그는 성령으로부터 그리스도를 보기 전에는 죽지 않는다는 메시지를 받았다. 아기 예수를 보는 순간 그는 성령의 감동으로 그가 그토록 기다려온 그리스도임을 확신하게 되었다.

그는 아기 예수를 안고 먼저 하나님을 찬송했다.

> "주재여 이제는 말씀하신 대로 종을 평안히 놓아 주시는도다 내 눈이 주의 구원을 보았사오니 이는 만민 앞에 예비하신 것이요 이방을 비추는 빛이요 주의 백성 이스라엘의 영광이니이다(29-32절)."

하나님의 약속을 기다린 자만이 할 수 있는 찬송 시이다. 이처럼 소망을 가지고 인내하면 그리스도를 보게 된다. 그는 "이제는 말씀하신 대로 종을 평안히 놓아 주시는도다"라 하였다. 이제 자유 함을 주셨다는 것이다. 라틴어로 "*Nunc Dimittis*"다. "이제 놓아주시는 도다." 이것은 단지 이제 죽어도 좋다는 말이라기보다 예수님으로 인한 복음을 통해 주어지는 생명과 불멸을 바라보며 두려움 없이 죽음을 맞을 수 있다는 말이다. 그리스도 안에는 바로 이런 자유 함이 있다.

그는 구원자이신 그리스도를 보았으며, 그 그리스도는 '만민 앞에 예비하신 것' 이요 '이방을 비추는 빛' 이요 '주의 백성 이스라엘의 영광' 이라 하였다. 이 찬송에는 그의 깊은 신앙고백이 담겨있다. 그는 지금까지 살아오면서 그리스도를 대망하며 살아왔다. 신앙은 복잡한 것이 아니라 단순하다.

이 찬송에 예수 부모는 놀라워했다(marveled). 시므온은 그 부부를 축복하며 예언의 말을 했다. 그가 예언자(prophet) 임을 보여준다.

첫째, '패하고 흥함(34절)' 이라는 예수님의 이중적인 역할이다. 돌이 사람을 걸려 넘어지게 하기도 하고 건물의 초석이 되어 안전하게 하듯 사람들이 예수님 때문에 구원을 받기도 하고, 믿지 않아 멸망을 당하기도 한다는 것이다.

둘째, 예수님이 비방을 받는 표적으로 세움을 받게 된다(34절)는 것이다. 사람들로부터 비방을 받고 거부당할 것을 예언한 것이다.

셋째, 예수님의 수난과 그로 인한 마리아의 고통이다. "칼이 네 마음을 찌르듯 하리라(35절)." 큰 아픔을 당한다는 것이다.

끝으로, 예수님으로 말미암아 진실 되게 하나님을 사랑하는지 아닌지 그 마음 속의 생각이 드러나게 된다는 것이다. "여러 사람의 마음의 생각을 드러내려 함이니라(35절)." 여기서 '생각(thoughts, dialogismoi)' 은 문자적으로 일반적인 생각보다 '나쁜 생각' 을 뜻한다. 그리스도의 오심으로 악한 생각, 곧 악의 정체가 드러나 심판을 받게 된다는 말이다. 이것은 예수님이 오심으로 인해 곧 심판이 있게 됨을 보여준다.

5. 안나의 예언(36-40절)

이 단원에서는 아기 예수와 나이 든 여선지자 안나의 만남이 소개되고 있다. 안나는 아셀(Asher) 지파에 속한 인물[6]로 바누엘의 딸이었다. 그는 출가해서 7년 간 남편과 함께 살다가 과부가 되었고, 이제 과부된 지 84년이 되었다. 나이든 선지자다.

안나의 특징은 성전을 떠나지 않고 주야로 금식하고 기도함으로 하나님을 섬기는 인물이었다는 것이다. 남편을 잃고 오랜 슬픔가운데 있던 그가 신앙으로 모든

---

6) 아셀 지파에서 왕비나 대제사장의 아내가 흔히 배출되었다.

것을 극복하고 주야로 하나님을 섬기며 기도하며 살았다는 말이다.

마침 그 때 아기 예수를 보게 되었다. 하나님은 참된 과부 안나에게 참된 위로자이신 예수님을 만나게 해주신 것이다.

그는 성전에 들어와 하나님께 감사를 드리고 구세주를 기다리는 모든 사람에게 아기 예수님에 대한 이야기를 해 주었다. 시므온과 마찬가지로 안나도 예수님이 세상의 참된 구주이심을 증거 했다는 말이다. "두 증거는 참 되도다(신 19:15;요 15:26, 27)"는 말씀처럼 예수님은 성전에서 두 사람의 증거를 받으신 것이다.

하나님은 하나님을 경외하며 의롭게 살아가는 요셉, 사람들에게 천한 직업으로 여김을 받았지만 순전하게 살아온 목자들, 하나님 나라를 대망하며 기다림의 높은 영성을 가지고 인내하며 살아온 시므온, 그리고 남편을 일찍 잃고 마음이 슬픈 안나에게 아기 예수를 만나는 기쁨을 허락하셨다. 하나님은 언제나 믿음과 인내로 주님을 바라보는 사람들, 어지러운 세상 가운데서도 의롭게 살아가고자 하는 사람들, 그리고 이 세상에서 슬픔과 천대를 받는 약한 사람들에게 관심을 가지고 하늘의 문을 여신다.

6. 성전에 계신 예수(41-52절)

이 단원은 예수님의 12살 어린 시절 유월절에 예루살렘에 갔을 때의 일을 기록하고 있다. 7일 동안 예루살렘에 머물다 유월절을 마치고 집으로 돌아가고 있었다. 예수의 부모는 하루 길을 가서야 예수를 찾았다. 동행한 것으로 알았는데 그것이 아니었다. 결국 찾지 못하고 예루살렘으로 돌아와 성전에서 예수를 만나게 된다.

부모는 예수 없이 하루 길을 갔다. 그 하루 길을 여러 각도에서 살펴볼 수 있다. 그 하루 길은 무엇보다 착각의 하루 길이었다. 예수가 동행중에 있는 것으로 착각한 것이다. 우리도 예수 없는 신앙생활을 하고 있음에도 주님이 있는 것으로 착각하고 있지는 않는가, 나의 영광을 구하고 있음에도 주님의 영광을 위해 일한다고 착각하고 있지 않는가, 주님은 이미 나를 떠났음에도 불구하고 아직 주님이 나와 함께 있다고 착각하고 있지 않는지 살펴볼 일이다. 주님이 나와 동행중이라는 생각만으로 확인 없이 신앙생활을 할 때 우리는 착각에 빠지게 된다. 우리는 매일 매순간 주님과 동행하는지 확인하며 점검해야 한다.

예수가 없는 하루 길은 확인이 없는 하루 길이었다. 확인 없이 계속 길을 갔다. 출발 전에, 또는 중간에라도 확인했어야 하는데 그리하지 못했다. 우리는 시시때때로 모든 일마다 주님과 의논하고 그분의 의견을 들어야 한다. 예수 없는 하루 길은 결국 허송세월한 하루 길이었다. 부모는 결국 예루살렘으로 다시 돌아와야 했다. 예수가 함께 하지 않는 신앙생활은 결국 헛되다. 우리는 예수님이 나와 함께 하시는 진실 위에 바탕을 둔 신앙생활을 해야 한다. 나의 하루 길이 예수님을 모신 하루 길인가 생각해봐야 한다.

예수님은 성전에서 선생들의 말을 듣기도 하고 묻기도 하셨다. 그의 말을 듣는 사람들이 예수의 지혜와 대답을 기이하게 여길 정도였다. 하지만 예수의 부모가 놀라 왜 부모를 걱정시켰는가 물었다. 가벼운 책망이다. 이에 대한 예수님은 의외였다.

> "어찌하여 나를 찾으셨나이까 내가 내 아버지 집에 있어야 될 줄을 알지 못하셨나이까?"

이 대답을 공손치 못한 것으로 생각되기도 한다. 하지만 예수님의 말씀은 불손에 초점이 맞춰져 있지 않다. 예수님은 하나님에 대한 관계와 부모에 대한 관계를 대비시켜 하나님과의 관계가 더 밀접한 것임을 드러낸 것뿐이다. 예수님이 하나님을 '내 아버지' 라 부르심으로 자신이 하나님의 아들이심을 강조하셨다. 하지만 예수의 부모는 그 말씀이 무슨 뜻인지 깨닫지 못했다.

예수님은 부모를 따라 나사렛으로 가셨고, 부모에게 순종하는 삶을 사셨다. 하지만 마리아는 예수님이 하신 이 모든 말을 마음에 두고 있었다. 그 후 예수님은 지혜가 자라고(정신적 성장) 키도 자라며(육체적 성장) 하나님과 사람에게 더 사랑스러운 존재로 성장(영적 성장과 사회적 성장)하셨다. 총체적 성장(total growth)을 하신 것이다.

제3장

세례 요한의 사역과 세례를 받으신 예수

1. 세례 요한의 사역(1-20절)

누가는 세례 요한의 사역을 소개하면서 먼저 당시의 정치, 종교적인 상황을 언급하였다. 정치적으로는 티베리우스(Tiberius)가 황제로 있은 지 15년이고, 유대 총독으로 본디오 빌라도(Pontius Pilate), 갈릴리 분봉왕으로 헤롯 안디바(Herod Antipas)이 있었던 때다. 티베리우스는 옥타비아누스 뒤를 이어 황제가 되었다. 헤롯 대왕이 죽은 뒤 영토는 3분되어 그의 아들 헤롯 안디바, 헤롯 빌립(Philip), 루사니아(Lysanias)가 다스렸다. 빌라도는 A. D. 26-26년에 재임했던 유대의 5대 총독이다. 종교적으로는 안나스(Annas)와 가야바(Caiaphas)가 대제사장으로 있을 때다. 안나스는 A. D. 7-14년, 가야바는 A. D. 18-36년 동안 대제사장을 지냈다.

그 때 하나님의 말씀이 빈들에서 사가랴의 아들 요한에게 임했다(2절). 하나님의 말씀이 그에게 임함으로 이제 그는 공적인 인물이 되었다. 이제 사람들은 그의 말을 듣기 위해 모여들었다. 이것은 기독교 복음이 로마제국 시대에 전파된 것으로 세계적인 비중을 차지하는 중심 역사임을 밝히는 동시에 세례 요한이 이러한 배경으로 활동했음을 보여주고 있다. 하나님의 메시지가 인간 삶의 구체적인 상황에서 놀랍게 선포되고 역사했다는 것이다.

세례 요한은 죄 사함을 얻게 하는 회개의 세례(baptism of repentance)를 전파했다. "회개하라 천국이 가까웠느니라(마 3:1-2)." 회개, 죄 사함, 천국을 잇는 복음이다. 그의 세례는 회개로의 초청이요 죄 사함의 초청이며 천국으로의 초청이다. 그의 세례는 결례나 단순한 개종의식이 아니라 죄에서 돌이켜 하나님께 돌아가는 삶의 방향전환이요 메시야를 맞이하기 위한 준비이다. 요한의 설교는 엄중한 회개의 촉구이자 메시야의 메시지에 대한 전주곡이다. 그 다음 메시야가 친히 오셨다.

요한의 사역은 이사야 40:3-5의 성취이다(괄호는 이사야 본문과 비교한 것이다).

> "광야에서 외치는 자의 소리가 있어 이르되 너희는 (광야에서) 주의 길을 준비하라 (사막에서) 그의 오실 길을 곧게 하라(우리 하나님의 대로를 평탄하게 하라) 모든 골짜기가 메워지고 모든 산과 작은 산이 낮아지고 굽은 것이 곧아지고 험한 길이 평탄하여질 것이요 모든 육체가 하나님의 구원하심을 보리라(하나님의 영광이 나타나고 모든 육체가 함께 그것을 보리라)(4-6절)."

누가는 이사야서를 바탕으로 세례 요한이 메시야의 길잡이로서 그의 오심을 알리고, 이것에서 출발해 하나님의 구원이 온 세계에 알려질 것이라 했다.

7-9절은 세례 요한의 엄중한 설교를 담고 있다. "독사의 자식들아 누가 너희에게 일러 장차 올 진노를 피하라 하더냐?" 독사의 자식(brood of vipers)이란 사단의 자식이라는 말이다. 마태는 바리새인과 사두개인들이 세례를 받으러 오는 것을 보며 이 말을 한 것으로 소개하고 있다(마 3:7). 그러나 누가는 그들에 대해 언급하지 않았다. 무리, 곧 유대인 모두를 대상으로 한 것임을 보여준다. 요한은 하나님의 선민임을 자긍하면서도 회개할 줄 모르는 유대인들을 향해 경고했다. 요한이 회개하지 않는 유대인들에게 독설을 퍼부은 것은 그들이 임박한 종말을 깨닫고 회개에 합당한 열매를 맺도록 하기 위함이다.

그는 회개의 뚜렷한 열매, 곧 생활의 변화가 없이 세례를 받기만 하면 다가오는 심판을 면할 수 없다고 했다. 세례를 받기만 하면 심판을 면할 수 있다고 보는 안이한 생각에 대해 경고한 것이다. 도끼가 이미 나무뿌리에 놓여있는 것처럼 심판의 때가 가까웠으니 회개하지 않으면 안 된다. 이 문제에 관한 한 아브라함의 후손이라 할지라도 예외일 수 없다. (아브라함 자손이라고 대우받아야 된다고 생각하지 말라. 하나님은 능히 이 돌들로도 아브라함의 자손이 되게 하시리라.)

회개를 했다면 그에 합당한 열매를 맺어야 한다. 마음의 뉘우침(회개)과 삶의 진정한 변화 없이는 그 어떤 종교적 예식으로도 심판을 피할 수 없다. 좋은 열매를 맺지 아니하는 나무는 결국 찍혀 불에 던짐을 당한다. 이것은 형식적으로 신앙생활을 하는 우리, 특히 세례를 받으면 천국 갈 수 있다고 생각하는 사람들에게 지적되는 말씀이다.

요한의 엄한 설교를 들은 무리들은 당황했다. "그러면 우리가 무엇을 해야 합니까?" 구체적으로 어떤 변화가 있어야 하는가 물었다. 이에 대한 요한의 답은 아주 구체적이다.

- 옷 두 벌 있는 자는 옷 없는 자에게 나눠 주라. 먹을 것이 있는 자도 그렇게 하라. 가난한 사람들과 물질적 풍요를 같이 누리라는 것이다. 이 말씀은 모든 사람에게 해당되는 말이다.
- (세리들에게) 부과된 것 외에는 거두지 말라. 억압과 부정으로 치부하지 말라는 것이다. 당시 세리들은 유대인으로서 로마제국을 위해 관세와 통행세 등 대리 징수 업무를 맡았다. 그들은 정한 세 이외에 초과징수를 하여 부당한 이익을 취했기 때문에 유대인들의 증오와 멸시 대상이 되었다.
- (군인들에게) 사람에게서 강탈하지 말라. 거짓으로 고발하지 말라. 받는 급료를 족한 줄로 알라. 뇌물을 받거나 폭력으로 돈을 빼앗지 말라는 것이다. 여기서 언급되는 군병은 직업군인이라기보다 세리를 도와 세금을 징수하는 사병일 가능성이 높다. 그들은 폭력과 탐욕을 일삼았다.

요한은 사회 각 계층에 속한 사람들에게 회개와 함께 어떤 삶의 변화가 일어나야 하는가를 밝혔다. 요한의 이러한 가르침은 회개가 단순한 감정의 변화나 삶의 외견상의 변화가 아니라 이웃을 사랑하고 개인의 부조리를 뉘우치며 사회정의를 실현하는 삶으로 구현되어야 한다는 것이다. 한 마디로 사랑과 정의가 그 열매로 나타나야 한다는 말이다.

이러한 구체적 가르침 뒤에는 궁극적으로 하나님을 향한 진정한 마음의 변화가 전제되어 있다. 참된 회개에는 하나님께 복종하는 마음과 그 마음에서 우러나오는 회개의 행위가 있어야 하고, 그것이 열매로 나타나게 된다.

요한의 메시지는 능력이 있었다. 이에 감동한 무리들은 요한이 그들이 대망하던 메시야, 곧 그리스도로 생각하기에 이른다. 물론 예루살렘의 종교지도자들도 요한의 정체에 관심이 컸다(요 1:19-28). 요한은 이들의 관심에 대해 두 가지 사실을 언급했다.

첫째, "나는 물로 너희에게 세례를 베풀거니와 나보다 능력이 많으신 이가 오시나니 나는 그의 신발 끈을 풀기도 감당하지 못하겠노라(16절)." 자기는 회개케 위해 물로 세례를 줄 정도이며, 자기 뒤에 오시는 그리스도의 신발 끈을 풀기도 감당치 못한 존재라는 것이다. 자기는 그리스도가 아니라는 말이다. 신발 끈을 푸는 것은 주로 종이 하는 일이다. 요한은 이 말을 함으로써 자신은 그리스도의 종도 되기 어려운 비천한 자임을 고백하고 있다.

둘째, "그는 성령과 불로 너희에게 세례를 베푸실 것이요 손에 키를 들고 자기의 타작마당을 정하게 하사 알곡은 모아 곳간에 들이고 쭉정이는 꺼지지 않는 불에 태우시리라(16-17절)." 뒤에 오실 그리스도는 성령과 불로 세례를 주며 타작마당의 곡식을 깨끗이 가려내는 분이라 했다. 메시야는 성령 세례를 주고 세상을 심판하실 것이라는 것이다. 여기서 '불'은 성령의 깨끗케 하심, 곧 정화의 능력을 가리키는 것으로 성령 세례의 특징을 나타낸다.

요한은 이밖에도 여러 가지로 권하며 백성들에게 좋은 소식을 전하여주었다. 하지만 분봉왕 헤롯 안디바는 요한을 투옥시키고 말았다. 헤롯 안디바는 그의 첫 부인(아라비아의 왕 아레타스의 딸)을 버리고 그의 조카이자 자기 동생의 전처인 헤로디아(Herodias)를 아내로 삼았다. 이것은 유대주의 입장에서 용납될 수 없는 일이었다.

요한은 이 문제뿐 아니라 헤롯 안디바가 행한 다른 악한 행위까지 들어 공개적으로 그를 비난했다. 이 비난은 왕의 지위를 크게 손상시키는 결과를 가져오기에 충분한 것이었다. 왕은 요한의 말문을 막기 위해 투옥시켰다. 그의 악행에 악행을 더한 것이다. 이것은 왕이 강포해졌음을 보여준다. 유대 사가 요세푸스는 요한이 투옥되고 처형된 곳이 마케루스(Machaerus)임을 밝혔다.

2. 세례 받으신 예수(21-22절)

이 단원에서는 예수님이 세례를 받으신 사실을 기록하고 있다. 누가는 예수님이 누구에게 세례를 받으셨는가를 언급하지 않았다. 하지만 '백성이 다 세례를 받을 새' 라 함으로 요한으로부터 받았음을 암시하고 있다.

마태복음이나 요한복음에서는 요단강에서 세례 요한에게 세례를 받았음을 언급하였다. 예수님이 세례를 받으려 하시자 요한이 "내가 당신에게 세례를 받아야 할 터인데 당신이 내게로 오시나이까." 말리기까지 했다. 이에 예수님께서 "이제 허락하라. 우리가 이와 같이 하여 모든 의를 이루는 것이 합당하니라" 하셨다. 이에 요한이 허락했다(마 3:13-15).

누가는 예수님이 "세례를 받으시고 기도하실 때에 하늘이 열리며 성령이 비둘기 같은 형체로 그의 위에 강림하시더니 하늘로부터 소리가 나기를 너는 내 사랑하는 아들이라 내가 너를 기뻐하노라 하시니라(21, 22절)" 하였다. 마태복음에도 똑같이 기록하고 있다.

예수님은 요한으로부터 세례를 받으시면서 이중의 보증을 받으셨다. 하나는 하나님이 주님을 기뻐하신다는 선언이고, 다른 하나는 성령의 기름 부으심이다. 예수님이 세례를 받고 기도하실 때 성령이 그에게 임하신 것은 "내가 붙드는 나의 종, 내 마음에 기뻐하는 자 곧 내가 택한 사람을 보라 내가 나의 영을 그에게 주었은즉 그가 이방에 정의를 베풀리라(사 42:1)"는 구약의 약속이 이루어진 것이다. 성령이 비둘기처럼 임하신 것은 구원사역을 위해 예수님을 하나님의 권능으로 무장시키는 것이자 그분을 왕으로 세우는 기름부음을 의미한다. 비둘기는 성령님을 상징하는 것으로 이밖에도 생수, 기름, 바람 등으로 표현되기도 한다. 비둘기는 온순, 겸허, 평화, 순결을 상징한다. 요한복음을 보면 세례 요한은 세례를 줄 때 성령이 비둘기 같이 하늘로부터 내려와서 그의 위에 머무는 것으로 예수님이 그리스도임을 확인했다(요 1:31-34).

예수님이 세례를 받으셨다는 것은 주님이 인간을 구원하기 원하시는 하나님의 뜻에 복종한다는 의미를 가지고 있다. 예수님은 이것이 '의를 이루는 것' 이라 하셨다. 예수님은 죄에 대한 회개의 세례를 받으신 것이 아니라 모든 의를 이루시기 위해 세례를 받으셨다. 주님은 세례를 받으심으로 하나님의 뜻에 복종하고 인간을 구원하기 위한 첫발, 곧 고난의 첫발을 디딘 것이다. 이 걸음은 십자가를 지시고 보혈의 피를 흘리심으로 완성된다.

3. 예수의 계보(23-38절)

누가는 예수님이 가르치심(공생애)을 시작할 때 30세쯤 되었다고 했다. 30세는 레위인이 성전 봉사를 시작하는 나이이다. 같은 나이에 요셉을 바로를 섬겼고, 다윗은 왕위에 올랐으며, 에스겔은 예언자의 소명을 받았다. 예수님은 B. C. 4년에 태어나셨기 때문에 A. D. 27년경부터 공생애를 시작했음을 알 수 있다.

누가는 그 다음 예수님의 계보를 길게 소개하였다. 누가는 마태복음에 언급된 예수의 족보와 달리 예수로부터 시작에서 하나님까지 거슬러 올라갔다. 마태는 예수님이 다윗의 자손으로 이스라엘에게 약속된 메시야이시며, 아브라함과 하나님이 맺으신 언약의 상속자이심을 나타내려 했다. 그러나 누가는 인류의 조상인 아담까지 언급함으로써 예수의 오심이 단지 유대에 국한되지 않고 온 인류에게 확산된다는 것을 보여주었다. 특히 아담까지 거슬러 올라간 것은 하나님께 불순종했던 아담과 하나님께 순종한 제2의 아담 예수를 선명하게 대조시킨다. 이것은 예수님이 과거 · 현재 · 미래에 걸쳐 모든 인류의 구세주라는 보편적인 의미를 담고 있다.

마태복음에서는 아브라함부터 예수까지 42대(실제 기록으로는 41대)를 기록하고 있다. 그러나 누가는 77대를 기록하고 있다. 아브라함까지는 56대다. 마태는 '낳고' 로 표현해 후대로 내려가는 방법을 사용했고, 누가는 '그 이상' 으로 해서 선대로 올라가는 방법을 사용했다.

마태복음은 아브라함과 다윗에게 약속한 합법적 후계자 요셉의 계보를 제시, 요약되었고 어떤 이름은 생략되었다. 누가복음은 "육신으로는 다윗의 혈통에서 나시고(롬 1:3)" 에 따라 마리아 계보를 제시했다. 유대인 풍습에 따라 남편 이름을 사용했다. 헬리는 마리아의 아버지이지만 요셉의 선대로 기록되었다. 요셉의 실제 아버지는 야곱이다.

마태의 족보나 누가의 족보는 단지 역사적 사실을 전하는 데 목적이 있는 것이 아니라 인간 예수가 역사의 무대에 등장했을 때 그가 어떤 인물인지를 밝힘으로써 그의 구체적인 역사성과 역사적 위치를 확정하는 데 중요한 의의가 있다.

제4장

시험 받으신 예수와 나사렛에서 거절당하신 예수

1. 시험 받으신 예수(1-13절)

요단강에서 세례를 받으신 예수님은 광야에서 40일 동안 금식하시며 시험을 받으셨다. 30여 년간 살아온 나사렛을 떠나 이제 공생애를 시작하기 위한 마지막 준비로서 시험을 받으신 것이다. 예수님이 광야에서 시험받으신 이 이야기는 광야의 이스라엘과 대조적으로 예수님이 하나님의 아들로서 어떻게 하나님께 복종하며 시험을 이기셨는가를 보여준다.

중요한 것은 하나님을 향한 예수님의 순종과 그분에 부여된 메시야직 임무 완성을 방해하는 마귀가 등장했다는 사실이다. 마귀는 '디아볼로스(diabolos)' 로 사단을 뜻한다. 사단은 하나님을 거역하게 하고 인간을 죄와 멸망의 길로 미혹하는 존재이다.

하지만 예수님은 성령이 충만한 가운데(full of the Holy Spirit) 마귀의 방해를 극복하신다. 이 이야기는 시험당하는 그리스도인들에게 용기를 줄뿐 아니라 마귀를 어떻게 물리칠 것인가에 대한 산 모범이 되고 있다. 하나님의 사람은 늘 하나님께 복종하며 그분의 말씀을 따라 살아야 한다.

첫 번째 시험은 물질 시험이다. "네가 만일 하나님의 아들이어든 이 돌들에게 명하여 떡이 되게 하라"는 것이다. 이것은 하나님께 복종하는 대신 자신의 목적을 위해 능력을 행사함으로써 독자적인 권위로 아들 됨을 보이라는 것이다. 심히 주린 가운데 있으니 쉽게 넘어갈 것으로 본 것이다. 그러나 이 시험은 하나님과의 관계를 무너뜨려 예수님이 행해야할 메시야의 사역을 방해하려는 목적을 가지고 있다. 꼭 이겨야만 하는 첫 번째 관문이다.

예수님은 "기록된바 사람이 떡으로만 살 것이 아니라 (하나님의 입으로 나오는 모든 말씀으로 살 것이라)" 하셨다. 이것은 신명기 8:3의 말씀을 인용한 것이다. 예수님은 비록 하나님을 향한 복종이 육신적인 굶주림을 요구한다 할지라도 물질에 의존해서는 안 된다며 그 시험을 과감히 물리치셨다.

광야의 이스라엘 백성은 굶주렸을 때 하나님을 원망하고 복종하지 않았다. 당시 유대 사람들은 메시야가 오시면 가난과 질고가 없어지고 다 잘 살 것이라 믿었다. 가난과 기근은 언제나 사람들을 넘어지게 한다. 하지만 시험을 받으신 예수님은 하나님께 복종하고 그분을 신뢰함으로써 하나님과의 관계를 굳게 지켰다. 물질적인 부요가 예수님의 첫째 목표가 될 수는 없다. 그리스도인은 아무리 경제적 어려움이 있다할지라도 하나님을 향한 신뢰를 저버려서는 안 된다. 참 생명은 물질적 부요보다 영적인 부요를 통해 얻어진다.

두 번째 시험은 세상 권세와 영광을 향한 정신적인 시험이다. 마귀는 예수님을 (지극히 높은 산으로 이끌고 올라가서) "순식간에 천하만국을 보이며 이 모든 권위와 그 영광을 내가 네게 주리라 이것은 내게 넘겨 준 것이므로 내가 원하는 자에게 주노라 그러므로 네가 만일 내게 절하면 다 네 것이 되리라" 하였다. 누가는 이를 두 번째 시험으로, 마태는 세 번째 시험으로 기록하고 있다.

이 시험은 궁극적으로 하나님을 섬길 것인가, 마귀를 섬길 것인가 하는 시험이다. 세상 권세와 그 영광에 눈이 먼 사람들은 마귀에게 절할 것이다. 그러나 예수님은 달랐다. "기록된 바 주 너의 하나님께 경배하고 다만 그를 섬기라 하였느니라." 예수님은 신명기 6:13, 14의 말씀을 인용하며 사단의 유혹을 단호히 거부했다. 참된 주권자는 사단이 아니라 하나님이심을 아셨기 때문이다.

이 세상의 모든 권세는 하나님께 있다. 마귀는 거짓말을 하며 자신을 경배하도록 유혹한다. 심지어 마귀가 배후에서 실권을 잡고 있다고 생각한 사람들도 있었다. 설령 마귀의 주장이 사실이라 할지라도 하나님의 사람은 마귀를 경배하고 섬길 수는 없다. 마귀의 종이 아니기 때문이다.

세 번째 시험은 예수의 신성에 관한 시험이다. "예루살렘 성전 꼭대기에 세우고 이르되 네가 만일 하나님의 아들이어든 여기서 뛰어내리라 기록되었으되 하나님이 너를 위하여 그 사자들을 명하사 너를 지키게 하시리라 하였고 또한 그들이 손으로 너를 받들어 네 발이 돌에 부딪치지 않게 하시리라 하였느니라" 했다. 마귀는 두 번씩이나 성경 말씀으로 반박을 당하자 시편 91:11, 12의 말씀을 인용해 가며 예수님으로 하여금 자신의 신성을 증명해 보이라 유혹했다. 시편의 말씀은 하나님이 모든 종류의 위험으로부터 보호해 주시리라는 약속을 노래한 것이다. 따라서 이 시험은 하나님의 약속이 얼마나 신실한가를 자신의 신성을 통해 증명해보라는 것이다.

이에 대해 예수님은 세 번째도 "주 너의 하나님을 시험하지 말라 하였느니라"는 신명기 6:16의 말씀으로 그 유혹을 물리치셨다. 이 말씀은 이스라엘 백성이 광야에서 물 때문에 하나님을 시험하여 하나님을 진노케 한 사건과 연관되어 있다(출 17:1-7, 히 3:8, 9). 하나님을 시험하는 것은 불신앙을 의미한다. 예수님은 오직 신앙으로 하나님과의 신실한 관계를 굳게 지켰다.

마귀는 모든 시험에서 예수님과 하나님 사이의 관계를 파괴하는 것에 중점을 두며 유혹을 계속 했다. 하지만 성령 충만한 예수님은 신명기 등의 말씀을 인용하며 그 유혹을 이겨내셨다. 예수님이 인용한 모든 말씀은 광야에서 이스라엘 민족과 연관된 구절들이다. 과거 이스라엘 민족은 하나님께 복종하지 않고 자신들의 욕망을 채우려다 실패했지만 예수님은 복종을 통해 하나님과의 관계를 지켜나감으로써 시험에서 승리하셨다. 따라서 이 모든 시험의 중심은, 하나님의 사람들이라면 하나님과의 관계를 가장 중요한 가치로 삼고 하나님의 뜻을 드러내고 있는 그분의 말씀에 순종하는 삶을 살아야 한다는 것을 보여준다.

마귀가 모든 시험을 한 뒤 얼마 동안 떠났다. 아담의 타락 이후 인류를 지배해 오던 마귀의 권세가 이제 그리스도로 말미암아 무너진 것이다. 마귀의 첫 번째 패배다. '얼마 동안' 이란 시험에 실패해 일단 물러났다는 말이다. 일단 물러났지만 마귀는 예수의 전 생애를 통해 그의 사역에 도전한다. 예수의 시련은 이번 시험으로 끝나지 않고 마지막 십자가를 지실 때까지 계속된다. 이번 시험에서 마귀가 패배하고 일단 예수를 떠나가자 천사들이 수종을 들었다(마 4:11).

2. 갈릴리로 돌아오신 예수(14-15절)

시험을 받으신 후 예수님은 성령의 능력으로 갈릴리에 돌아가셨다. 누가는 이 시점에서부터 예수의 공생애가 시작된 것이다. 누가는 누가복음 4:14부터 9:50까지 갈릴리를 배경으로 예수님의 사역을 소개하고 있다.

누가는 예수님이 '성령의 능력으로(in the power of the Spirit)' 갈릴리에 가셨음을 밝히고 있다. 누가는 복음서 기자 중 누구보다 성령의 역사를 강조하였다. 예수 그리스도는 성령으로 잉태하셨고, 세례를 받을 때 성령이 임하셨으며, 성령 충만한 가운데 시험을 받으시고, 성령의 권능으로 갈릴리에 돌아가셔서 공생애를 시작했다. 누가는 사도행전에서도 성령을 강조함으로써 사도행전이 성령행전임을 밝혔다. 성령과 권능을 연결시키는 것은 누가복음과 사도행전에 자주 나타난다(눅 24:49;행 1:8, 10:38).

예수님에 대한 소문이 사방에 퍼지기 시작했다. 예수님은 친히 여러 회당에서 가르치셨다. 이스라엘백성은 예루살렘 성전과 지방 성소에서 제사를 드리는 것으로 중요한 종교적 의식을 행해왔었다. 그러나 포로로 잡혀 간 이후 회당이 유대인의 예배 장소, 회의와 여행자 접대장소로 이용되었다. 이곳에서는 제사대신 기도와 찬송으로 예배를 드리며 율법을 읽고 가르쳤다. 회당 안에 들어가면서 드리는 개인기도, 쉐마로 표현되는 신앙고백, 성경 낭독 및 간단한 설교와 공동기원으로 끝을 맺는다.

예수님도 갈릴리 지역에 있는 여러 회당에서 가르치심으로 사역을 시작하셨다. 회당이 사역의 근거지가 된 것이다. 사람들은 그의 가르침에 놀라며 들었다. 예수님은 뭇 사람들로부터 칭송을 받으셨다. 하지만 곧 배척 받으셨다.

3. 나사렛에서 거절당하신 예수(16-30절)

예수님은 자라나신 고향 나사렛으로 가셔서 전에 하시던 대로 안식일에 회당에 들어가셨다. 그리고 성경을 읽으려고 일어나서 이사야의 예언서를 받아 이렇게 쓰인 곳을 찾아 읽으셨다.

> "주의 성령이 내게 임하셨으니(The Spirit of the Lord is on me) 이는 가난한 자에게 복음을 전하게 하시려고 내게 기름을 부으시고 나를 보내사 포로 된 자에게 자유를, 눈 먼 자에게 다시 보게 함을 전파하며 눌린 자를 자유롭게 하고 주의 은혜의 해를 전파하게 하려 하심이라(18, 19절)."

당시 회당 예배 때 쉐마를 암송하고 오경과 선지서에서 각각 말씀을 택해 낭독하곤 했다. 예수님은 이사야 61장 1-2절을 찾아 읽으셨다. 이것은 예수님 자신에 대한 예언으로 메시야로서 사역의 성격을 드러내고 있다.

먼저 주의 성령이 자신에게 임하여 기름을 부었다 하셨다. 하나님의 기름 부음 받은 메시야로서의 예수님의 사역은 성령이 충만한 사역이었음을 보여준다. 성령이 풍성히 임할 때 우리 속에 어떤 일이 일어날까?

첫째, 가난한 자에게 복음이 전파된다. 가난한 자는 물질적으로 가난한 자일 수도 있지만 사회적으로 미천한 자, 영적으로 곤핍한 시대에 말씀의 성취를 간절히 사모하는 자도 포함된다. 주님은 이들에게 아름다운 소식, 곧 복음을 전하고자 이 땅에 오셨다 했다. 주님의 말씀이 복음이 되는 시대를 여시겠다는 것이다. 희망의 메시지다.

둘째, 이사야를 보면 마음이 상한 자가 고침을 받는다. 인간은 여러 가지 이유로 상처를 받는다. 특히 마음은 상하기 쉽다. 상한 이유가 있을 것이다. 그러나 그 상함 중의 상함은 어두운 세상 때문일 것이다. 하나님의 말씀이 작용하지 못하는 것에 대한 깊은 상처다. 내면의 깊은 상처가 주님으로 인해 치유된다는 것이다.

셋째, 포로 된 자에게 자유가, 눈 먼 자에겐 다시 보게 함이, 그리고 눌린 자에게 자유가 주어진다. 포로 된 자, 눈 먼 자, 눌린 자는 가장 불쌍하고 비참한 자의 상징이다. 죄로 인해 가련하게 된 자들이다. 죄로 인해 눈 먼 자, 죄로 사로잡힌 자, 죄에 눌려 벗어나지 못한 자는 바로 우리들이다. 이런 우리를 죄에서 해방시키시겠다는 것이다.

끝으로, 은혜의 해가 선포된다. 이사야 61장 2절은 "여호와의 은혜의 해와 우리 하나님의 보복의 날을 선포하여 모든 슬픈 자를 위로하되" 라 했고, 누가복음 4:19절은 "주의 은혜의 해를 전파하게 하려 하심이라" 했다. 이것은 자기의 백성을 돕기 위해서 하나님이 개입하시리라는 말씀이다. 누가복음은 보복의 날을 빼고 은혜의 날만 선포했다. 구원의 문이 닫히면 보복의 날이 시작된다. 성령 하나님은 주의 은혜를 선포하게 하셨고, 주님은 "이 글이 오늘 날 너희 귀에 응하였다" 하셨다. 말씀이 그대로 이루어진다는 것이다. 구원의 문이 열린 것이다.

'은혜의 해(Year of Jubilee)' 는 하나님이 구원을 베푸시기 위해 정하신 해로서 '희년' 을 가리킨다. 50년마다 한 번씩 돌아오며, 그 때가 되면 땅은 경작을 쉬고 사람들은 고향으로 돌아가며 빚이 탕감되고 노예는 자유를 얻게 된다(레 25:10-55). 은혜의 해에는 회복의 기쁨(excitement)이 있다. 예수님의 오심으로 이러한 구원의 시대가 열렸다. 예수 그리스도의 복음은 사람을 이렇게 완전히 자유하게 한다.

이것은 예수의 사역이 구약 예언의 종말론적인 성취임을 나타낸다. 즉 예수님을 통해 메시야 시대가 도래 하여 하나님의 나라가 임했다는 것이다. 다시 말해 하나님의 나라의 현재성, 곧 하나님의 나라가 내 삶 속에서 경험되고 이루어짐을 말씀한 것이다. 하나님의 나라는 번영과 권세를 자랑하는 교회가 아니라, 이 세상의 불의와 악을 극복하고 자유를 선포하는 나라임을 알 수 있다.

하나님은 예수 그리스도를 통하여 사단의 영향을 받아 온갖 저주상태에 놓여있는 인간과 사회를 회복시키고자 하셨다. 주님은 죄로 인해 인간의 병든 마음을 고쳐 하나님께 돌아오게 하시고, 인간의 실제적인 불행과 사회적인 고통으로부터 회복시키고자 하셨다. 이것이 우리를 향하신 아버지의 마음이다. 이 말씀을 이루기 위해 주님을 이 땅에 보내셨다. 오늘 우리에게 절실히 필요한 것은 이 아버지의 마음을 읽는 것이다.

이사야서를 읽고 난 후 책을 책 맡은 자에게 주시고 앉으시니 회당 안에 있는 자들이 주목하여 보았다. '앉으시니' 는 증거 하시기 위한 자세를 말한다. 주목하여 보았다는 것은 경청했음을 말한다. 그 때 예수님이 말씀하셨다. "이 글이 오늘 날 너희 귀에 응하였다(21절)." 이사야의 글이 자기에 대한 예언이었고, 이 예언이 이루어졌다는 말씀이다. "이 해방자가 바로 곧 나다."는 말씀이다. 회당에 있는 교인이 다 놀랐을 것이다.

나사렛에서 예수님은 처음에 호응을 얻었다. 모두 예수님에 대하여 감탄하고 그 은혜로운 말씀에 놀랐다. 그러나 한편 "이 사람은 요셉의 아들이 아니냐?"며 수군거렸다. 예수님을 받아들이지 않은 것이다. 갑자기 분위기가 변하여 사람들은 예수님을 배척하기 시작했다. 그러자 예수님은 "너희는 틀림없이 '의사야, 네 병이나 고쳐라.'는 속담을 들어 너희가 들은 일, 곧 내가 가버나움에서 행한 기적을 이 곳 고향에서도 해 보라고 나에게 말할 것이다. 내가 분명히 말하지만 예언자가 자기 고향에서는 환영을 받지 못한다."고 하셨다.

그리고 자신을 배척하는 사람들을 향해 구약의 두 가지 예를 들었다. 하나는 엘리야 시대에 이스라엘에는 3년 반 동안 비가 내리지 않아 온 나라에 큰 흉년이 든 일이 있었다. 그때 거기에는 많은 과부가 있었지만 하나님께서는 오직 시돈의 사렙다에 사는 한 과부에게만 엘리야를 보내셨다는 사실이다(왕상 17:1-24). 다른 하나는 엘리사 시대에 이스라엘에 많은 문둥병자가 있었지만 한 사람도 깨끗함을 받지 못하고 오직 시리아 사람 나아만만 고침을 받았다는 사실이다(왕하 5:1-24).

이것은 복음이 이방 세계로 전달될 것을 암시하는 말씀이다. 시므온의 예언처럼 예수님이 이스라엘에게 배척받으실 것을 보여준다. 나아가 예수님의 관심 속에는 유대인뿐 아니라 이방인의 구원이 포함되어 있음을 알려준다.

회당에 있던 모든 사람들이 이 말을 듣고 분개하여 일어나 예수님을 산위에 세워진 그 마을 밖 벼랑까지 끌고 갔다. 나사렛은 산기슭에 위치한 고을이어서 몇 개의 절벽이 있다. 그곳에 가서 예수를 절벽 아래로 던져 버리려 하였다. 감사대신 폭력을 행사하려한 것이다. 예수님은 이에 아랑곳하지 않고 의젓하게 그들 가운데로 지나서 가 버리셨다. 주님을 오늘도 "되겠나?" 하며 떨어뜨리는 우리가 아닌지 살펴볼 일이다.

4. 더러운 귀신을 쫓아내심(31-37절)

이 부분은 귀신을 쫓아내신 이야기다. 나사렛에서 배척 받으신 예수님이 갈릴리 가버나움에 오셨다. 가버나움은 '나훔의 집' 이라는 뜻을 가지고 있다. 예수님은 그곳에서 가르치시기도 하시고 병자들을 고치시기도 하셨다.

안식일에 예수님이 그곳 회당에서 권위 있는 말씀으로 가르치시자 사람들은 모두 그 가르침에 놀랐다. 마침 그 회당에 더러운 귀신 들린 사람 하나(a man possessed by a demon)가 있었는데 그가 갑자기 크게 소리를 지르며 외치기 시작했다.

"아 나사렛 예수여 우리가 당신과 무슨 상관이 있나이까? 우리를 멸하러 왔나이까? 나는 당신이 누구인 줄 아노니 하나님의 거룩한 자니이다." 마귀는 예수님이 누구신지 알고 있었다. 예수님의 시험 받으실 때 하신 말씀처럼 예수님은 사단의 세력을 물리치기 위해 오셨다.

예수님은 그를 꾸짖으며 "떠들지 말고 그 사람에게서 나오라." 하셨다. 그러자 귀신이 사람들 앞에 그를 내동댕이치고 나가 버렸다. 그러나 그에게는 상처를 입히지 않았다. 사람들이 이 광경을 보고 모두 놀라 "이게 도대체 어떻게 된 일이냐? 권위와 능력으로 명령하니 귀신들도 나가는구나." 하며 수군거렸다. 이 일로 예수님의 소문이 그 일대에 널리 퍼졌다. 이 기적의 이야기는 18-19절에서 예수님이 하신 말씀과 더불어 그분이 선포한 메시지의 성격을 강조하고 있다. 또한 메시야로서의 예수님의 권위를 입증해준다.

5. 베드로의 장모를 고치심(38-39절)

예수님은 회당을 떠나 어부 시몬 베드로의 집으로 가셨다. 그때 시몬의 장모가 심한 열병을 앓고 있었다. 사람들은 그녀를 고쳐 달라고 예수님께 간청하였다. 예수님이 여자를 굽어보시며 열병을 꾸짖자 곧 열이 내렸다. 말씀의 권세로, 기적적으로 치유된 것이다. 시몬의 장모는 즉시 일어나 예수님의 일행에게 시중을 들었다.

예수님은 비교적 많은 여인들의 병을 고쳐주셨다. 이스라엘의 사회 구조 속에서 여성이 차지하는 위치는 지극히 보잘 것 없었지만 예수님은 여성들에게 많은 관심을 가지셨다. 사회적으로 버림받은 여인의 병을 고쳐주시고 죄를 용서해 주셨다. 이러한 모든 이야기는 예수님이 여인의 인격 및 신분을 존중하셨던 분임을 보여준다.

6. 병자들을 치유하심(40-41절)

해 질 무렵에 사람들이 온갖 병자들을 데리고 왔다. '해질 무렵' 은 금요일 해 질 때부터 토요일 해 지기 전까지는 안식일이기 때문에 안식일이 끝나기를 기다려 병자들을 데려왔음을 보여준다. 율법 상 안식일에는 어떤 일도 해서는 안 되기 때문이다.

예수님은 그들에게 일일이 손을 얹어 고쳐 주셨다. 손을 얹는 것은 안수를 말한다. 유대교에서 안수를 통해 병을 고치는 일은 거의 없었다. 예수님은 일일이 안수해주셨다. 많은 병자를 일괄하여 대하신 것이 아니라 한 사람 한 사람에게 관심을 가지고 고쳐주신 것이다. 예수님의 안수는 각 병자와의 육체적인 접촉을 통해 자신에게서 병자에게로 하나님의 능력이 전달됨을 상징하는 동시에 병자를 불쌍히 여기는 주님의 마음을 보여준다.

귀신들은 "당신은 하나님의 아들(the Son of God)이십니다." 외치며 많은 사람에게서 떠나갔다. 귀신들도 예수님이 그리스도시며 하나님의 아들이라는 것을 알고 있었기 때문이다. 하지만 예수님은 그들을 꾸짖으며 귀신들이 말하는 것을 허락하지 않으셨다. 왜 허락지 않으셨을까? 두 가지 이유를 생각해 볼 수 있다. 하나는, 귀신들의 고백을 원치 않으신 것이다. 주님이 원하시는 것은 회개한 사람들의 신앙고백이다. 다른 하나는, 예수님이 아직 자신을 메시야로 드러내시기를 바라지 않으셨기 때문이다. 지금은 공생애의 초기로, 고난과 십자가의 수난을 받고 정해진 때에 부활을 통해 메시야로서 선포될 때를 기다리신 것이다(롬 1:3, 4).

7. 전도여행(42-44절)

날이 밝자 예수님은 마을을 떠나 외딴 곳(a solitary place)으로 가셨다. 한편 사람들은 예수님을 찾다가 만나자 자기들에게서 떠나지 못하게 하려고 하였다. 그러나 예수님은 그들에게 말씀하셨다. "내가 다른 동네들에서도 하나님의 나라 복음을 전하여야 하리니 나는 이 일을 위해 보내심을 받았노라." 다른 여러 마을에도 하나님 나라의 기쁜 소식(the good news of the kingdom of God)을 전해야 한다. 하나님께서는 이 일을 위해 자기를 보내셨다는 것이다. 예수님의 사역은 하나님의 나라를 보다 멀리, 광범위하게 전파하는 것이었다. 하나님의 나라는 예수님의 사역 안에서 현실화되었다.

그리고서 예수님은 계속 갈릴리에 있는 여러 회당에서 전도하셨다. 어떤 사본에는 '유대' 로 나타나 있지만 문맥상 '갈릴리' 가 합당하다. 누가는 팔레스타인 전 지역을 종종 '유대' 로 표현하기도 했다.

제5장

제자들을 부르시고 병들을 고치심

1. 제자들을 부르신 예수님과 어획의 기적(1-11절)

예수님이 베드로를 비롯하여 여러 제자들을 부르시는 장면이 소개되고 있다. 예수님은 제자들을 부르시기에 앞서 먼저 기적을 보이심으로 주님으로서의 위엄을 나타내신다. 그리고 베드로를 비롯한 몇몇 어부들은 예수님의 이런 신적 권위에 압도되어 이전의 삶을 청산하고 주님의 제자들이 되었다.

갈릴리에 오신 예수님은 제자들을 모으기 시작했다. 모두 기다렸다는 듯 응했을까? 아니다. 제자가 된다는 것은 결코 쉽지 않다. 특히 모든 것을 버려두고 따라야 한다면 당신도 며칠이 아니라 몇 달, 아니 몇 년을 두고 고민할 것이다. 확신이 서지 않으면 감당할 수 없는 일이다. 그 큰 주문 앞에서 예비 제자들은 어찌했을까? 주의 부르심에 나는 어찌해야 하는가?

1-11절은 제자들을 두 번째로 부르시는 장면을 소개하고 있다. 첫 번째 부르심은 마태복음 4:18-22와 마가복음 1:16-20절에 소개되어 있다. 첫 번째 부르셨는데도 베드로, 안드레, 요한, 그리고 야고보는 다시 생업인 고기잡이로 돌아갔다. 하지만 그들은 예수님을 예의주시했다. 예수님은 그들의 생각을 아시고 회당에서 가르치시고, 병자를 고치시며, 마귀를 쫓아내셨다. 이제 주님은 그들의 삶에 들어오고자 하셨다. 이 절들은 그들이 주님의 두 번째 부르심에 어떻게 응하게 되었는가를 잘 보여주고 있다.

베드로가 고기 하나도 잡지 못할 때 주님이 찾아오셨다. 예수님은 친숙한 환경을 활용하시며 그 가운데서 그들이 도저히 믿을 수 없는 기적을 행하셨다. 주님은 그들이 일하는 바닷가, 배 가까이 오셨고 그들의 기술을 이용하도록 하셨다. 그런 환경 속에서도 기적이 일어날 수 있음을 보여주셨다. 주님의 기적은 우리의 삶속에서도 일어난다. 한 가지 기적이 아니다. 기적이 연이어 일어난다.

베드로는 이미 좌절을 맛본 상태였다. 밤이 맞도록 수고했으나 얻은 것이 없었다. 밤새 기대를 가지고 그물을 올렸지만 그들은 절망만 건어 올렸다. 일은 그토록 많이 했는데 아무 소득이 없었다면 얼마나 실망스러울까. 육체적으론 피곤하기 그지없고 정신적으로도 파산지경이다.

그러나 실패와 좌절은 겸손을 잉태한다. 실패와 좌절은 겸손의 자궁이다. 주님의 섭리와 간섭이 있었다면 베드로가 맛본 실패와 좌절은 우연이 아니라 필연일 수 있다.

"예수께서 한 배에 오르시니 그 배는 시몬의 배라 육지에서 조금 띄기를 청하시고 앉으사 배에서 무리를 가르치시더니(3절)." 예수님은 그들이 고기를 잡지 못했고, 피곤에 지쳐있다는 것을 잘 아셨다. 하지만 처음부터 그 일에 뛰어들지 않으셨다. 주님의 중심 사역은 언제나 천국복음을 전하는 일이다. 그 일을 위해 배가 필요했다. 이미 사람들이 너무 많이 왔기 때문이다. 거리를 두고 설교를 하고자 하신 것이다.

주님은 잠시 그들의 배를 빌리고자 하셨다. "지금 당장 너희들이 제자가 되지 않는다 하더라도 배라도 빌려줄 수 없겠니?" "너의 귀한 것, 나를 위해 쓸 수 있겠느냐?" 예비 제자들을 향한 주님의 접근은 매우 조심스럽다. 시몬이 허락하자 주님은 배를 육지에서 조금 띄도록 요청하셨다. "나를 위해 수고해 줄 수 있겠느냐?" 그는 순종했다. 주님을 위한 순종, 이것은 그가 주님을 위해 첫 번째 한 일이다. 주님은 배에서 무리를 향해 복음을 선포했다.

베드로는 가장 가까이서 예수님의 메시지를 들었다. 지금까지 들어보지 못한 강력한 말씀이다. 피곤에 지친 그였지만 그 말씀은 육체적 한계를 뛰어넘어 더 주님 가까이 가게 만들었다. 그것은 무리를 향한 말씀이 아니라 자신을 깨우는 말씀이었다. 그 말씀이 그를 좌절에서 일으켰다. 그 메시지 앞에서 그의 확신은 커져갔다. 이 분이야말로 주님이시구나. 그 메시지에 녹아진 그. 마음의 벽도 무너지기 시작했다. 이미 기적은 시작된 것이다. 물고기 기적은 부수적인 일이다. 이 기적에 대한 보완일 뿐이다.

그 때 "깊은 데로 가서 그물을 내려 고기를 잡으라(4절)"는 말씀을 하셨다. 목수이신 예수님이 전문어부인 베드로에게 조언을 하신 것이다. 당신이 베드로라면 이 말씀에 바로 순종할 수 있을까? 자기의 지식과 경험을 내세워 "지금 깊은 데는 고기 없을 텐데요." 했을지 모른다.

예수님은 '깊은 물(deep water)' 에 그물을 던지라 하셨다. 신앙은 말씀에 순종하는 것이며 지금의 삶에서 벗어나 아주 깊은 물에 그물을 던지는 것이다. 주님은 도전적인 삶을 원하신다. 낮은 물(shallow water)에서는 중요한 사건은 일어나지 않는다. 깊은 물은 아무도 그 끝을 손댈 수 없는 곳이다. 깊은 곳은 언제나 불확실성과 위험이 따르는 곳이다. 그곳까지 나가 그물을 던지도록 하셨다. 그곳까지 저어가 그물을 던지지 않으면 기적은 일어나지 않는다.

깊은 물에 그물을 던지라고 말씀하셨음에도 우리는 물에 들어갈 생각을 하지 않던지, 아예 물가에서 그물을 던지는 시늉만 하고 있다. 그렇게 하면 신앙에 깊이 들어갈 수 없다. 우리는 깊은 물 신앙(deep water faith)을 가져야 한다. 이 순간 베드로는 그 신앙 깊숙이 들어와 있었다.

"우리들이 밤이 맞도록 수고를 하였으되 얻은 것이 없지마는 말씀에 의지하여 내가 그물을 내리리이다(5절)." '깊은 물에 그물을 던지라' 고 말씀하실 때 그들은 지쳐있었다. 그리고 고기를 잡지 못하여 절망하고 있었다. 지쳐 피곤한 그들이었지만 말씀에 순종하고자 했다. 복음을 들은 자로서, 전능하신 주 앞에서 이제 그들이 해야 할 것이 무엇인지를 알았기 때문이리라.

그들은 주님의 말씀에 무조건 순종했다. 결단의 순종이자 절대적 순종이다. 그 순종에는 두 가지 점에서 인간의 한계를 뛰어넘는다. 이 점에서 그 순종은 특별하다.

첫 번째 한계는 육체적인 한계이다. 밤늦도록 그물을 내리느라 피곤한 몸. 이제 방금 씻어놓은 그물이지만 그들은 기꺼이 순종했다. 다른 때 같았으면 "무슨 소리냐"며 화를 냈을 것이다. 그러나 상대는 주님이시다. 인간의 화까지 잠재우시는 주님을 보라.

두 번째 한계는 자기의 경험과 지식을 뛰어넘는 한계이다. 당신이 베드로라면 의심이 가는 주문에 흔쾌히 응하겠는가. 의심을 하고, 갈등했을 것이다. 흔쾌하지는 않지만 갈등하면서 그 명령에 따를 것이다. 그러나 그들은 자기의 경험이나 지식을 내세우지 않았다. 전문어부로서 자기들이 가진 상식과는 거리가 멀다고 말하지 않았다. (만일 그곳에 가롯 유다가 있었다면 어땠을까. 이론을 내세우기 좋아하는 유다가 아니던가.)

그들은 이 모든 한계와 의문까지 주님 앞에 내려놓았다. 배와 어구들을 모두 버리고 따르기 전에 말씀에 순종하는 기적이 일어난 것이다. "보아하니 피곤한 사람이네. 나도 기질이 있는 사람이요. 그만 둡시다." 말하지 않았다. 내 경험, 내 능력, 내 지식을 앞세우지 않았다. 이것은 기적이다.

그들은 이미 주님의 말씀을 들었고, 말씀에 대한 신뢰도 깊어졌다. 신뢰는 말씀에 대한 실천과 행동으로 나타난다. 의심이 가는 상황에서도 자기의 생각을 주님 앞에 내세우지 않았고, 오히려 주님의 능력을 자기 앞에 세웠다. 베드로는 결국 말씀에 대한 전적인 신뢰와 순종을 주님께 드린 것이다. 이것은 그들이 얼마만큼 변화되어 있는가를 보여준다. 우리도 변화해야 한다. 변화는 나의 몫이다.

"그리한즉 고기를 에운 것이 심히 많아 그물이 찢어지는지라(6절)." 순종에 대한 축복이다. 예수님은 그물이 찢어질 정도로 배에 고기로 가득 차게 함으로써 하나님 나라의 풍성함과 능력(potentiality)을 보여주셨다. 인간이 기대할 수 없는 상황에서도 하나님의 손(능력)이 임하시면 그물이 찢어지고 배가 가라앉을 만큼 큰 수확을 얻을 수 있다. 이것은 하나님의 축복이 무엇인가를 보여주는 단서다. 도저히 이룰 수 없는 곳에서 풍성한 축복을 받게 된 것은 결코 내 능력이 아니라 주님이 복의 근원이심을 가르쳐 준다. 신앙의 끝엔 이처럼 축복이 기다리고 있다.

주님은 이제 우리로 하여금 복의 근원이 되라고 하신다. 우리 때문에 다른 사람이 복을 받도록 해야 한다는 것이다. 우리로 인해 그들의 그물이 찢어지도록 하는 것이다. 그래야 이 기적이 일회적으로 끝나지 않고, 복음 안에서 계속 이어질 수 있다. 그것은 나의 작은 순종으로부터 시작한다. '그리한즉.' 순종했기 때문에 이룰 수 없는 것을 이루게 하셨다. 베드로에게 함께 하신 주님이 오늘 우리와 함께 하신다. 주님이 함께 하시는 한 갈릴리 기적이 지금 우리 안에서 일어날 수 있다.

이 놀라운 일에 대한 베드로의 첫 반응은 두려움이었다. “베드로가 이를 보고 예수의 무릎 아래 엎드려 가로되 주여 나를 떠나소서 나는 죄인이로소이다 하니(8절).” 위대하신 주님 앞에 초라하기 그지없는 자신을 발견하게 되었다. “나는 죄인이로소이다.” 그는 무엇보다 자신의 죄인 됨을 철저히 인식하였다. 전능하신 하나님의 능력 앞에서 우리는 두려워 떨며 우리의 죄를 고백하지 않을 수 없다. 주의 엄위하신 능력 앞에 우리 입술도 자신도 모르게 죄를 고백하게 될 것이다. “저는 죄인입니다.”

주님은 그들의 두려움을 아셨다. “놀라지 말라.” 이 사건을 두고 놀라고 두려워하는 그들을 향해 주님은 앞으로 더 놀라운 일이 벌어질 것을 말씀하신다. 이것으로 놀랄 일이 아니라는 것이다. 더 놀랄 일은 그들이 전도자가 될 것이라는 예고다. “이제 후로는 사람을 취하리라(10절).” 지금은 고기를 낚았지만 앞으로는 사람을 풍요하게 낚을 것이라는 것이다. ‘취하리라’ 는 ‘살려내리라’ 는 뜻이다. 예수님을 만날 때 인간의 삶에 새로운 시작이 이루어진다.

사람을 낚는 어부가 되라는 것은 하나님 나라를 위한 주님의 특별한 초청이다. 사람을 살려내는 일이기 때문이다. 고기를 잡고 그것을 거두는 일, 추수기에 곡식을 거두는 일은 일상적인 일처럼 보인다. 그러나 그 일상의 모습이 구원사역과 깊게 연관 된다. 이런 일상의 관계 속에서 하나님의 일은 놀랍게 전개된다. 그것은 기적이다. 그 기적은 오늘도 일어난다. 전도를 하고, 예수를 구주로 고백하는 일이다. 전도는 이 기적에 참여하는 일이다. 이 기적은 예수님이 이미 예고하신 기적이다.

예수님은 혼자서만 이 기적의 사역을 하려 하지 않으셨다. 주님은 혼자서도 그 사역을 담당하실 수 있지만 주님의 제자들과 함께 하고자 하셨다. 수확의 기쁨을 같이 나누기 위함이다. 이것은 우리를 위한 주님의 한이 없으신 배려다. 그만큼 우리를 귀하게 생각하신다. 전도를 가볍게 여기지 말라. 그것은 특권이다.

“모든 것을 버려두고 예수를 좇으니라(11절).” 모든 것을 버려두고 예수를 좇는 것은 아무나 할 수 있는 일이 아니다. 깊은 물 신앙을 가진 사람만이 ‘모든 것’ 을 버려둘 수 있다. 배와 그물은 그들의 삶에 안전을 가져다주는 것이다. 그러나 그들은 인간적인 안전을 버렸다. 그리고 일시에 주님 앞에 투항했다. 이제 주님이 자기의 모든 것이 되었기 때문이다. 우리도 우리의 안전망이라 생각했던 것들을 완전히 버리고 과연 주님을 향해 온전히 나갈 수 있을까? 입술이 아니라 진정으로 주님이 나의 모든 것 되신다(Jesus is everything to me) 고백할 수 있다면 가능하다.

과감히 그물을 버리자 그들을 통해 거룩한 일이 놀랍게 전개된다. 주님의 제자로서, 하나님 나라의 백성으로서 그 나라의 비밀을 익히 알고 전할 수 있게 된 것이다. 이것은 우리가 자기의 것을 버리고 주님을 완전히 따르기 전까지 비밀로 감추어진 것이다. 우리 안에 기적을 일으키신 그 주님이 명령하신다. "나를 따르라." 새로운 출발 신호다. 지금 당신은 모든 것을 버려두고 주님을 따르고 있는가.

그들은 모든 것을 버려두고 예수님을 좇았다. 어떤 마음으로 버리고 따랐을까? 의무감이나 억지가 아니라 기쁨, 감격, 미래에 대한 소망을 가지고 따랐다. 더 이상 주저하지 않았다. 이제는 주님의 은혜 없이 제자가 될 수 없으며, 제자는 말씀대로 순종해야 한다는 사실을 알았다.

베드로를 비롯한 주님의 몇몇 주요 제자들은 두 번째의 부르심에 응답했다. 처음에는 망설였을 것이다. 직장 문제, 가족문제 등등. 그들을 두고 떠난다는 것은 결코 쉽지 않다. 그러나 두 번째 만남에서 그들은 주님의 강력한 메시지를 접했고, 그물이 찢어지는 기적도 체험할 수 있었다.

그들은 밤새 고기를 잡지 못해 먼저 좌절을 경험했다. 세상에서 우리가 대부분 겪는 경험이다. 그러나 그들은 주님을 만난 뒤 말씀에 의지해 그물을 내리겠다는 순종의 경험을 했으며, 마지막으로 그물이 찢어지는 축복을 경험했다. 좌절, 순종, 축복이라는 세 가지 경험 과정에서 주님은 단 하나의 기적이 아니라 그들로 몇 차례의 기적을 연이어 체험하게 하셨다. 그것이 바로 말씀에 녹아지는 기적, 말씀에 순종하는 기적, 그물이 찢어지는 기적, 그리고 마침내 모든 것을 버려두고 주님을 좇는 기적이다.

그 기적 하나하나가 축복이다. 말씀에 녹아지는 축복, 말씀에 순종하는 축복, 그물이 찢어지는 축복, 그리고 마침내 모든 것을 버려두고 주님을 좇는 축복이다.

오늘도 우리를 부르시는 주님의 초청에 기꺼이 응답하면 이 기적과 축복을 동시에 받아 누릴 수 있다.

2. 나병환자를 고치심(12-15절)

예수님은 많은 병자들을 고쳐주셨다. 고침을 받는 사람들을 보면 크게 세 부류로 나눌 수 있다. 첫째, 본인들이 직접 예수님을 찾아와 고침을 받은 사람들이다. 둘째, 본인보다 주변의 다른 사람의 도움을 받아 고침을 받은 사람들이다. 친구들이 천정을 뚫고 고침 받은 사건이 그 보기이다. 셋째는 주님이 직접 선택해 고침을 받도록 한 사람들이다. 38년 된 병자가 베데스다 못가에서 고침을 받은 사건이 이에 해당한다. 이 단원의 경우 첫 번째 부류에 속한다.

예수님이 어떤 마을에 계실 때였다. 온 몸에 나병(leprosy)이 번진 사람이 예수님을 보고 엎드리며 하소연했다. "주님, 주님께서 원하시면 저를 깨끗이 고치실 수 있습니다."

나병은 구약에서 부정한 병으로 취급되었다. 나환자는 다른 사람에게 감염되지 않도록 경고하는 뜻에서 늘 큰 소리로 "부정하다" 외치고 다녀야 했다. 집과 사회로부터 완전히 격리되어 정상적인 삶을 살 수 없었다. 치유를 받았다 해도 제사장으로부터 확인받고 "깨끗하다" 고 선언할 때까지 기다려야 하고, 희생제물을 바친 다음에 사회로 복귀할 수 있었다(레 13-14장). 유대의 랍비들은 나병이 치료되는 것은 죽은 자를 살리는 것보다 더 어렵다고 생각했다.

그러나 예수님은 자신에게 치료를 원하는 환자에게 손을 내밀고 저에게 대시며 치료해 주셨다. 이것은 예수님의 지극하신 사랑이다. 예수님은 이러한 행동을 통해 자신과 환자 사이에 가로막힌 벽을 과감히 깨뜨리고 그를 다시 정상적인 사회 일원으로 회복시키셨다. "내가 원하노니 깨끗함을 받으라 하신대 나병이 곧 떠나니라."

나병환자가 고침을 받는 것은 예수님의 사명과 부합되는 일이며 메시야 시대를 산 사람의 축복이다. 그리스도는 나병보다 더러운 인간의 죄악을 자신의 피로써 깨끗케 하시고 멸망당할 수밖에 없는 우리를 구원하셨다. 메시야와 만날 때 인간은 정신적으로나 육체적으로 회복된다.

예수님은 그에게 “너는 아무에게도 말하지 말고 제사장에게 가서 네 몸을 보이고 모세가 명령한 예물을 드려 네가 깨끗해진 것을 사람들에게 증거하여라.” 하셨다. 예수님은 레위기의 규례를 준수하도록 하려는 뜻에서 이 말씀을 하셨을 것이다. 이런 점에서 예수님은 율법을 폐하러 오신 것이 아니라 완성하러 오셨다(마 5:17).

예수님의 소문은 더욱 널리 퍼졌다. 많은 사람들이 예수님의 말씀도 듣고 병도 고치려고 모여들었다. 그러나 예수님은 자주 조용한 곳으로 가셔서 기도하셨다. 기도를 강조하는 것은 누가복음과 사도행전의 특징이다.

3. 중풍병자를 고치심(17-26절)

어느 날 예수님이 가르치고 계시는데 갈릴리와 유대의 여러 마을과 예루살렘에서 온 바리새인과 율법교사들(teachers of the law)이 앉아 있었다. 바리새인은 율법에 대한 열심이 큰 자들이고, 율법교사는 율법을 가르치는 교사들로 유대 종교지도자들 중 가장 열렬하고 경건한 자들이었다. 그리고 예수님은 하나님의 능력으로 병을 고치기도 하셨다.

그때 사람들이 한 중풍병자(a paralytic)를 침대에 누인 채 메고 와서 예수님 앞에 데려가려고 하였다. 하지만 사람들이 너무 많아 안으로 들어갈 수가 없었다. 그래서 그들은 지붕을 뜯고 구멍을 뚫어 병자를 침대 째로 예수님 앞에 달아 내렸다. 당시 유대인의 가옥구조를 볼 때 지붕은 평평해 밖에서 지붕으로 올라갈 수 있고 계단이 옆으로 나 있어 쉽게 지붕으로 올라가 일을 벌인 것으로 보인다.

예수님은 그들의 믿음을 보셨다. 그 친구들의 믿음이다. 그들은 아무 말도 하지 않았다. 어떤 요청도 하지 않았다. 그러나 그들은 이 중풍병자가 예수님을 만나기만 하면 고칠 수 있다고 믿었다. 그래서 예수님을 만나기 위해 지붕 뚫어 그를 내려다 놓은 것이다. 이것은 행동으로 보여준 믿음이다. 영혼을 위한 갈망이다. 예수님은 그들의 믿음 이외에 아무 다른 것도 보지 않았다. 그들의 외모나 지위나 성격 등을 보지 않았다. 우리가 예수님께 집중할 때 예수님은 그 믿음을 보시고 큰 일을 행하신다.

예수님은 그들의 믿음을 보시고 말씀하셨다. "이 사람아 네 죄 사함을 받았느니라." 예수님은 단지 병을 고치는 것으로 끝내지 않으시고 죄 사함을 받았다 선언하셨다. 예수님의 구원은 육적인 회복뿐 아니라 영적인 회복까지 포함되어 있어 전체적이요 전인적이다.

그러자 바리새인과 율법 교사들은 "도대체 이 사람이 누군데 감히 하나님을 모독하는가? 하나님 한 분 외에 누가 죄를 용서할 수 있단 말인가?" 하며 수군거렸다. 예수님이 죄를 용서하는 권세가 있음을 무시한 것이다.

예수님은 그들의 생각을 아셨다. 그래서 "왜 그런 생각을 하느냐? 네 죄 사함을 받았느니라 하는 말과 일어나 걸어가라 하는 말이 어느 것이 쉽겠느냐?" 하셨다. '네 죄 사함을 받았느니라' 하는 말은 '일어나 걸어가라' 하는 말보다 어렵다. 그러나 죄를 용서하시는 일이나 중풍병자를 고치는 일 모두 하나님이 부여하시는 권위와 능력을 필요로 한다는 점에서 같다. 예수님은 육신의 질병보다 죄악에 물들어 있는 영혼의 병을 치유하는 것이 더 중하고 근본적인 문제라고 보셨다.

예수님은 "인자가 땅에서 죄를 용서하는 특권(authority on earth to forgive sins)이 내게 있다는 것을 너희로 알게 하겠다." 하시고 중풍병자를 향해 "일어나 네 침상을 가지고 집으로 가라" 말씀하셨다. 예수님은 여기서 자신을 '인자(the Son of Man)' 라 하셨다. 인자는 심판자와 영원한 통치자의 이미지를 갖고 있다(단 7:13 이하). 예수님은 이 칭호를 자신에게 사용하심으로써 자신이 사죄의 능력을 가지고 있음을 분명히 하셨다.

예수님의 명령이 떨어지자 중풍병자는 즉시 사람들 앞에서 일어나 침구를 걷어 들고 하나님을 찬양하며 집으로 돌아갔다. 죄 사함은 권세가 있어야 효과 있다. 사람들은 모두 놀라 하나님을 찬양하면서도 두렵다는 듯이 "오늘 우리가 본 것은 정말 굉장한 일이다!" 하고 감탄하였다.

중풍병자를 고치신 이야기는 기적 그 자체에 초점이 있는 것이 아니다. 예수님이 죄를 용서하시는 권세를 가지신 분임을 나타내는 데 그 초점이 맞춰져 있다. 예수님은 중풍병자를 고쳐주심으로 죄를 사하실 수 있는 구원자이심을 보여주셨다. 변화의 능력은 예수께 있다. 주저하지 말라. 주저는 예수에 대한 갈망에서 떨어져 있기 때문일 수 있다.

4. 레위를 부르심(27-29절)

세리 레위(Levi)가 예수님의 제자가 되었음을 밝히고 있다. 레위는 마태(Matthew)를 말한다. 원래 이름은 레위였지만 회심 한 이후 예수님께서 그에게 마태라는 이름을 주신 것으로 보인다. 레위라는 명칭은 그가 속한 유대 지파의 이름이었다는 주장도 있다.

예수님은 세리 레위가 세관에 앉아있는 것을 보시고 "나를 따르라" 하셨다. 제자로 부르신 것이다. 당시 세리(tax collector)는 '갑바이(Gabbai)' 와 '목케스(Mokhes)' 두 종류가 있었다. 전자는 일반세를 수금하고, 후자는 관세를 받았다. 후자가 전자보다 더 악하고 부유했다. 레위가 세관에 앉아 있었다는 것은 그가 후자에 속한 세리였음을 보여준다. 세리는 유대 사회에서 죄인 취급을 할 만큼 천히 여김을 받았다. 유대인으로서 로마제국의 하수인이 되어 자기 이득을 취하고 착취를 한다고 보았기 때문이다.

레위는 모든 것을 버리고 일어나 예수님을 따랐다. '모든 것을 버리고 따랐다'는 것은 레위가 과거의 불의했던 옛 생활을 깨끗이 청산하고 예수의 제자로서 새로운 삶을 시작했음을 의미한다. 자신의 삶을 윤택하게 했던 것과도 과감하게 작별했다. 예수님의 제자에게는 치러야 할 제자직의 값이 있다.

레위는 기뻐 예수님을 자기 집에 초대해 큰 잔치를 베풀었다. 그 자리에 많은 세리들과 그 밖의 사람들이 함께 했다. 친구들을 초대해 예수를 만나게 한 것이다. 친구들도 다른 삶을 살라는 간접 메시지를 던진 셈이다.

예수님의 일행과 함께 식탁에 앉은 것을 본 바리새인과 서기관들이 못마땅해 예수님의 제자들을 향해 비방하는 말을 쏟아냈다. "어째서 당신들은 세리와 죄인들과 함께 먹고 마시는가?”

예수님은 그 말을 들으시고 말씀하셨다. “건강한 자에게는 의사가 쓸 데 없고 병든 자에게라야 쓸 데 있나니 내가 의인을 부르러 온 것이 아니요 죄인을 불러 회개시키러 왔노라.” 건강한 사람(바리새인)에게는 의사(예수)가 필요 없고 병든 사람(세리)에게만 의사가 필요하듯 나는 의로운 사람을 부르러 온 것이 아니라 죄인을 불러 회개시키려고 왔다는 말씀이다.

여기에는 바리새인들이 치유될 수 없는 병자라는 뜻이 내포되어 있다. 세리들은 단지 외적 병자이지만 바리새인들은 그리스도를 배척하고 비방하는 영적 병자들이기 때문이다. 예수님의 관심은 자기 자신을 죄인이라 고백하는 사람들에게 있다. 스스로 의롭다 생각하며 교만한 사람은 예수님의 관심 대상이 될 수 없다.

5. 금식에 관한 예수의 답변(30-39절)

그러자 그들은 예수님을 향해 금식(fast)에 관한 질문으로 도전했다. “요한의 제자는 자주 금식하며 기도하고 바리새인의 제자들도 또한 그리하되 당신의 제자들은 먹고 마시나이다.” 어찌 이리 다를 수 있느냐는 말이다. 예수님 당시 금식은 아주 일반화되어 있었다. 민족으로나 개인적으로 여러 이유에서 금식을 했다. 바리새인들은 민족을 위해서 매주 월요일과 목요일에 금식을 했다. 요한의 제자들도 그의 금욕적인 습관에 따라(눅 7:33) 종종 금식했다. 그런데 예수님의 제자들은 금식하지 않는다는 것이다. 비난이다.

이 당돌한 질문에 예수님은 세 가지 비유를 들어 답하셨다.

첫째, 혼인 집 비유다. “혼인 집 손님들이 신랑과 함께 있을 때에 너희가 그 손님으로 금식하게 할 수 있느냐 그러나 그 날에 이르러 그들이 신랑을 빼앗기리니 그 날에는 금식할 것이니라.” 예수님과 함께 있는 이들에게는 금식이 아니라 즐거움만 있을 뿐이라는 말씀이다. 신랑이신 예수님과 함께 있는데, 어떻게 손님들을 금식하게 할 수 있느냐는 것이다. 당시 유대인의 혼인잔치는 1주간이었다. 마지막 날 신랑의 친구들은 신랑을 신부 방에 데려다 주고 그 자리를 떠났다. 이 동안에는 금식일이 되어도 금식하지 않고 잔치 기간이 끝난 후에 금식했다. 그러나 신랑을 빼앗길 날, 곧 예수님이 고난 받으실 날이 온다. 그 때 그들이 금식할 것이라는 말씀이다. 예수는 형식과 규례에 얽매이는 금식은 무의미하며, 하나님과 신령한 교제를 하기 위해 금식하는 것만이 귀한 일이라는 교훈을 준다.

둘째, 새 옷 비유다. "새 옷에서 한 조각을 찢어 낡은 옷에 붙이는 자가 없나니 만일 그렇게 하면 새 옷을 찢을 뿐이요 또 새 옷에서 찢은 조각이 낡은 것에 어울리지 아니하리라." 낡은 전통을 새로운 시대에 적용시킬 수 없다는 말씀이다. 새 옷은 그리스도의 복음을, 낡은 옷은 유대교의 의식을 가리킨다. 이 두 가지는 서로 다르다.

셋째, 새 포도주 비유다. "새 포도주를 낡은 가죽 부대에 넣는 자가 없나니 만일 그렇게 하면 새 포도주가 부대를 터뜨려 포도주가 쏟아지고 부대도 못쓰게 되리라 새 포도주는 새 부대에 넣어야 할 것이니라 묵은 포도주를 마시고 새 것을 원하는 자가 없나니 이는 묵은 것이 좋다 함이니라."

새 포도주는 생명이 넘치는 그리스도의 복음이다. 주님이 우리에게 주시고자 하는 것은 새 포도주다. 새 술은 새 부대에 넣어야 한다. 그 속에 채워야 할 것은 주님의 것, 새 마음, 새 영이다. 주님의 원하는 삶은 새로운 삶의 방식, 영적으로 풍성한 삶, 사랑의 삶이다. 낡은 가죽부대는 버려야 할 것, 곧 율법의 낡은 방법, 의식적 의례적 삶의 방식, 자기중심으로 남을 판단하는 것 등이다. 율법의 낡은 것으로는 주님의 새로운 것을 담을 수 없다.

둘째와 셋째 비유는 복음으로 인한 새로운 삶의 방식이 유대교의 옛 방식과 어울릴 수 없음을 보여준다. 혁신적이고 생명력 있는 복음은 유대교의 인습적인 것과는 성격이 다르다. 이 비유의 요지는 복음으로 말미암은 새로운 삶의 방식이 유대교의 옛 삶의 방식에 매일 수 없다는 것이다.

제6장

열두 사도를 세우심과 평지 설교

1. 안식일 문제(1-11절)

1) 안식일에 이삭을 잘라먹은 사건(1-5절)

안식일에 예수님이 밀밭 사이로 지나가실 때 제자들이 이삭을 잘라 손으로 비벼 먹었다. 그러자 몇몇 바리새파 사람들이 이를 보고 따져 물었다. "어째서 당신들은 안식일에 해서는 안 될 짓을 하는 것인가?"

율법에 따르면 이삭을 잘라 비벼 먹는 행위는 허락된 행위이다(신 23:25). 하지만 바리새인들은 이 행위를 안식일에 금지된 맷돌 가는 행위, 타작, 키질, 추수, 음식 준비 등으로 해석한 것으로 보인다. 안식일에 밀 이삭을 비벼 먹은 제자들의 행위는 바리새인들이 보기에 안식일을 지킴에 있어서 특히 네 가지 조항에 걸리는 것으로 보았을 가능성이 높다. 밀 이삭을 자른 것은 추수하는 죄에, 손으로 비빈 것은 타작하는 죄에, 껍질을 불어 날린 것은 키질하는 죄에, 그리고 먹기 위한 이 모든 행위는 음식을 장만하는 죄에 해당한다는 것이다. 따라서 바리새인들은 안식일에 대한 규례에 입각해 제자들을 비난했다. 그들로서는 당연한 일이다. 하지만 이 비난은 그동안 암시적으로 나타나기 시작한 예수님에 대한 바리새인들의 적대감이 비로소 노골화되기 시작했음을 의미한다.

이에 대해 예수님은 그들에게 삼상 21:1-9에 기록된 다윗의 경우를 들어 말씀하셨다. "너희는 다윗이 자기와 함께 한 자들이 배가 고팠을 때 한 일을 읽지 못하였느냐. 그가 하나님의 전에 들어가서 제사장 외에는 먹어서는 안 되는 진설병을 먹고 함께 한 자들에게도 주지 아니하였느냐." 진설병은 밀가루를 채로 11번이나 쳐서 구운 떡으로, 안식일마다 12개의 떡을 지성소에서 하나님께 바쳤다. 12개는 12지파를 의미한다. 안식일마다 새 것으로 바꾸고, 거둔 떡은 대제사장만이 먹을 수 있었다(레 24:5-9). 또 제사장은 직무상 성전 안에서는 안식일 규례를 범하는 것이 허용되었다. 제사장 아히멜렉은 자신의 재량권에 따라 배고픈 다윗에게 거둔 진설병을 내주었고, 다윗은 그것을 함께 한 자들과 나누었다.

이 말씀을 하신 예수님은 "나는 바로 안식일의 주인이다."라고 하셨다. 세상을 창조하신 하나님이 안식일을 제정하셨듯이 예수님도 안식일의 주인으로서 그분과 동등한 권리를 갖는다는 말씀이다. 즉 예수님의 신적인 권위를 드러내는 말씀이다. "안식일에 제사장들이 성전 안에서 안식을 범하여도 죄가 없음을 너희가 율법에서 읽지 못하였느냐 내가 너희에게 이르노니 성전보다 더 큰 이가 여기 있느니라(마 12:5, 6)."

마가복음에는 "안식일이 사람을 위하여 있는 것이요 사람이 안식일을 위하여 있는 것이 아니니 이러므로 인자는 안식일에도 주인이니라(막 2:27, 28)." 하였다. 예수님은 이에 대해 율법의 근본정신은 하나님과 이웃에 대한 사랑임을 말씀하고자 하셨다. 이것이 율법의 바른 정신이라는 것이다. 바리새인들은 율법을 위해 율법을 지키는 율법주의자가 되었다. 그들은 안식일에 관한 여러 규정들을 만들어 그것을 철저하게 지켰고, 그에 따라 다른 사람들을 정죄했다. 그 결과 안식일을 범하는 사람들을 어떻게 처벌하고 죽일까 생각하는 사람들로 전락하고 말았다. 예수님은 다윗의 경우를 들어 율법의 문자적인 의미보다는 그 정신이 더 중요함을 일깨우셨다.

2) 안식일에 손 마른 사람을 고친 사건(6-11절)

또 다른 안식일에 예수님이 회당에 들어가 가르치고 계시는데 거기에 오른손 마른 사람이 있었다. 손이 오그라든 사람이다. 서기관과 바리새인들이 예수를 고발할 증거를 찾고자 안식일에 병을 고치시는지 지켜보고 있었다. 바리새인들은 안식일에 출산과 할례를 하는 것은 허용했지만 병을 고침에 있어서는 당장 죽을병에 해당하는 것만 고칠 수 있다고 규정해 놓았다. 심지어 랍비들 중 엄격한 사람은 안식일에 병문안하는 것까지도 금할 정도였다. 예수님이 그 병을 고치는지 그들이 주시한 것도 이 규정을 위반하는 지 보고자 한 것이다.

예수님이 그들의 생각을 아시고 손 마른 사람을 향해 "일어나 한가운데 서라" 하셨다. 그가 일어나 앞으로 나왔다. 그 때 예수님은 그들을 향해 "내가 너희에게 묻노니 안식일에 선을 행하는 것과 악을 행하는 것, 생명을 구하는 것과 죽이는 것, 어느 것이 옳으냐." 물으셨다.

그리고서 예수님은 그들을 둘러보시고 손 마른 사람에게 "네 손을 내밀라(펴라)." 말씀하셨다. 그래서 그가 손을 펴자 오그라든 그의 손이 완전히 회복되었다. 그러나 그들은 화가 잔뜩 나서 예수를 어떻게 할까 의논하였다. 예수님을 없애버릴 방법을 찾은 것이다.

바리새인들의 판단에 따르면 예수님의 행동은 규정을 어긴 것이다. 하지만 예수님은 안식일은 사람에게 축복과 생명을 주기 위해 제정된 것이지 짐을 지우기 위한 것이 아님을 밝히셨다. 하나님이 진정 원하시는 것은 사람을 중요하게 여기고 도우며 적극적인 선을 베푸는 것이다(요 5:17). 예수님은 병을 고치지 않으면 그것이 악을 행하는 것이며 생명을 멸하게 되는 것이라 말씀하심으로 안식일 규례를 새롭게 하셨다. 바리새인과 율법학자들은 율법과 규칙에 매어 있었지만 예수님은 사람이 지금보다 더 자유로워지고 사람답게 살 수 있도록 생명을 주시는 것을 중시하셨다. 그 어떤 규칙보다 사람의 생명을 돕는 일과, 사람에게 선을 행하는 것이 더 중요하다. 하나님의 형상인 인간 그 자체를 파괴하고 억압하는 일은 하나님이 기뻐하시는 일이 아니다. 예수님의 이 인간 사랑의 가르침을 잊어서는 안 된다.

2. 열두 사도를 세우심(12-19절)

누가는 예수님이 어떻게 12제자를 세웠으며, 그들이 누구인가를 밝히고 있다.

> "이 때에 예수께서 기도하시러 산으로 가사 밤이 새도록 하나님께 기도하시고 밝으매 그 제자들을 부르사 그 중에서 열둘을 택하여 사도라 칭하셨으니(12, 13절)."

누가는 예수님이 산에 들어가 밤새 기도하신 후에 날이 밝자 제자들을 부르신 뒤 그 가운데 12사람을 택해 사도로 임명하신 사실을 기록하였다. 밤새 기도하신 후 12제자를 택하는 일을 아주 중시했음을 보여준다. '부르사(called)' 는 하나님이 그분의 종들을 선택해 사명을 주실 때 사용되는 말이다. 제자와 사도도 개념상 차이가 있다. 제자(disciples)는 땅 위에서 예수님을 따라 다니며 배우고 진리를 실행하는 자들을 말한다. 그리고 사도(apostles)는 부활한 예수님을 보고 그분에게서 부활 선포의 사명을 받은 이들을 말한다. 그러므로 예수님이 12제자들을 사도의 직무를 주신 것은 자신의 가르침, 자신의 죽으심, 부활, 다시 오심을 선포하여 교회를 세우실 목적으로 제자 중에서 12사도를 택하셨음을 알 수 있다.

12사도는 베드로(아람어로는 게바)라고도 이름을 주신 시몬과 그의 동생 안드레, 야고보와 그의 동생 요한, 빌립, 바돌로매, 마태, 도마, 알패오의 아들 야고보, 셀롯이라는 시몬, 야고보의 아들 유다(다대오), 예수를 파는 자 될 가룟 유다라(14-16절). 셀롯(Zealot)은 열심당원을 뜻한다. 당시 유대에는 바리새파, 사두개파, 에세네파(Essenes), 열심당 등 여러 종파가 있었다. 가룟 유다는 유다 성읍 가룟(Iscariot)에서 유다라 부르는 사람이라는 뜻의 이름이다. 그는 예수를 배반하는 자가 되었다. 가룟 유다를 제외한 다른 11제자는 갈릴리 사람들이다. 그중 시몬, 안드레, 야고보, 요한은 어부들이었다.

예수님은 제자들과 함께 산에서 내려와 평지에 서셨다. 그곳에는 이미 제자들은 물론이고 온 유대와 예루살렘, 바닷가 두로와 시돈에서 온 사람들로 가득 했다. 그들은 예수님의 말씀도 듣고 병도 고치고 했다. 예수님은 그들 중에 더러운 귀신이 들려 괴로움을 당하는 사람들을 모두 고쳐 주셨다. 예수님께서 큰 능력으로 모든 사람을 고치는 것을 보고 사람들은 저마다 그분을 만지고자 했다. 낫고자 한 것이다. 사람들은 그만큼 예수님의 말씀과 능력을 사모했다.

3. 평지 설교(20-26절)

예수께서 눈을 들어 제자들을 보시고 말씀하셨다. 평지(plain) 설교가 시작된 것이다. 이 설교에는 두 종류의 사람이 대조를 이루고 있다. 한편은 하나님의 축복이 주어지는 사람들이고, 다른 한편은 하나님의 심판이 내려지는 사람들이다. 축복을 받는 쪽은 가난한 사람들, 굶주린 사람들, 슬피 우는 사람들, 그리고 그리스도를 위해 핍박을 받는 사람들이다. 이에 반해 심판을 받는 사람들은 부유한 사람들, 배부른 사람들, 웃는 사람들, 그리고 사람들에게 칭찬만 듣는 사람들이다. 20-23절은 전자에 속한 사람들이고, 24-26절은 후자에 속한 사람들이다.

"너희 가난한 자는 복이 있나니 하나님의 나라가 너희 것임이요(20절)." 마태복음 5장에는 '심령이 가난한 자(the poor in spirit)' 로 기록되어 있으나 누가복음에는 가난한 자(the poor)로 기록되어 있다. '가난한 자' 는 희랍어로 '프토코이(ptochoi)' 로 너무 가난해서 구걸해야 할 정도로 곤핍한 상태의 사람을 가리킨다. 누가는 현실적으로 가난한 사람에 주목하였음을 볼 수 있다. 제자들을 비롯하여 산상수훈을 듣는 많은 사람들이 가난한 사람이었다. 예수님은 가난한 자에게 복음을 전하려 오셨다. "주의 성령이 내게 임하셨으니 이는 가난한 자에게 복음 전하게 하시려고 내게 기름을 부으시고(눅 4:18)." 가난한 자는 부자보다 복음을 쉽게 받아들이고 마음을 쉽게 비울 수 있다. 부자는 이렇게 되기 어렵다. 그래서 주님은 말씀하신다. "내가 진실로 너희에게 이르노니 부자는 천국에 들어가기가 어려우니라 다시 너희에게 말하노니 약대가 바늘귀로 들어가는 것이 부자가 하나님의 나라에 들어가는 것보다 쉬우니라(마 19:23, 24)." 한국교회가 다른 나라보다 부흥할 수 있었던 것도 가난과 고통이 있었기 때문이다.

"하나님의 나라가 너희 것임이요." 진정한 행복은 돈에 있지 않다. 진정한 행복은 내 속에 있다. 내 마음 속에 하나님의 나라가 있기 때문이다. 심령에 천국을 소유해야 행복할 수 있다. 부와 돈이 천국소유에 방해가 된다면 그것이 아무리 많아도 불행한 것이다.

"지금 주린 자는 복이 있나니 너희가 배부름을 얻을 것임이요 지금 우는 자는 복이 있나니 너희가 웃을 것임이요(21절)." 지금 굶주리는 자가 행복하다. 배부르게 될 것이기 때문이다. 지금 우는 자가 행복하다. 웃게 될 것이기 때문이다.

"인자로 말미암아 사람들이 너희를 미워하며 멀리하고 욕하고 너희 이름을 악하다 하여 버릴 때에는 너희에게 복이 있도다(22절).” 사람들이 인자, 곧 예수 때문에 너희를 미워하고(하나님의 사람을 적대하고) 따돌리고(사회적으로 소외시키고) 모욕하며 너희 이름을 더럽힐 때 너희에게 복이 있다. 이런 일을 당하면 기뻐하고 즐거워하라. 그 날에 하늘에서 큰 상이 기다리고 있기 때문이다. 그들의 조상들도 선지자들을 그와 같이 학대하였다(23절). ‘그 날’ 은 현실의 삶을 의미하는 ‘이제’ 와 대조된다.

“그러나 화 있을진저 너희 부요한 자여 너희는 너희의 위로를 이미 받았도다(24절).” 20절과 대조를 이루는 절이다. 부요한 사람들에게는 불행이 닥칠 것이다. 이 세상에서 받을 수 있는 위로를 이미 다 받았기 때문이다. 따라서 하나님 나라의 분깃이 없다.

“화 있을진저 너희 지금 배부른 자여 너희는 주리리로다 화 있을진저 너희 지금 웃는 자여 너희가 애통하며 울리로다(25절).” 21절과 대조되는 구절이다. 지금 배부르게 먹고 지내는 자들은 불행하게도 굶주리게 될 것이다. 지금 웃는 자들은 불행하게도 슬퍼하며 울게 될 것이다.

“모든 사람이 너희를 칭찬하면 화가 있도다 그들의 조상들이 거짓 선지자들에게 이와 같이 하였느니라(26절).” 22-23절과 대조를 이루는 절이다. 주님 때문에 핍박을 받는 사람들과는 달리 모든 사람으로부터 칭찬을 받는 자들에게는 불행이 닥칠 것이다. 그들의 조상들도 거짓 예언자들을 그렇게 칭찬하였기 때문이다.

아주 대조적인 이 두 종류의 사람들에 대해 우리가 주목해 봐야 할 부분이 있다. 전자에 속한 사람들이 복을 받는 이유가 있기 때문이다. 마태의 기록에 따르면 전자에 속한 사람은 심령이 가난한 자, 의에 주린 자, 자신의 죄로 애통하는 자, 주님 때문에 핍박을 받는 자이다. 가난과 멸시 속에서도 양심을 지키며 하나님 앞에서 겸손한 삶을 구가한 사람들이다. 이런 부류는 복을 받는다. 고난의 삶에 대한 보상의 약속이 주어졌기 때문이다.

이에 반해 하나님을 떠나서 자신만을 위해 부를 늘리고, 다른 사람의 필요에 아랑곳하지 않은 채 자기만족에 빠져 있으며, 의인을 정죄하고 하나님의 심판은 없다며 사람들을 그릇 인도하고 그런데도 불구하고 이에 부화뇌동하는 사람들로부터 칭찬을 받은 거짓의 사람들은 저주를 받는다. 그들은 부요하고 세력이 있고, 그 여유를 이용해 즐기고, 인기 위주의 허식적인 삶을 살았기 때문이다. 그들에게는 하나님이 약속하신 미래적인 보상이 주어지지 않는다. 그들은 하나님의 위로를 받지 못한다. 야고보는 그들을 향해 "울고 통곡하라"고 말한다(약 5:1-6).

4. 원수를 사랑하라(27-36절)

사랑과 자비가 그리스도인의 삶의 정신이 되어야 할 것을 강조하신 말씀이다. 기독교의 사랑은 원수까지 포용하는 무제한적이며 조건 없는 사랑이다. 이 부분은 그리스도 사랑의 극치를 보여주는 것으로 평지 설교의 핵심을 이루는 부분이다. 이것은 기독교의 최고의 윤리이자 도덕으로, 그리스도인이 본보여야 할 삶이다.

"너희 원수를 사랑하며 너희를 미워하는 자를 선대하며 너희를 저주하는 자를 위하여 축복하며 너희를 모욕하는 자를 위하여 기도하라(27, 28절)."

"원수를 사랑하며(love your enemies)." 원수는 사랑할 수 없는 사람이다. 나에게 적대감을 가진 그런 사람까지 사랑하라 하신다. 우리를 미워하는 자를 선대하기 어렵다. 그런데 그리 하라 하신다(do good to those who hate you). 우리를 박해하고 저주하는 자를 축복하기 어렵다. 그런데 축복하라 하신다(bless those curse you). 우리를 모욕하는 자를 위해 기도할 수 없다. 그런데 기도하라 하신다(pray for those who mistreat you). 사랑할 수 없는 사람을 사랑하고, 그들에게 좋게 대하고, 그들을 축복하고 기도하는 것이 그리스도의 사랑 법이다. 그 사랑 법을 배우고 실천하라는 말씀이다. 이것이 하나님 나라의 사랑 법이다.

"너의 이 뺨을 치는 자에게 저 뺨도 돌려대며 네 겉옷을 빼앗는 자에게 속옷도 거절하지 말라(29절)." '치는' 은 악한 감정으로 주목으로 세게 치는 것을 말한다. 이스라엘의 가난한 사람에게 있어서 겉옷은 벌거벗음을 가리고, 밤에는 그것을 덮고 잘 만큼 필수품이다. 그렇게 중요한 것을 강제적으로 빼앗는다 해도 그것뿐 아니라 속옷까지 내어준다. 원수를 사랑하고, 폭력을 행사하며 괴롭히는 자들을 선대하라 하신 것은 단지 악에 대한 무저항을 뜻하는 것이 아니라 오히려 그 이상의 행동을 하라는 것을 의미한다. 악의 적극성을 선의 적극성으로 극복하라는 말씀이다.

"네게 구하는 자에게 주며 네 것을 가져가는 자에게 다시 달라 하지 말며(30절)." 네게 달라는 사람에게 주고 네 것을 가져가는 사람에게 돌려달라고 하지 말라는 말씀이다.

"남에게 대접을 받고자 하는 대로 너희도 남을 대접하라(31절)." 이 말씀은 주님의 황금률(golden rule)이다. 이 황금률은 우리들이 주로 사용하는 법칙과 크게 차이가 있음을 알 수 있다. 우리들이 주로 사용하는 법칙은 크게 3가지이다.

- 상호법(reciprocal rule): 그들이 나를 대접하면 나도 그들을 대접한다.
- 대중법(popular rule): 다른 사람들이 나를 대하는 방식대로 그들을 대한다.
- 추정법(calculated rule): 그들이 나를 어떻게 대하리라 (내가) 생각한대로 그들을 대한다.

그러나 주님은 "남에게 대접을 받고자 하는 대로 너희도 남을 대접하라"고 하신다. 이 말씀은 우리의 법칙과 크게 차이가 있다. 우리와는 전혀 다른 방법으로 사람을 대하라는 것이다. 황금률은 내가 원하는 것을 그들에게 주는 것이 아니라 그들이 원하는 것이 무엇인가를 먼저 생각해서 실천하는 적극적인 사랑의 행동이다.

"너희가 만일 너희를 사랑하는 자만을 사랑하면 칭찬 받을 것이 무엇이냐 죄인들도 사랑하는 자는 사랑하느니라 너희가 만일 선대하는 자만을 선대하면 칭찬 받을 것이 무엇이냐 죄인들도 이렇게 하느니라 너희가 받기를 바라고 사람들에게 꾸어 주면 칭찬 받을 것이 무엇이냐 죄인들도 그만큼 받고자 하여 죄인에게 꾸어 주느니라 오직 너희는 원수를 사랑하고 선대하며 아무 것도 바라지 말고 꾸어 주라 그리하면 너희 상이 클 것이요 또 지극히 높으신 이(하나님)의 아들이 되리니 그는 은혜를 모르는 자와 악한 자에게도 인자하시니라(32-35절)."

그리스도인의 사랑(divine love)과 세속적 인간의 사랑(human love)은 속성부터 다르다는 말씀이다. 인간의 사랑은 외견적이다. 외모가 좋고 끌리면 좋아한다. 그러나 그리스도인의 사랑은 외적인 것을 초월한다. 인간의 사랑은 상대적이다. 자기를 좋게 대하면 상대에게도 좋게 대한다. 그러나 그리스도인의 사랑은 나에게 선대하지 않아도 오히려 그를 선대하는 사랑이다. 인간의 사랑은 자신을 성격을 나타내지만 그리스도인의 사랑은 하나님의 성품을 나타낸다.

그리스도의 사랑은 자기중심적인 애정이나 친절이 아니다. 어떤 이해관계 없이 상대의 필요와 요구에만 적극적으로 관심을 보이고 반응하는 순수한 사랑이다. 이 사랑은 주고받는 거래적 사랑이 아니라 아무것도 바라지 않고 베풀어주는 사랑이다. 이 사랑을 하면 지극히 높으신 분의 아들이 되는 종말적인 보상이 따른다.

"너희 아버지의 자비로우심 같이 너희도 자비로운 자가 되라(36절)." 마태는 '자비로우심' 을 '온전하심' 이라는 말을 사용했다(마 5:48). 하나님의 형상을 가진 자로서 하나님의 성품을 본받으라는 것이다. 구약에서는 '자비' 를 오직 하나님께만, 그리고 '온전' 을 오직 사람에게만 적용시켰다. 따라서 이 말씀은 사람이 하나님을 본받으며, 하나님의 뜻대로 살아야 한다는 것을 가르쳐 준다. 나아가 이 말씀을 황금률보다 격이 높은 백금률(Platinum Rule)이라 부른다. 이것은 그분의 자녀인 우리가 마땅히 따라야 할 룰이다. 백금률은 나의 관계가 내가 원하는 것에 의해서 만들어지는 것이 아니라 하나님이 원하시는 것이 무엇인가에 따라 만들어진다. 하나님을 믿는 사람들은 자비로우신 하나님의 성품을 본 받아 삶 속에서 늘 그분을 나타내야 한다.

이 말씀들은 그리스도인의 이웃사랑이 말로만의 사랑이 아니라 이 세상이 넘보지 못할 아주 높은 차원의 사랑임을 강조하고 있다. 이 숭고한 사랑의 정신을 우리가 과연 어떻게 지켜나갈 수 있을까? 우리 힘으로는 불가능하다. 우리는 인간으로서 완전히 지켜낼 수 없는 연약한 존재임을 고백하고, 날마다 자기를 부인하고 하나님께 나아와 그분을 의지하며 힘을 얻어야 한다. 성령님이 함께 하지 않으면 안 된다.

5. 비판하지 말라(37-45절)

"비판하지 말라 그리하면 너희가 비판을 받지 않을 것이요 정죄하지 말라 그리하면 너희가 정죄를 받지 않을 것이요 용서하라 그리하면 너희가 용서를 받을 것이요(37절).” 예수님은 제자들에게 그들이 하나님을 대신하여 다른 사람을 판정하는 것을 금하고 있다. 제자들은 모든 사람에 대해 너그럽게 대해야한다는 말이다. 그렇게 할 때 하나님의 자비하심을 받게 된다.

이 말씀은 오늘을 사는 우리에게도 해당된다. 이웃을 비판(판단)하거나 정죄(단죄)하지 말고 용서하라. 그러면 우리도 판단 받지 않을 것이고 죄인 취급을 받지 않을 것이며 용서받을 것이다. 우리가 하나님으로부터 불쌍히 여김을 받고자 한다면 먼저 남을 불쌍히 여겨야 한다.

“주라 그리하면 너희에게 줄 것이니 곧 후히 되어 누르고 흔들어 넘치도록 하여 너희에게 안겨 주리라 너희가 헤아리는 그 헤아림으로 너희도 헤아림을 도로 받을 것이니라(38절).” 주어라. 그러면 너희는 하나님으로부터 상급을 받을 것이다. 하나님은 너희에게 후히 되어 누르고(말에다 누르고) 흔들어 넘치게 부어 주실 것이다. 풍성히 갚아주신다는 말씀이다. 우리가 어떤 되를 사용하는가(the measure you use)에 따라 그 되로 갚아주신다(it will be measured to you). 후하게 하면 더 후하게 갚아주실 것이고, 박하게 하면 박하게 갚아주실 것이다.

“또 비유로 말씀하시되 맹인이 맹인을 인도할 수 있느냐 둘이 다 구덩이에 빠지지 아니하겠느냐(39절).” 예수님은 일상생활에서 쉽게 접할 수 있는 것을 예로 들어 영적 진리를 깨닫게 하는 방법으로 비유를 자주 사용하셨다. ‘맹인이 맹인을 인도할 수 있느냐’ 는 말씀의 경우 마태는 이를 산상설교에 넣지 않고 바리새인에 대한 경고로 사용하였다(마 15:14, 23:16). 바울도 율법주의자들을 소경의 길 안내자라 하였다(롬 2:19). 맹인이 맹인을 인도하면 둘 다 구덩이에 빠질 뿐이다.

“제자가 그 선생보다 높지 못하나 무릇 온전하게 된 자는 그 선생과 같으리라(40절).” ‘제자가 그 선생보다 높지 못하나’ 는 당시는 서적이 널리 보급되지 못해 학생은 선생의 가르침에 의존할 뿐 선생을 넘어설 수 없었다. 하지만 ‘무릇 온전하게 된 자는 그 선생과 같으리라’ 하셨다. 완전히 다 배우고 나면 그 때에는 선생과 같이 될 것이라는 말씀이다. ‘온전하게(katertismenos, fully trained)’ 는 그리스도인들 상호간의 건덕을 세우는 행위나 하나님이 그들을 견고케 하시는 행위를 가리킬 때 사용된 단어다. 일반적으로 하나님의 말씀에 의해 충분히 훈련된 인간상을 가리킨다.

> "어찌하여 형제의 눈 속에 있는 티는 보고 네 눈 속에 있는 들보는 깨닫지 못하느냐 너는 네 눈 속에 있는 들보를 보지 못하면서 어찌하여 형제에게 말하기를 형제여 나로 네 눈 속에 있는 티를 빼게 하라 할 수 있느냐 외식하는 자여 먼저 네 눈 속에서 들보를 빼라 그 후에야 네가 밝히 보고 형제의 눈 속에 있는 티를 빼리라(41, 42절)."

누가는 우리 스스로 완전하지 못하기 때문에 다른 사람들을 비판해서는 안 된다는 사실을 강조하였다. 그 누구도 완전하지 못함에도 불구하고 남을 지나치게 비판하는 경우가 많다. 선의에서 비판한다면 좋은 충고가 될 수 있겠지만 우월감과 편견을 가지고 비판한다면 자기 눈에 있는 들보(dokon, beam, 대들보)는 외면한 채 남의 티(karphos, speck, 조각)만 보며 판단하는 위선자와 다를 바 없다. 따라서 남에게는 관대하고 자신에게는 엄격하라는 것이다.

"못된 열매 맺는 좋은 나무가 없고 또 좋은 열매 맺는 못된 나무가 없느니라 나무는 각각 그 열매로 아나니 가시나무에서 무화과를, 또는 찔레에서 포도를 따지 못하느니라(43, 44절)." 열매는 사람의 말과 행동을 빗댄 말이다. '못된(sapron, bad) 열매' 는 썩고 고약한 냄새를 내는 나쁜 열매를 말한다. 나무는 열매로 말한다. 가시나무가 무화과를 맺을 수 없다. (마 7:16에서는 "가시나무에서 포도를, 또는 엉겅퀴에서 무화과를 따겠느냐" 하였다.) 좋은 나무가 좋은 열매를 맺고, 나쁜 나무는 나쁜 열매를 맺는다.

"선한 사람은 마음에 쌓은 선에서 선을 내고 악한 자는 그 쌓은 악에서 악을 내나니 이는 마음에 가득한 것을 입으로 말함이니라(45절)." 사람의 언행은 그 마음에서 비롯된 것이므로 속마음이 중요하다는 말씀이다. '마음의 쌓은 선' 은 '선한 마음의 창고' 를 말한다. 우리 마음이 선한 성품을 쌓는 창고가 되어야 한다는 말이다. 그리스도인은 마음의 창고에 선을 가득 쌓고, 그것을 행동으로 선하게 드러내야 한다. 선하고 좋은 마음씨를 갖지 않고서는 좋은 언행을 할 수 없다. 마태는 이 경고의 말씀을 거짓 스승에게 적용했지만 누가는 제자들에게 적용했다. 그리스도인 모두 예외일 수 없다.

6. 반석 위에 지은 집(46-49절)

"너희는 나를 불러 주여 주여 하면서도 어찌하여 내가 말하는 것을 행하지 아니하느냐(46절)." 이 말씀은 바리새인이나 서기관을 대상으로 하신 말씀이 아니다. 주님을 믿는다 하면서 그 말씀을 실천에 옮기지 않는 사람들을 대상으로 하신 말씀이다. 주님은 "주여, 주여" 부르짖으면서도 삶에서 신앙의 열매가 없는 것을 아쉬워하신다. 믿음은 말에 있지 않고 행동에 있다.

"내게 나아와 내 말을 듣고 행하는 자마다 누구와 같은 것을 너희에게 보이리라 집을 짓되 깊이 파고 주추를 반석 위에 놓은 사람과 같으니 큰물이 나서 탁류가 그 집에 부딪치되 잘 지었기 때문에 능히 요동하지 못하게 하였거니와(47, 48절)." 예수님은 집을 짓는 자의 비유를 통해 행함의 중요성을 보이겠다고 하신다. 주님의 말을 듣고 행동하는 자는 집을 지을 때 땅을 깊이 파고 반석 위에 기초를 놓고 집을 지은 사람과 같다. 홍수가 나서 큰물이 집으로 들이치더라도 그 집은 튼튼하게 지었기 때문에 조금도 흔들리지 않는다. 하나님의 심판에서도 살아남게 된다.

"듣고 행하지 아니하는 자는 주추 없이 흙 위에 집 지은 사람과 같으니 탁류가 부딪치매 집이 곧 무너져 파괴됨이 심하니라 하시니라(49절)." 그러나 주님의 말을 듣고도 실행하지 않는 사람은 기초 없이 맨땅에 집을 지은 사람과 같다. 큰물이 들이치면 그 집은 곧 무너져 여지없이 파괴되고 만다. 하나님의 심판에 견디지 못한다. 이것은 행함이 사람의 삶 전체에 미치는 영향이 얼마나 큰가를 보여준다. 기독교는 말의 종교가 아니라 실천의 종교이다.

제7장

예수에 대한 세례 요한의 의문과 그에 대한 예수의 증언

1. 백부장의 종을 고치신 예수(1-10절)

7장은 여러 사건들을 기록하고 있다. 예수님이 메시야로서 죽은 사람을 살리시고, 이방인들과 과부와 죄인들에게 그의 사랑을 보이신 것이다. 이것은 메시야 시대의 표징들로, 하나님이 자기 백성들의 삶 속에 은혜롭게 개입하셔서 그들의 영적으로나 육적으로 필요한 것을 사랑으로 돌보아주신다는 것을 보여주고 있다.

1-10절은 예수님이 백부장의 종을 고쳐준 사건을 담고 있다. 예수님이 6장의 말씀을 마치신 후 가버나움으로 가셨다. 어떤 백부장이 소중하게 생각하는 종이 병들어 거의 죽게 되었다. 백부장은 100명의 부하를 거느린 로마군대의 지휘관이었다. 백부장은 얼마든지 종이 병들어 죽는다 해도 무시할 수 있었다. 당시 종은 물건 취급을 당했기 때문이다. 하지만 그는 그렇게 하지 않았다. 종을 사랑하고 귀하게 여겼다.

백부장은 예수의 소문을 듣고, 유대 장로들을 예수님께 보내 자기 종을 낫게 해 달라고 간청했다. 이 장로들은 산헤드린에 속한 예루살렘의 장로들이라기보다 지역 회당의 지도급 인사들로 보인다. 장로들은 와서 그는 유대민족을 사랑하는 사람이며 회당을 지어준 분이라 했다. 은혜를 입을만한 자격이 충분하다는 것이다.

예수님은 그들과 함께 백부장의 집으로 갔다. 이것은 주님이 유대인이나 이방인이나 똑같이 받아들이시며, 자기를 경외하는 모든 사람에게 기꺼이 은혜를 베푸신다는 것을 보여준다.

그런데 그 때 백부장은 친구들을 보내 청원했다. "주여 수고하시지 마옵소서. 내 집에 들어오심을 나는 감당하지 못하겠나이다. 말씀만 하사 내 하인을 낫게 하소서.” 주님을 집에 모셔 들일만한 자격이 없다는 것이다. 여기서 하인(pais, servant)은 ‘어린 소년’ 이라는 뜻을 가지고 있다. 이로 보아 종은 나이가 어린 소년으로 보인다.

백부장은 이에 더하여 “나도 남의 수하에 든 사람이요 내 아래에도 병사가 있으니 이더러 가라 하면 가고 저더러 오라 하면 오고 내 종더러 이것을 하라 하면 하나이다.” 했다. 명령만 하시라는 것이다. 이것은 예수에 대한 백부장의 믿음, 곧 예수님에 대한 전적인 신뢰가 있음을 보여준다. 게다가 주님 앞에서 자신을 부족하게 여길 만큼 겸손했다.

예수님은 이 말을 들으시고, 그를 놀랍게 여기셨다. 그리고 자기를 따라오는 무리에게 말씀하셨다. “내가 너희에게 이르노니 이스라엘 중에서도 이만한 믿음은 만나보지 못하였노라.” 이스라엘 중에서도 아직 이런 믿음을 본 일이 없다는 것은 예수님이 백부장의 믿음을 크게 보셨음을 의미함은 물론 유대인들 가운데 믿음이 없는 사람들이 많다는 것을 우회적으로 비판한 것이다. 장로들은 백부장의 외적인 공헌을 높이 평가했지만 예수님은 그의 내면적인 믿음을 보셨다. 마태복음 8:13에는 “가라, 네 믿음대로 될지어다.”라는 명령어가 덧붙여있다. 심부름 왔던 사람들이 집에 돌아가서 보니, 종은 이미 나아 있었다. 백부장의 믿음이 그를 구원에 이르게 하였다.

2. 나인 성 과부의 아들을 살리심(11-17절)

그 후 예수님은 나사렛에서 가까운 나인(Nain) 성으로 가시다 성문 가까이서 상여를 메고 나오는 사람들을 만나셨다. 죽은 사람은 어떤 과부의 외아들이었다. 남편을 잃은 이후 아들마저 잃었다. 설상가상이다. 나인 성의 ‘나인’ 은 ‘즐겁다,’ ‘기쁘다,’ ‘사랑스럽다’ 는 뜻을 가지고 있다. 나인 성 과부는 외아들 잃었다. 나인 성은 지금 슬픈 곳으로 변했다.

많은 사람들이 그 여자와 함께 상여를 따라오고 있었다. 장례행렬은 여자가 앞서(여자가 범죄하여 죽음을 가져왔다고 믿어) 간다. 그 뒤 관을 든 남자들이 따른다. 그리고 호곡꾼들이 이어간다. 이 행렬은 마치 죽음을 가져온 사단의 의기양양한 모습이었다.

그러나 생명의 예수는 이 장례행렬에 맞서셨다. 지나치지 않으셨다. 과부를 주목하여 보셨다. 인생의 짐을 지고 고통당하는 자에 주목하셨다. 주님은 그 여자를 보시고 불쌍히 여겨 "울지 말라." 며 위로하셨다. 누가는 여러 복음서 기자들 가운데서 독특하게 예수님을 '주(Kurios)' 라 칭했다. '보셨다' 는 것은 고통당하는 자에 대한 주님의 민감함을 보여준다. 주님은 사랑의 만조를 이룬 가슴을 가지셨다. 여인은 울고 있었다. 울음은 말로 표현할 수 없을 때 터져 나오는 완벽한 언어이다. "울지 말라" 하신 것은 빈말이 아님을 보여준다. 과부의 눈물을 씻어주시고자 하신 것이다. 주님은 우리가 울고 있을 때 주목하신다. 스펄전은 "하나님은 눈물을 흘리지 아니한 자녀를 두신 적이 없다" 고 했다. 세상은 우리에게 고통을 준다. 하지만 주님은 우리의 눈물을 보시고 눈물을 닦아 주신다.

예수님이 관에 손을 대시자 메고 가던 사람들이 멈춰 섰다. 당시 관은 뚜껑이 없는 관이었다. 유대인들은 관습적으로 관 뚜껑을 닫지 않았다. 죽은 사람의 시체를 만지는 것은 부정하게 되는 것인데도 이에 개의치 않고 손을 대셨다. 그리스도의 사랑은 규범을 넘어선다.

그때 예수님이 명령하셨다. "청년아 내가 네게 말하노니 일어나라!" '청년아 일어나라' 는 말씀은 '나는 죽음을 이기었노라' 는 말씀과 같다. 사단을 항복시키고 마는 주님이심을 보여준다. 예수 그리스도는 생명의 주시다. 우리는 그의 영원한 생명에 쌓여 살고 있다.

일어나라는 예수님의 명령에 죽은 사람이 일어나 앉아 말하기 시작했다. 예수님은 그를 어머니에게 돌려주셨다. 사람들은 모두 두려움에 사로 잡혀 하나님을 찬양하며 "우리 가운데 큰 선지자가 나타나셨다." 하기도 하고 "하나님께서 자기 백성을 돌보아 주셨다." 말하기도 했다. '큰 선지자' 라 한 것은 과부의 아들을 살리신 이 사건이 엘리야와 엘리사가 베푼 이적과 유사하기 때문이다. '하나님께서 자기 백성을 돌보아 주셨다' 는 것은 하나님이 은혜로 돌아보셨다는 것이다. 지금까지 침묵을 지키셨던 하나님이 큰 선지자를 보내셔서 죽은 사람을 살리는 등 기적을 베푸심으로 자기 백성을 위로하시고 하나님의 사랑을 나타내 보이셨다는 말이다. 이 기적으로 나인 성은 다시 기쁨을 회복했다. 예수님에 대한 이 소문이 온 유대와 사방에 두루 퍼졌다.

나인 성 과부의 아들을 살리신 이 사건은 과부의 믿음을 보고 살려준 것이 아니다. 가엾은 상황에 처해 있는 여인에 대한 예수님의 자비하심과 동정 때문이다. 이 사건은 메시야 시대가 왔음을 보여주고 있다. 하나님의 은혜의 시대가 열렸고, 그 은혜 가운데서 사람은 슬픔을 벗어날 수 있다.

3. 예수에 대한 세례 요한의 의문(18-23절)

누가복음 7:18-35는 7장의 중심 부분이다. 하나님이 마지막 날에 행하시라고 약속하신 일들이 메시야이신 예수님의 사역을 통해 성취되고 있다는 점을 분명하게 보여주고 있다. 예수님의 초림으로 시작된 메시야 시대는 '은혜와 구원의 날(고후 6:2)' 로서 인간, 특히 슬픔과 고통을 마치 운명처럼 받아들이며 살아야 할 사람들을 향한 하나님의 자애로우신 사랑이 넘치는 시대이다.

요한의 제자들이 예수님에 대한 모든 일(예수의 행적)을 옥에 갇힌 요한에게 알려주었다. 그러자 요한은 제자 두 사람을 예수님께 보내 질문하게 했다. "오실 그이가 당신이오니이까, 아니면 우리가 다른 이를 기다리오리이까?"

요한은 일찍이 예수님이 메시야이심을 증거 하였다. 요한은 메시야가 오면 즉시 어둠의 권세를 쳐부수고 불의를 심판하시는 심판자로서의 메시야, 곧 이스라엘 민족을 심판하고 경건한 백성들을 구원하시는 역할을 할 것으로 기대했다. 그러나 들리는 소문은 예수님이 단지 말씀을 가르치며 기적을 행하실 따름이었다. 지금까지 자신이 생각해온 메시야와는 성격이 다르다는 것을 느꼈다. 따라서 요한은 자기의 제자들을 통해 예수님이 진정한 메시야인지 확인하고 그 해답을 찾고자 한 것이다.

그때 예수님은 여러 병자들과 악한 귀신에게 시달리는 사람들을 낫게 하시고 많은 소경들의 눈을 뜨게 하시다가 요한의 제자들을 보고 이렇게 대답하셨다. "너희는 가서 듣고 본 것을 요한에게 알려라. 맹인이 보며 못 걷는 사람이 걸으며 나병환자가 깨끗함을 받으며 귀먹은 사람이 들으며 죽은 자가 살아나며 가난한 자에게 복음이 전파된다 하라(22절).” 이 말씀은 이사야 35:5, 6, 61:1 이하에 기록된 말씀이요 예수님이 공생애를 시작하면서 회당에서 읽고 가르치신 말씀이다. 이사야가 기록한 메시야 시대에 있을 그 영적 축복이 지금 자신에게서 이루어지고 있고, 그것은 자신이 메시야이심을 증명하신다는 것이다. 예수님은 세례 요한의 제자들의 물음에 자신이 메시야이심을 행동(21절)과 말씀(22절)으로 보이셨다.

그리고 단언하셨다. “누구든지 나로 말미암아 실족하지 아니하는 자는 복이 있도다(23절).” ‘나로 말미암아 실족하지 아니하는(not fall away) 자’ 는 ‘나를 의심하지 않는 사람’ 을 말한다. 예수에 대한 믿음을 지키고 포기하지 않는 사람이 복이 있다는 것이다.

예수님은 자신의 사역이 메시야 시대의 기적들을 성취하고 있다는 점을 분명히 밝히셨다. 아울러 예수님은 자신을 향한 사람들의 현재의 태도 여하에 따라 마지막 심판 때의 운명이 결정된다는 것을 암시하셨다(23절). 이미 종말적인 심판이 시작되었다는 것이다. 예수님은 요한이 자신의 사역이 갖는 성경적인 의미를 충분히 파악하여, 보다 깊고 지속적인 신앙을 갖기 원하셨다.

4. 세례 요한에 대한 예수의 증언(24-35절)

요한의 제자들이 떠난 후 예수님은 사람들에게 요한에 대하여 이렇게 말씀하셨다.

> “너희가 무엇을 보려고 광야에 나갔더냐 바람에 흔들리는 갈대냐 그러면 너희가 무엇을 보려고 나갔더냐 부드러운 옷 입은 사람이냐 보라 화려한 옷을 입고 사치하게 지내는 자는 왕궁에 있느니라(24, 25절).”

요한은 갈대가 무성한 빈들에서 일했다. 갈대가 바람에 흔들린다는 것은 격언이다(왕상 14:15). 확고하지 못하고 지조가 없는 이를 뜻한다. ‘바람에 흔들리는 갈대냐’ 는 말씀은 요한은 결코 믿음이 흔들리는 연약한 갈대와 같은 사람이 아니라는 뜻이다. 너희가 광야에 나간 것은 지조 없이 흔들리는 갈대 같은 사람이 아니라 강직하고 굳센 요한이라는 말씀이다. 부드러운 옷 입은 사람은 좋은 재료로 만든 사치스런 옷을 입은 사람이다. 그런 사람은 왕궁에 있다. 요한은 낙타 털옷을 입은 하나님의 선지자로서 사치와 호화와는 거리가 멀다. 그는 사치스런 삶을 멀리하고 다가올 하나님의 심판을 바라보며 회개를 촉구한 선지자라는 말씀이다.

"그런데 너희는 무엇을 보려고 나갔느냐? 선지자를 보려고 나갔느냐? 사실 요한은 선지자보다 더 훌륭한 자다. 성경은 이 사람을 가리켜 '보라 내가 내 사자를 네 앞에 보내노니 그가 네 앞에서 네 길을 준비하리라' 라고 기록되어 있다. 내가 분명히 말하지만 여자에게서 태어난 사람 중에 요한보다 더 큰 사람은 없다. 그러나 하나님의 나라에서는 극히 작은 자라도 그보다 크다(26-28절)."

요한이 다른 선지자보다 나은 이유는 27절에 있다. 앞서 보낸 사자로 길을 예비했기 때문이다. 길 예비는 두 가지로 생각할 수 있다. 하나는, 다가오는 하나님의 심판 앞에서 회개의 세례를 베풂으로써 사람들을 준비케 했다는 것이다. 다른 하나는, 요한은 메시야의 오심을 예언했을 뿐 아니라 그를 만나보고 그를 백성들에게 소개함으로써 메시야 사역의 길을 예비했다는 것이다. 요한은 메시야의 도래를 믿고 증거 했다. 그의 우월성은 메시야 시대를 준비한 종말적 예언자라는 데 있다.

'여자에게서 태어난 사람 중에 요한보다 더 큰 사람은 없다' 는 것은 구약 시대의 모든 선지자들은 그리스도를 직접 보지 못하고 예언했지만 요한은 그를 직접 보고 메시야를 증거 했다는 점에서 구약 시대의 선지자들보다 크다.

하지만 예수님은 하나님 나라에서는 극히 작은 자라도 그보다 크다 하셨다. 요한이 아무리 크다 해도 요한은 아직 그리스도를 바라보는 시대에 속한 인물일 뿐이다. 그는 그리스도의 고난과 죽으심, 부활, 그리고 성령의 내재하심 등을 알지 못했다. 따라서 이 모든 것이 완성된 시대에 속한 새 언약의 백성, 곧 하나님 나라의 백성들은 모두 그보다 나은 자들이라는 뜻이다.

예수님의 말씀을 들은 사람들은 세리들까지도 이미 요한의 세례를 받았으므로 하나님을 의롭다 했다. 하지만 바리새인과 율법교사들은 그의 세례를 받지 않았기 때문에 스스로 하나님의 뜻을 저버렸다(29, 30절). 모든 백성들은 물론 세리들까지도 요한의 설교를 듣고 그의 세례를 받으며 하나님의 뜻을 받아들였다. 하지만 바리새인과 율법교사(서기관)들은 요한의 세례를 받지 않았다. 이것은 자기들에 대한 하나님의 뜻을 받아들이지 않았음을 의미한다.

주님은 다시 말씀하셨다. "이 시대 사람을 무엇에 비유할 수 있을까? 이 사람들은 무엇과 같을까?" 예수님은 자신과 요한을 거부했던 당시 사람들에 대해 비유를 들어 엄히 경고하시고자 하셨다.

"비유하건대 이들은 마치 장터에 앉아서 자기 친구들에게 '우리가 너희를 향해 피리를 불어도 너희가 춤추지 않고 우리가 곡하여도(상여 노래를 불러도) 너희가 울지 않았다.' 하고 말하는 아이들과 같다(32절)." 예수님은 비유로서 당시의 종교지도자들이 자신과 요한을 배척한 사실을 지적하신다. 그들은 마치 장례식 놀이를 하자고 해도 어울리지 않고, 결혼식 놀이를 하자고 해도 어울리지 않는 아이들과 같다.

"세례 요한이 와서 빵도 먹지 않고 포도주도 마시지 않자 너희가 '그는 귀신들렸다.' 하더니 인자가 와서 먹고 마시자 '보라 이 사람은 먹기를 탐하고 포도주를 즐기는 사람이요 세리와 죄인의 친구로다' 하고 말한다(33, 34절)." 그들은 금욕적인 생활을 하며 회개를 촉구한 세례 요한이 자신들과 다르다고 해서 배척하고, 죄인들을 영접하며 메시야 시대의 은혜와 기쁨을 전파하신 예수님은 천박한 죄인들과 어울린다고 해서 거절하였다. 어떤 놀이에도 흥미를 잃은 아이들처럼 하나님의 사자들의 말에 호응하지 않고 오히려 배척하였다.

"그러나 지혜는 자기의 모든 자녀로 인하여 옳다 함을 얻느니라(35절)." 일반 백성들과 죄인과 세리들은 요한에게 세례를 받았고, 예수님을 받아들였다. 요한과 예수를 통하여 구원의 새 역사를 이루신 지혜(sophia), 곧 하나님의 지혜는 바로 '지혜의 자녀들,' 곧 예수님을 영접한 사람들에 의해 올바른 일로 드러나게 된다. 다시 말해 하나님의 지혜는 그것을 받아들이는 사람에 의해서 옳다는 것이 입증된다는 말씀이다. 그들은 세례 요한과 예수님의 사건이 하나님의 지혜로 이룩된 일임을 알았지만 바리새인과 서기관들은 거부했다.

5. 죄 많은 여인을 구원하심(36-50절)

1) 향유 옥합을 깨뜨린 여인(36-40절)

예수님이 시몬이라 하는 바리새인의 집에 식사 초청을 받으셨다. 그곳은 바리새인의 집이다. 그들은 예수와 더불어 율법 등 신학적인 대화를 원했을 것이다. 식사하는 자세는 비스듬히 옆으로 누운 형태다.

음식을 먹는 중에 창녀로 생각되는 여인이 예수님이 그곳에 계신 것을 알고 들어왔다. 그녀는 예수님께 향유를 담은 옥합을 가지고 와서 예수의 뒤로 와 그 발 곁에 서서 울었다. 죄에 대한 진한 회개의 눈물이자 구속에 대한 감사의 눈물이다. 눈물로 그 발을 적셨다. 죄 사함의 눈물이자 감격의 눈물이다. 이 눈물은 비와 같이 흘러내리는 눈물이다. 소나기처럼 쏟아지는, 주체할 수 없는 눈물이다. 이것은 그만큼 많은 죄가 사해졌기 때문이다. 여인은 예수님의 사랑을 체험적으로 느꼈다. 신앙생활은 머리로 하는 것이 아니라 가슴으로 한다. 이 여인에게는 깊은 영적 목마름이 있었다. 그녀는 자기 머리를 풀어 예수의 발을 닦았다. 당시 여인이 머리를 푸는 것은 여자가 가슴을 풀어 보이는 것처럼 온몸과 온 마음으로 정성을 다했음을 뜻한다. 그 발에 입을 맞추었다. 이것은 마음속에 울어 나오는 깊은 존경의 뜻을 담고 있다. '입 맞추고' 는 예배를 뜻한다. 그만큼 예수를 최고로 생각했고 경배했다. 그리고 향유를 부었다(37, 38절). 향유는 자신의 최고의 것을 드렸음을 의미한다. 너무 많은 것을 용서받고, 탕감 받았다는 느낌이 있었기 때문이다. 예수님은 제사장으로부터 기름부음을 받은 것이 아니라 창기로부터 기름부음을 받았다. 예수님은 머리에 기름부음을 받은 것이 아니라 발에 기름부음을 받았다. 이것은 예수님이 국왕이 되어 세상권세를 잡으러 온 것이 아니라 죄인을 구하러 온 것임을 보여준다. 세상 사람들의 왕적 기대(regal expectation)을 깨뜨리셨다.

이 여인이 누구인지는 모른다. 막달라 마리아인지 창녀인지 불의를 범한 아낙인지 간음하다 붙잡힌 여인인지, 그러나 자기가 죄인인 줄 알고 절망하다 예수를 만나 기쁨을 회복한 여인이었음은 확실하다. 예수님을 감동케 한 여인이다. 예수에 대한 감사가 겸손과 사랑의 행동으로 나타났다. 그리스도인은 '나는 죄인이다'

는 깊은 인식에서 출발한다. 이 의식을 가지고 살면 주님이 받으신다. 성 프랜시스도 '날마다 나는 죄인이다' 는 것을 깨달았다.

예수를 초청한 바리새인이 그것을 보고 마음으로 생각했다. "이 사람이 만일 선지자라면 자기를 만지는 이 여자가 누구며 어떠한 자 곧 죄인인 줄을 알았으리라." 그러나 여인에 대한 바리새인의 태도는 예수와 달랐다. 그는 이 여인을 상대못할 죄인으로 간주했다. 그는 여인의 행동을 보면서 그 여인을 받아들이는 예수님에 대해 의문을 가졌다. 예수님이 선지자라면 그 여인이 얼마나 부정한 여자인지 꿰뚫어보는 눈을 가지고 있어야 한다며 속으로 "이 예수는 선지자도 아니야" 생각했다. 예수의 정체성에 대해서마저 의심한 것이다. 이런 일은 즉시 중단해야 한다고 생각했다. 여기에서 한 여인의 행동과 바리새인의 생각이 대조되고 있다.

그 때 예수님이 시몬을 향해 말씀하셨다. "시몬아 내가 네게 이를 말이 있다." 시몬은 "선생님 말씀하소서."라 대답했다. 예수님은 이미 시몬이 어떤 생각을 하고 있는지 아셨다.

2) 빚진 자의 비유(41-50절)

예수님은 시몬에게 빚진 자의 비유를 들어 말씀하셨다. "빚 주는 사람에게 빚진 자가 둘이 있어 하나는 오백 데나리온을 졌고 하나는 오십 데나리온을 졌는데 갚을 것이 없으므로 둘 다 탕감(면제)하여 주었으니 둘 중에 누가 그를 더 사랑하겠느냐(41, 42절)."

시몬은 "제 생각에는 많이 탕감함을 받은 자니이다" 했고, 예수님도 "네 판단이 옳다" 하셨다. 많은 빚을 면제받은 자가 그 사람에게 빚 준 사람을 더 사랑하듯 많은 죄를 용서 받은 받은 사람이 구원자를 더 사랑한다.

예수님은 그 여자를 돌아보시며 시몬에게 말씀하셨다.

"이 여자를 보느냐 내가 네 집에 들어올 때 너는 내게 발 씻을 물도 주지 아니하였으되 이 여자는 눈물로 내 발을 적시고 그 머리털로 닦았으며 너는 내게 입 맞추지 아니하였으되 그는 내가 들어올 때로부터 내 발에 입 맞추기를 그치지 아니하였으며 너는 내 머리에 감람유도 붓지 아니하였으되 그는 향유를 내 발에 부었느니라 이러므로 내가 네게 말하노니 그의 많은 죄가 사하여졌도다 이는 그의 사랑함이 많음이라 사함을 받은 일이 적은 자는 적게 사랑하느니라(44-47절).”

초청한 바리새인은 욕만 얻어먹었다. 당시 유대인들은 집에 귀한 손님을 초대하면 손님에게 평안을 기원하는 뜻에서 입맞춤을 하고, 발을 씻겨주고, 향로를 피우거나 향을 손님의 머리 위에 발랐다. 시몬은 이 같은 일을 예수님께 하나도 하지 않았다. 그저 평범하게 예수를 영접한 것이다. 그러나 그 여인은 달랐다.

“그의 많은 죄가 사하여졌도다 이는 그의 사랑함이 많음이라 사함을 받은 일이 적은 자는 적게 사랑하느니라”는 말씀은 가장 추악한 죄악이 가장 좋은 교인이라는 말은 아니다. 죄가 많은 사람은 주님의 더 많은 사랑이 필요하다는 것이다. 죄의 빈도, 크기, 성격에 관계없이 모든 사람은 용서가 필요하다. 우리는 모두 죄인이자 빚진 자이다. 사랑은 용서의 표현이다. 용서의 이유가 아니다. 용서라는 사랑의 묘약이 들어갈 때 달라진다.

여인과 시몬의 비교

여인	시몬
용서의 의미를 이해	용서의 의미를 모름
용서의 필요성 느껴	용서의 필요성 못 느껴
죄를 의식	죄를 의식하지 않음
주님에 대한 봉사가 극진 (주님을 초대하지 않았지만)	주님에 대한 봉사가 소홀 (주님을 초청해놓고서도)
예수에 대한 사랑 커(충심으로)	예수에 대한 사랑 작아(형식적)
믿음을 표현	믿음이 없었다

예수님은 비유와 말씀을 통하여 바리새인 시몬과 창녀로 보이는 한 여인의 행동을 비교 평가하시면서 자신이 죄인임을 깊이 깨달은 사람만이 사죄의 은총에 진심으로 감격하며 하나님을 사랑할 수 있다는 점을 밝히셨다. 시몬은 스스로 옳다고 생각하기 때문에 사죄의 은혜가 무엇인지 알 수 없었다. 따라서 그는 죄인을 사랑하시는 예수님의 태도를 이해할 수 없었다. 사죄의 감격을 표현하는 여인의

태도에도 강한 거부감을 가졌다. 시몬의 눈엔 여인은 그저 죄인으로밖에 보이지 않았다. 시몬은 대표적인 바리새인으로 형식주의에 빠져 있다. 영성이 없었다. 의무감으로 신앙생활을 하고 있다. 예수님은 시몬의 잘못된 생각을 고쳐주고자 하셨다. "시몬아, 너도 죄가 있다. 너도 용서받을 필요가 있다." 그것을 깨닫게 하시려 한 것이다. 우리도 화석화된 신앙생활을 하고 있지 않는 지 깊이 살펴볼 일이다.

예수님은 여인을 향해 "네 죄 사함을 받았느니라" 하셨다. 자신의 신적 권위를 드러내신 말씀이다. 그러자 함께 앉아 있는 자들이 속으로 말하되 "이가 누구이기에 죄도 사하는가" 했다. 예수님의 신성을 인정하지 않은 것이다.

예수님은 여인에게 "네 믿음이 너를 구원하였으니 평안히 가라" 하셨다. 여인의 행위는 믿음에 바탕을 둔 것이다. 회개, 용서, 구원, 평안과 기쁨이다. 회개에는 죄의 인식이 중요하다. 용서를 받았을 때 용서를 받았다는 느낌의 실제화도 중요하다. 사람이 용서함을 받았다는 확신이 없으면 구원은 이론적인 것에 불과하다. 구원은 믿음에 바탕을 둔 것이다. 이 여인만 구원받을 수 있는 것이 아니다. 누구나 용서받을 수 있다. 정직하게 죄 있음을 인정하라. 정직하게 회개의 고백을 하라. 그러면 완전히 용서하신다. '평안히 가라' 는 것은 유대인의 작별 인사로, "하나님의 평화가 그대의 것이라" 라는 뜻이다. 여인은 주님이 주시는 참 평안을 얻었다. 여인은 칭찬을 받았다. "네 믿음이 너를 구원하였느니라. 네 죄사함을 받았느니 편안히 가라." 그는 빚진 자로 살았다. 머리를 숙이고, 주님을 사랑했다. 주님을 많이 사랑하는 사람은 주님으로 많은 것을 용서 받았다고 느끼는 사람이다.

제8장

씨 뿌리는 자의 비유와 풍랑을 잔잔케 하심

1. 예수의 일행을 도와 준 여인들(1-3절)

그 후에 예수님은 각 성과 마을에 두루 다니시며 하나님의 나라를 선포(kerusso, proclaim) 하셨다. 복음을 전하실(euangelizomai, preach, 전도) 때 열두 제자가 함께 했다. 또한 예수님의 은혜를 입은 여인들도 예수님과 그의 제자들을 헌신적으로 도왔다. 예수님으로부터 질병을 치료 받기도 하고, 귀신에 매임에서 벗어나기도 했다. 따라서 그들은 주님의 은혜에 감사하면서 자기의 소유를 드려가며 봉사했다. 단순히 말로만 감사한 것이 아니라 섬김과 봉사로 이어진 감사다. 예수님은 공생애 시작 이래로 집도 재산도 없었다. 물론 스스로 조달할 능력을 가지고 계셨다. 그럼에도 불구하고 자신을 낮추어 자신으로부터 고침을 받은 소수의 여인들의 섬김을 기쁘게 받으셨다.

막달라 마리아(Mary Magdalene)는 일곱 귀신이 나갈 만큼 주님의 은혜를 입은 인물이다. 그는 예수님의 장례를 지켜보았고, 빈 무덤과 예수님의 부활을 목격했다. 요안나(Joanna)는 헤롯의 청지기 구사(Cuza)의 아내이다. 헤롯은 헤롯 안디바를 말한다. 헤롯의 청지기(manager)란 헤롯 집안의 관리인이었음을 보여준다. 수산나도 있고, 그 외에도 여러 여성들이 함께 했다.

당시 여인들이 예수님의 일행을 따라다닌 것은 유대 관습상 파격적인 것이었다. 당시에는 남녀가 공공연하게 말을 할 수 없을 만큼 폐쇄적이었다(요 4:27). 그러나 예수님은 여인들을 스스럼없이 대하셨다. 이것은 당시 사회적으로 업수이 여김을 받던 여인들에 대한 예수님의 관심을 읽을 수 있다. 예수님은 그들을 하나님의 자녀로 똑같이 대우하셨다. 그들에게 삶의 지평을 새롭게 바라볼 수 있게 하신 것이다.

2. 씨 뿌리는 자의 비유(4-18절)

1) 씨 뿌리는 자의 비유(4-8절)

사람들이 여러 마을에서 모여들어 마침내 큰 무리를 이루었다. 그 때 예수님은 비유를 들어 말씀하셨다. 씨 뿌리는 자의 비유다.

씨를 뿌리는 자가 그 씨를 뿌리러 나가서 뿌리는 데 더러는 길가에 떨어지매 밟히기도 하고 공중의 새들이 먹어버렸다. 더러는 바위 위에 떨어지매 싹이 났다가 습기가 없으므로 말라버렸다. 더러는 가시떨기 속에 떨어지매 가시가 함께 자라서 기운을 막았다. 그리고 더러는 좋은 땅에 떨어지매 나서 백 배의 결실을 맺었다(5-8절).

이 비유는 하나님의 말씀을 들을 때 네 가지의 정신적 태도가 있음을 보여주고 하나님의 말씀을 잘 들을 수 있는 방법을 일깨워주고 있다. 하지만 이 비유는 단지 네 가지 형태의 믿음이 있다는 것을 보여주기보다 하나님을 향한 우리 마음의 태도가 여러 가지임을 보여준다. 특히 어떻게 하면 하나님의 말씀을 들을 수 있는가를 가르쳐 준다. 세상에 선포된 하나님의 말씀은 여러 가지 손실을 경험하지만 궁극적으로는 하나님의 말씀을 듣고 복종하며 인내심을 가지고 믿음을 지켜 나가는 신실한 이들을 통해 놀라운 승리와 성과를 거두게 된다. 이 비유에서 농부는 하나님이고, 씨는 하나님의 말씀이며, 땅은 우리의 마음 밭이다. 예수님은 이 말씀을 하신 뒤 "들을 귀 있는 자는 들을지어다(8절)" 하셨다.

2) 비유로 말씀하신 이유(9-10절)

제자들이 이 비유의 뜻을 묻자 예수님은 "너희에게는 하나님 나라의 비밀을 아는 것이 허락되었으나 다른 사람들에게는 비유로 말한다. 이것은 그들이 보아도 알지 못하고 들어도 깨닫지 못하게 하기 위해서이다."라 하셨다.

비유는 전체적인 이야기를 통하여 한두 가지의 핵심적인 교훈을 전달하는 문학적 양식이다. 자연이나 일상생활에서 소재를 취하여 영적인 진리와 비교함으로써 그 진리를 비추어 주고자 한다.[7] 예수님의 비유는 그분을 믿는 이들에게는 진리(지금까지 감추어져 왔던 하나님 나라의 비밀)를 제시한다. 이것을 진지하게 받아들이는 이들에게는 이 진리에 대한 깨달음을 얻게 된다. 하지만 그분을 믿지 않고 복음을 받아들이지 않는 사람들에게는 하나님의 계획이 비밀로 남아있게 된다. 그들에게 비유는 그저 깨닫기 힘든 애매모호한 말로 들릴 뿐이다. "이는 그들로 보아도 보지 못하고 들어도 깨닫지 못하게 하려 함이라(10절)"는 말씀은 이사야 6:9의 예언을 인용한 것이다.

3) 씨 뿌리는 비유의 설명(11-15절)

씨는 하나님의 말씀이다. 길가에 떨어진 씨는 사람들이 말씀을 듣기는 하였으나 그들이 믿고 구원받지 못하도록 마귀가 와서 그 말씀을 빼앗아 가는 것을 가리킨다(11, 12절). 말씀을 듣기는 했지만 그 말씀을 마음 한 가운데 두지 못하고 길가, 곧 다른 곳(주변)에 둠으로 새가 와서 먹어버린다. 새가 와서 먹는 것은 마귀들이 그 말씀을 믿어 구원 받지 못하도록 그 마음에서 말씀을 빼앗는 것을 말한다.

왜 말씀이 마음 밭에 떨어지지 않고 길가에 떨어지게 되는가? 그것은 우리의 마음을 하나님을 향해 활짝 열어놓지 않고 있기 때문이다. 하나님의 말씀을 온전히 들으려면 우리 마음을 열어놓아야(open mind) 한다. 하나님의 말씀에 대해 우리의 마음이 열리지 않으면 그 말씀에 대해 거부적 자세를 취하게 되고 그의 말씀을 잘 들으려 하지 않게 된다.

우리 마음이 열리지 않는 이유는 크게 세 가지 이유 때문이다. 첫째, 자신의 교만(pride)이다. 자신이 가진 지식, 재물, 지위가 교만하게 한다. 하나님이 없어도 자기는 잘 지낼 수 있다고 생각한다. 둘째, 두려움(fear)이다. 조금 열심을 내면 사람들이 "나를 예수에 미쳤다고 놀리지나 않을까," "교회에 열심히 나가면 세상재

---

7) 비유는 풍유(알레고리)와 다르다. 풍유는 그 내용을 구성하고 있는 소재 하나하나에 그 의미를 두고 있지만 비유는 그 전체의 내용을 통해 중요한 교훈 하나를 던지려 한다.

미를 다 끝난 것 아냐." 이런 두려움 때문에 생각이 좁아진다. 셋째, 쓰라림(bitterness)이다. "하나님은 내가 외로울 때 어디에 계셨던 거야?" "왜 또 나야." 부정적인 경험과 생각들로 인해 하나님을 거부한다. 황량한 마음에는 아무것도 자랄 수 없다. 우리가 괴로워하실 때 하나님도 괴로워하신다. "그러므로 모든 더러운 것과 넘치는 악을 내어버리고 능히 너희 영혼을 구원할 바 마음에 섬긴 도를 온유함으로 받으라(약 1:21)." 우리가 하나님으로부터 멀어지고 도망갈 것이 아니라 하나님을 향해 마음 문을 열고 그를 향해 달려 나가야 한다.

돌밭에 떨어진 씨는 말씀을 들을 때 기쁨으로 받아들이지만 뿌리가 없으므로 잠시 믿다가 시험을 받으면 떨어져 나가는 사람을 말한다(13절). 씨가 바위 위에 떨어져 싹이 나기는 했지만 습기가 없어 곧 말랐다. 바위 위에 떨어졌다는 것은 말씀을 들을 때에 기쁨으로 받긴 했으나 뿌리가 없어 잠간 믿다가 시험을 때 배반하는 것을 말한다. 뿌리가 깊지 못한 신앙은 오래 가지 못한다. 흙이 얕으면(shallow soil) 뿌리를 내릴 수 없다. 마찬가지로 하나님을 향한 우리의 마음이 얕으면(shallow mind) 조금만 어려움이 와도 좌절하고 넘어진다.

말씀을 듣는 순간 기쁨이 넘치면서도 그 기쁨을 오래 간직할 수 없다. 하나님의 사랑과 은혜를 순간순간 잊어버리면 기쁨도 사라지게 된다. 사람은 곧잘 잊어버린다. 들은 설교도 금방 잊어버린다. 그러나 하나님의 말씀을 잊어서는 안 된다. 잊으면 잊을수록 멀어지면 멀어질수록 생활에 적용하기 어렵다. 따라서 신앙이 성장하기를 바란다면 하나님의 말씀을 보다 많이 들을 수 있도록 우리의 시간을 조정해야(time allocation to listen) 한다. 말씀을 잊지 않고, 그 말씀이 우리 생활에 깊이 뿌리내리기 위해서는 하나님과 함께 하는 시간이 많아야 한다. 특히 그의 말씀을 들을 시간을 많이 할애해야 한다. 그래야 말씀이 우리 속에 깊이 뿌리를 내릴 수 있다.

가시떨기에 떨어진 씨는 말씀은 듣지만 살아가는 동안에 세상의 걱정과 재물에 얽매이고 쾌락에 빠져 말씀대로 생활하지 못하는 사람이다(14절). 가시떨기(thorns)는 믿음의 결실을 맺지 못하도록 하는 것을 말한다. 가시떨기는 가시덤불, 곧 잡초가 많은 땅(soils with weeds)을 말한다. 잡초가 많으면 식물이 온전히 자랄 수 없다. 신앙생활을 함에 있어서도 잡초가 많으면 정신이 산만해져 (distracted) 신앙으로 집중을 하지 못하게 된다.

14절은 정신을 산만하게 하는 요소 세 가지를 들고 있다. 세상의 걱정 (worries), 재물(riches), 그리고 쾌락(pleasures)이다. 걱정은 우리를 다른 방향으로 이끌고 간다. 재물은 어떻게 하면 돈을 많이 벌어볼까 하고 바쁜 것을 말한다. 쾌락이 지나치면 문제가 된다. 잡초가 식물의 기운을 막아 결실하지 못하게 하는 것처럼 이런 것들이 신앙을 자라지 못하게 한다. 주님은 우리의 신앙이 생산적이기를 바라고 있다. 우리의 신앙이 보다 생산적이기 위해서는 신앙의 성장을 막는 여러 요소들을 빨리 제거해야 한다.

그러나 좋은 땅에 뿌려진 씨는 바르고 착한 마음으로 말씀을 듣고 그 말씀을 잘 간직하여 인내로 열매를 맺는 사람을 가리킨다(15절). 좋은 땅은 백배의 결실을 가능케 하는 땅이다. 믿음에 생산적인 결실이 있기 위해서는 착하고 좋은 마음으로 말씀을 듣고 인내로 결실해야 한다.

주님은 결실이 있는 신앙, 생산적인 신앙을 원하신다. 이를 위해서는 우리가 그 말씀을 심각하게 붙잡고(retain), 어떤 어려움에도 참고 지켜나가는 것이 필요하다. 즉 말씀을 바르게 실천하는 것이다.

"너희는 도를 행하는 자가 되고 듣기만 하여 자신을 속이는 자가 되지 말라(약 1:22)." 단지 하나님의 말씀을 듣는 자가 되어서는 안 된다. 하나님의 말씀을 지켜 행하는 자가 많은 결실을 얻을 수 있다.

3. 등불의 비유(16-18절)

등불을 켜서 그릇으로 덮거나 평상 아래에 두지 아니하고 등경 위에 둔다. 이것은 들어가는 자들로 그 빛을 보게 하려 함이다(16절). 숨은 것이 장차 드러나지 아니할 것이 없고 감추인 것이 장차 알려지고 나타나지 않을 것이 없다(17절).

이 등불의 비유는 예수님이 지금까지 하나님 나라의 진리를 밝히 드러내지 않으신 사실에 대해 의아해 하는 사람들의 궁금증을 풀어주시기 위해 하신 말씀으로 이해되고 있다. 사람이 등불을 켜는 목적은 빛을 비추어 모든 것이 분명하게 드러나 보이도록 하기 위함이다. 등불, 빛은 하나님 나라의 진리, 곧 복음을 가리킨다. 하나님 나라의 진리가 지금은 숨겨져 있지만 반드시 밝히 드러나리라는 것이다.

예수님 자신이 지금까지 밝히 드러내어 가르치지 않으셨지만 예수님을 통해 시작된 하나님의 구원사역과 그분이 주님이시며 메시야시라는 사실도 장차 그분의 부활과 제자들의 전도활동 및 마지막 심판을 통해 모든 이들에게 빛처럼 분명하게 공개될 것이다. 하나님의 나라와 그의 가르침이 마침내 등불처럼 빛나 모든 이들에게 밝혀지고, 이제 그 일들이 반드시 이루어질 것이라는 말씀이다.

"그러므로 너희가 어떻게 들을까 스스로 삼가라 누구든지 있는 자는 받겠고 없는 자는 그 있는 줄로 아는 것까지도 빼앗기리라 하시니라(18절)." 특별히 제자들은 예수님의 가르침을 세상에 알려야 할 사명을 가지고 있다. 따라서 예수님은 그들에게 신중하고 조심성 있는 태도로 자신의 가르침을 새기도록 하셨다. 예수님의 가르침에 주의하여 그 의미를 되새기고 살아가는 사람들은 더욱더 진리에 대한 깨달음을 얻게 될 것이다. 하지만 그렇지 않은 사람들은 그나마 깨달은 진리조차도 그들의 삶 속에서 그 의미를 상실해버리고 말 것이다. 따라서 삼가 주님의 말씀을 주의하여 잘 듣고 결실을 맺으라는 것이다. 결실이 있는 자는 더 받겠지만 결실이 없는 자는 있는 것까지도 빼앗기게 된다.

4. 예수의 참된 가족(19-21절)

예수님의 어머니와 그 동생들이 예수님을 만나러 왔다. 하지만 군중들 때문에 만날 수가 없었다. 그래서 어떤 사람이 예수님께 귀 뜸해 주었다. "어머니와 동생들이 선생님을 만나 뵈려고 밖에서 기다립니다." 그러자 예수님은 "내 어머니와 내 동생들은 곧 하나님의 말씀을 듣고 행하는 이 사람들이라" 하셨다.

메시야와 인척관계를 가졌다고 해서 그것이 하나님 나라에 들어갈 조건은 되지 못한다. 오직 하나님 말씀을 듣고 실천하는 사람만이 예수님과 그 나라의 가족이 된다는 말씀이다. 이것은 예수님이 육적인 가족관계를 부정하신 말씀이 아니다. 육적 관계를 초월한 영적 관계를 강조한 것이다. 주님을 통해 하나님의 뜻을 깨닫고 그대로 실행에 옮기는 자가 바로 하나님의 자녀라는 것이다.

5. 풍랑을 잔잔케 하심(22-25절)

하루는 예수님이 제자들과 함께 배를 타시고 "호수 저편으로 건너가자." 하셨다. 마가복음에 따르면 씨 뿌리는 자의 비유를 말씀하신 날 저녁이었다(막 4:35). 그래서 그들은 떠났는데 가는 도중에 예수님은 잠이 드셨다. 그때 마침 광풍이 호수로 내리쳤다. 갑자기 큰 폭풍이 휘몰아친 것이다. 갈릴리 호수는 지면보다 낮고 주위는 고원지대로 산들이 있어 기압의 변화가 심해 자주 광풍이 인다. 배에 물이 가득하게 되었다. 배가 침몰하게 된 것이다.

그 위기의 순간 제자들은 예수님을 깨우며 "주님, 주님, 우리가 죽게 되었습니다!" 하고 부르짖었다. 두려움이 밀려든 것이다. 예수님이 일어나 바람과 성난 파도를 꾸짖자 폭풍이 그치고 물결이 잔잔해졌다. 풍랑을 꾸짖어 잔잔케 하신 것은 예수님이 창조주 하나님의 아들로서 자연 세계의 주이시며 능력의 주이심을 보여준다.

예수님은 제자들을 향해 "너희 믿음이 어디 있느냐" 하셨다. 제자들은 두려워하고 놀라며 서로 말했다. "도대체 이분이 누구신데 바람과 물을 보고 명령해도 복종하는가?" 구약에서 하나님만이 소유하시고 있다는 능력이 예수님에게서 나타났다는 사실에 놀란 것이다. 우리가 두려워해야 하는 것은 주변 상황이 아니라 우리 안에 주님을 신뢰하는 마음이 없는 것이다.

6. 거라사에서 귀신들린 자를 고치심(26-39절)

누가는 자연을 다스리는 예수의 능력에 이어 사람을 회복시키는 기적을 소개하였다. 예수님은 악령에 사로잡혀 극도로 약한 상태에 있는 사람을 회복시켜주셨다.

귀신들린 자를 고치신 사건은 데가볼리의 한 성읍인 거라사(Gerasenes)에서 일어난 사건이다. 이곳은 이방인 지역으로 앞으로 교회가 이방인들에게 선교할 것을 암시하는 것이기도 하다(행 26:18).

예수님의 일행이 갈릴리 건너편 거라사에 도착하였다. 육지에 내리셨을 때 그 곳에 사는 귀신 들린 사람과 마주치게 되었다. 그는 오랫동안 옷을 입지 않고 집을 뛰쳐나와 공동묘지에서 살고 있었다. 그가 이곳에서 살고 있었다는 것은 악령에 사로잡혀 있어 공동체 생활이 어려웠기 때문이다. 당시엔 매우 가난한 사람들도 무덤가에 살고 있었다.

그가 예수님을 보자 소리를 지르며 예수님 발 앞에 엎드려 외쳤다. "가장 높으신 하나님의 아들 예수님, 내가 당신과 무슨 상관이 있습니까? 제발 나를 괴롭히지 마십시오." 예수님이 더러운 귀신에게 그 사람에게서 나가라고 명령하셨기 때문이다. 예수님을 하나님의 아들이라는 마귀의 고백은 놀라운 것이다. 하지만 이것은 예수를 함정에 빠뜨리려는 기만적인 고백이라는 점에서 문제가 있다. "내가 당신과 무슨 상관이 있는가?"는 자기를 그냥 내버려 두라는 말이다. 예수님에 대해 고백은 했지만 예수님과 자기와는 아무 상관이 없다는 것이다.

귀신이 자주 그를 사로잡기 때문에 쇠사슬과 쇠고랑으로 그를 묶고 지키는데도 그는 그 모든 것을 끊고 귀신에게 몰려 광야로 뛰쳐나가곤 하였다. 보통 사람으로서는 감당할 수 없는 힘이다. 예수님이 그를 향해 "네 이름이 무엇이냐?" 물으셨다. 그의 인격적인 주체의식을 깨닫도록 해주기 위함이었다. 그런데 그는 "군대입니다." 라고 대답했다. 그에게 많은 귀신이 들어가 있었기 때문이다. 군대는 라틴어로 '레기온(legion)' 으로 약 6천명에 해당한다. 자신은 자기 이름 대신 자신 속에 얼마나 많은 악령이 들어있는가를 말함으로써 자신과 악령을 동일시했다. 귀신들은 예수님께 제발 무저갱(abyss, abusson)으로 들어가라는 명령만은 하지 말아 달라고 간청했다. 무저갱은 '바닥이 없는 구덩이,' '깊이를 알 수 없는 구덩이' 로 마귀들의 감옥을 말한다. 귀신들과 악한 이들이 마지막 심판을 받아 불 못에 던져질 때까지 일시적으로 갇혀있는 장소이다(롬 10:7, 벧후 2:4, 계 9:1-11).

마침 그 곳 산에는 많은 돼지 떼가 풀을 먹고 있었다. 마가는 약 2천 마리의 돼지들이 있었다고 기록하였다(막 5:13). 이 지역은 이방인 지방으로 돼지의 주인도 이방인이었을 것으로 보인다. 유대인은 돼지를 부정한 것으로 여기기 때문이다.

귀신들은 돼지 떼 속에라도 들어가게 해 달라고 간청했다. 예수님이 허락하시자 귀신들이 그 사람에게서 나와 돼지 떼 속으로 들어갔다. 그러자 돼지 떼가 가파른 비탈로 내리달려 호수에 빠져 죽고 말았다. 갈릴리 바다 동편에는 이런 급한 비탈이 있고, 그 위에는 평지가 있어 그곳에 옛 거라사 지역임을 보여준다. 여기서 문제가 되는 것은 과연 마귀가 돼지에 들어갈 수 있느냐 하는 것과 남의 재산인 돼지를 몰살 시켜도 도덕적으로 무방한가 하는 것이다. 마귀가 돼지 떼에 들어갈 수 있는 것은 전능자 예수님의 허락이 있었기 때문에 가능했다. 도덕적인 문제에 있어서는 예수님은 많은 돼지 떼보다 한 사람의 생명을 더 귀하게 여기신 때문으로 생각된다.

돼지를 치던 자들이 이것을 보고 도망하여 읍내와 촌에 이 일을 말하자 사람들이 일어난 일을 보려고 모여들었다. 그들은 귀신 나간 사람이 옷을 입고 맑은 정신으로 예수님 앞에 있는 것을 보고 두려워했다. 예수님의 사랑의 능력으로 불쌍한 한 인간이 완전히 회복된 것이다. 그 일을 지켜본 사람들이 어떻게 해서 귀신들린 사람이 낫게 되었는가를 이야기해 주자 거라사 지방 사람들은 크게 두려워하며 예수님께 그 지방을 떠나 달라고 간청했다. 거라사 사람들의 이런 요구는 예수의 초자연적인 능력에 대한 두려움과 돼지 떼의 죽음으로 인한 손실을 또다시 입지 않으려는 계산도 있었을 것이다.

그래서 예수님은 되돌아가려고 배를 타셨다. 그때 귀신나간 사람이 예수님의 구원에 감격해 함께 가게 해 달라고 간청하였다. 그러나 예수님은 그를 돌려보내시며 "집으로 돌아가 하나님께서 너에게 행하신 큰일을 이야기해 주라." 하셨다. 하나님이 예수님 안에서 얼마나 사람들을 가엾게 여기시며 구원해 주시는 분인가, 다시 말해 예수님이 곧 하나님이시라는 것을 증거 하라는 것이다. 예수님은 갈릴리나 유대에서 병을 고치신 다음 흔히 그 사실을 전하지 못하도록 하셨다. 하지만 이방인 지역에서는 오히려 전하도록 하셨다. 자신의 사역을 방해하는 사람도 없었을 뿐 아니라 이곳에서의 전도 기회를 놓치지 않으려 하셨음을 알 수 있다. 그래서 그는 곧 가서 예수님이 자기에게 행하신 큰일을 온 마을에 알렸다.

7. 야이로의 딸과 혈루증 앓던 여인(40-56절)

누가는 이 단원에서 12살 난 야이로의 외동딸과 12년 동안 혈루증으로 고생한 여인이 각각 죽음과 질병으로부터 어떻게 해방되었는지 그 과정을 자세하게 기록하였다. 두 여성에게 행한 이적은 여성에 대한 예수님의 관심을 보여줄 뿐 아니라 믿음이 기적을 낳는다는 것을 가르쳐주고 있다.

예수님이 거라사에서 돌아오시자 많은 사람들이 그를 영접했다. 사람들이 그를 기다리고 있었기 때문이다. 이 때 회당장 야이로(Jairus)가 예수의 발아래에 엎드려 자기 집에 와 주를 간구했다. 열두 살 된 외딸이 죽어 가고 있었기 때문이었다. 눈에 넣어도 아프지 않는 딸이다. 죽음은 인정이나 상황에 통하지 않는다. 회당에는 약 10명의 관리자들이 있고, 그 가운데 세 사람의 회당장이 있어서 재판 등 여러 주요 업무를 담당했다. 이처럼 신분이 높은 사람이 예수님 앞에 엎드린 것은 보통 일이 아니다. 회당장 신분으로 예수님을 찾아올 수 없었지만 자신의 부족한 것을 깨닫고 체면이나 자존심 모두를 주님 앞에 내려놓았다. 이것은 하나님만이 하실 수 있는 일이다. 그는 병든 딸을 위해 예수님을 찾았다. 그리고 예수님 발아래 엎드려 오시기를 간구했다. 야이로는 '그가 빛을 주실 것이다' 라는 뜻을 가지고 있다. 그의 이름대로 그는 주님으로부터 은혜를 입었다.

예수님이 야이로의 집으로 가시는데 군중들이 마구 밀어 닥쳤다. 야이로의 심정은 타들어가고 있었을 것이다. 그때 군중 가운데 12년 동안 혈루증(bleeding)을 앓던 한 여자가 있었다. 혈루증은 부인병으로 만성자궁출혈증으로 보인다. 이 병은 부정한 질병으로 그 병자를 만지는 것만으로도 부정하게 여겼다(레 15장). 이 병에 걸리면 이혼 당하는 것이 보통이었고, 성전뿐 아니라 공공모임에도 참석할 수 없었다. 12년 동안이나 앓아온 것으로 보아 그의 고통도 컸을 것이다. 그녀는 여러 의사들을 찾아다니며 치료하느라 자기 재산을 다 허비했다. 하지만 아무도 그녀를 고쳐주지 못했다. 그녀는 절박한 심정으로 뒤로 가서 예수님의 옷자락을 만졌다. 주님만은 고칠 수 있으시리라. 그 순간 흐르던 피가 멎었다. 옷 가에 손을 대는 순간 신적 능력과 인간의 믿음이 직결된 것이다.

이때 예수님이 "누가 내 옷을 만졌느냐?" 물으셨다. 모두 모른다고 했다. 베드로는 "주님, 사람들이 이렇게 밀어닥치고 있는데 어떻게 알겠습니까?" 대답했다. 그만큼 소란했다는 말이다.

예수님은 "내게 손을 댄 자가 있도다 이는 내게서 능력이 나간 줄 앎이로다." 고 하셨다. 그 여자는 더 숨길 수 없게 된 것을 알고 떨며 예수님 앞에 나와 엎드렸다. 그리고서 그녀는 예수님을 만진 이유와 어떻게 해서 즉시 낫게 되었는가를 모든 사람 앞에서 말하였다. 그러자 예수님은 그 여자에게 "딸아 네 믿음이 너를 구원하였으니 평안히 가라." 하셨다. 주님의 이 따뜻한 말로 그녀의 두려움은 순식간 사라졌다. 여기서 구원은 병 고침을 뜻한다. 하지만 주님의 말씀은 병 고침을 넘어서 영혼의 구원까지 포함하고 있으리라. 믿음은 하나님의 구원과 기적을 가져온다.

예수님이 아직 말씀하고 계실 때 회당장의 집에서 사람이 와서 "따님이 죽었습니다. 이제 선생님을 더 괴롭히지 마십시오." 하였다. 야이로에겐 절망적인 소식이다. 예수님과 함께 가는 데 문제가 악화되었다. 야이로는 당혹감에 빠졌을 것이다. 이것은 예수를 믿는데도 우환이나 어려움이 생길 수 있음을 보여준다. 하박국은 선한 사람이 왜 더 못 사는지 궁금했고, 죄가 없는 욥은 고통을 당했다.

예수님은 그 말을 들으시고 "두려워하지 말고 믿기만 하라 그리하면 딸이 구원을 얻으리라." 하셨다. 이것은 예수가 야이로에게 하신 위로의 말씀이다. 혈루증 앓던 여인이 믿음으로 고침을 받는 것을 직접 보지 못했다면 주님의 말씀이 위로가 되지 못했을 것이다. 그러나 그는 지금 믿음이 얼마나 중요한가를 알고 있다. 예수님도 "두려워하지 말고 믿기만 하라" 하셨다. 그는 주님에 대한 희망의 끈을 놓지 않았다. 이 믿음이 딸을 살린다. 지금 너무나 힘든 가운데 있는가. "두려워 말고 믿기만 하라." 문제를 해결해 주실 수 있는 분은 우리 주님뿐이다.

예수님은 그 집에 도착하셨을 때 베드로와 요한과 야고보와 소녀의 부모 외에는 아무도 집 안에 들어오지 못하게 하셨다. 세 제자에게만 볼 수 있도록 하신 이

유가 무엇일까? 이 이적을 통해 그들에게 교훈 주시려는 의도가 담겨 있는 것으로 보인다. 베드로는 죽임 당하실 예수님의 고난 앞에서 최선봉에 서야 할 제자이고, 요한은 사도 중 가장 어리지만 영성에 대한 직관을 가지고 승리자이자 심판자이신 예수를 증거 해야 할 인물이며, 야고보는 앞으로 처음 순교할 사도로서 죽음을 이길 수 있다는 확신을 가질 필요가 있었다. 예수님은 죽음을 이기신 분이시다. 우리는 이 점을 기억해야 한다.

사람들은 모두 소녀의 죽음을 슬퍼하며 울고 있었다. 그때 예수님이 "울지 말라 죽은 것이 아니라 잔다."고 말씀하셨다. 주님은 죽음을 '잠'이라 하심으로 생명이 다시금 돌아올 것임을 암시하셨다. 예수님은 죽은 나사로의 무덤 앞에서도 똑같은 말씀을 하셨다. 죽었는데 잔다고 말할 수 있는 사람은 예수님밖에 없다. 주님은 그만큼 죽음에 대한 자신감이 크셨다. 우리는 불가능해도 예수는 가능하다. 사람들은 소녀가 이미 죽은 것을 알고 있었기 때문에 예수님을 비웃었다. 하지만 예수님은 그 비웃음을 부활의 이적에 대한 확증으로 바꿔놓으셨다.

예수님은 그녀의 손을 잡고 "아이야, 일어나라!" 외치셨다. 바로 그 순간 소녀의 영이 돌아와 즉시 일어났다. 영이 돌아왔다는 것은 생명이 소생했음을 말해준다. 예수님이 소녀에게 먹을 것을 주라고 말씀하시자 소녀의 부모는 놀라 어쩔 줄 몰랐다. 먹을 것을 주라는 말씀은 아이가 살아났음을 보여주는 명백한 증거다. 이 말씀은 소녀를 불쌍히 여기신 주님의 마음이 담겨 있다. 예수님은 이 일을 아무에게도 알리지 말라고 하셨다.

죽음 앞에서 인간은 무력하다. 심한 병 앞에서도 인간은 무력하다. 그로 인한 절망적 상황에서 우리가 의지할 수 있는 분은 오직 주님한 분뿐이다. 하나님을 의지할 수밖에 없다. 주님은 혈루증 앓던 여인에게 "딸아 네 믿음이 너를 구원하였느니라" 하였고, 야이로에게도 "두려워 말고 믿기만 하라" 하셨다. 결론은 믿음이다. 옷 가만 만져도 고칠 수 있으리라. 구원은 믿음에서 난다.

제9장

열두 제자의 파송과 예수님의 변모

1. 열 두 제자의 파송(1-6절)

누가는 이 단원에서 예수님이 열 두 제자를 파송하며 내리신 여러 지침들을 자세히 소개하고 있다.

우선 그들을 불러 모으시고, 그들에게 모든 귀신을 쫓아내고 병을 고치는 능력과 권능을 주셨다(1절). 주님의 일을 할 수 있도록 부르시고 그들에게 능력과 권세를 주셨다. 영적 권세다.

예수님은 그들에게 하나님의 나라를 전파하고 병든 자를 고치라(2절)는 사명을 주셨다. 하나님 나라를 선포의 주제로 삼고, 병을 고치라는 말씀이다.

예수님이 우리에게 원하는 것이 있다. 사명이다. 그리스도인에게는 사명이 주어져 있다. 교회는 '내어 보내기' 위함이다. 세상으로 나가라는 것이다. 모이기만 하면 세상과 소통할 수 없다. 교회에서만 빛과 소금이 되려는 주일만 교인(Sunday Christian)이 되어서는 안 된다. 주중에도 세상에 나가 하나님 나라를 전파하며 늘 그 나라의 빛을 발하는 교인(Everyday Christian)이 되어야 한다. 세상 속에 들어가 일상에서 영적 권세를 보여주어야 한다. 일상 그 자체가 하나님의 신비이다. 유진 피터슨은 말한다. "영성은 일상에서 열매를 맺어야 한다." 하나님 나라는 침노하는 자가 빼앗는다. 가정과 교회는 하나님 나라를 전파하기 위해 존재한다.

여행을 위하여 아무것도 가지지 말라. 지팡이나 주머니나 양식이나 돈이나 두 벌 옷을 가지지 말라(3절). 여행은 하나님 나라를 전하기 위한 전도여행이다. 아무것도 가지지 말라는 것은 하나님 나라를 전파하려는 목적 외에는 신경을 쓰지 말라, 대가를 위해 일하지 말라는 것이다.

당시 헬라 철학 교사들이나 유대교 순회 전도자들은 지팡이, 돈 주머니, 식량 주머니 등을 가지고 다니며 가르침의 대가로 좋은 대접과 돈을 요구하며 부를 축적했다. 하지만 주님은 제자들에게 소유를 최대한 줄이고 전적으로 하나님을 신뢰하도록 하셨다. 두 벌 옷도 가지지 않는다. 집, 옷, 먹는 문제 모두 내려놓는다. 돈 버는 것이 목적이 아니다. 사명 이외 다른 것은 포기할 줄 알라는 것이다. 이것은 하나님 나라를 전파하기 위해 필요한 태도다. "일꾼이 저 먹을 것을 받는 것이 마땅하다(마 10;10)." 목숨 걸고 사명 다하면 하나님이 책임 져 주신다. 먹을 것은 물로 필요한 것 모두 하나님이 채워주신다. 이 말씀은 주님이 우리와 동행하시겠다는 것이다. 사명자가 사명 아닌 것에 목숨을 걸면 비난을 받는다.

어느 집에 들어가든지 그 곳을 떠날 때까지 거기서 머물러라(4절). 어느 한 집에 들어가면 그 집에 머물며 전도하라는 말씀이다. 혹시 다른 집으로 가면 더 좋은 대접을 받지 않을까 생각하며 집을 자주 바꾸지 말라는 것이다. 주어지는 것에 만족하고, 그 이상의 다른 것을 구하지 않는다. 다른 것에 신경을 쓰지 말고 온전히 말씀에 집중하며 전하라는 것이다.

누구든지 영접하지 아니하는 경우 그 성에서 떠날 때에 발에서 먼지를 떨어 버려 그들에게 증거를 삼는다(5절). 당시 이스라엘 사회에서는 손님을 하나님이 보낸 천사처럼 대하고 필요한 것들을 무료로 대접했다. 그럼에도 불구하고 제자들을 냉대하고 푸대접할 경우 발에 먼지를 떨어버림으로써 그들을 하나님을 모르는 이방인처럼 대하라는 것이다. 유대인들이 이방도시를 떠날 때 부정한 모든 것을 자신들의 땅에 묻혀오지 않겠다는 생각에서 관습적으로 발에 먼지를 떨었다. 예수님이 영접하지 지역에서 발의 먼지를 떨도록 한 것은 복음을 거부한 이들을 참된 백성 가운데 둘 수 없다는 것을 의미한다.

예수님의 이 가르침은 영적으로 무지한 사람들에게 하나님 나라를 선포하고 그들의 질고(병)를 풀어주며, 제자는 물질보다 하나님을 신뢰하며 사명에 집중해야 한다는 것이다. 제자들은 세상의 무거운 소유에 얽매임 없이 자유롭고, 사심 없이 전도에 임했다. 주님의 말씀에 따르며 마을마다 기쁜 소식을 전하고 가는 곳마다 병을 고쳐 주었다. 선교활동은 성공적이었다.

2. 예수의 정체성이 궁금한 헤롯(7-9절)

한편 세례 요한을 참수시켰던 분봉 왕 헤롯 안디바는 예수님이 행하신 일로 떠도는 여러 소문을 듣고 몹시 당황했다. 어떤 사람들은 죽은 요한이 다시 살아났다고 하기도 하고, 어떤 이들은 엘리야가 나타났다고 하고, 또 옛 예언자 중 하나가 살아났다 했다. 헤롯은 자신이 분명히 요한의 목을 벤 것이 확실한데 소문에 들리는 이 사람은 도대체 누구일까 예수의 정체성을 확인하고 싶어 했다. 불안한 것이다. 그러나 그에게 있어서 예수님의 정체성은 수난 받으실 때까지 숙제로 남았다.

3. 오병이어의 기적(10-17절)

누가는 예수님의 오병이어로 오천 명을 먹이신 기적을 소개하였다. 이 기적은 장차 하나님 나라에서 있게 될 잔치를 예표하며, 그분이 구세주요 메시야이심을 드러내고 있다. 예수님이 누구신가 하는 것에 대한 답이기도 하다. 누가는 이 사건을 통해 하나님 나라의 잔치를 이 땅에서 베풀며 양식을 나누어주듯 자신의 목숨을 많은 사람을 위해 내주시는 주님이심을 강조하고 있다.

사도들이 돌아와 자기들이 한 모든 일을 예수님께 보고하자 예수님은 그들을 데리고 따로 벳새다라는 마을로 가셨다. 그러나 군중들은 예수님의 일행이 떠난 것을 알고 뒤따라왔다. 이 무리는 양들이다. 갈 바를 알지 못하는 양, 그들은 삶의 해답을 찾기 위해 지금 예수님을 찾아 나섰다. 예수님은 그들을 기꺼이 맞아 주셨다. 방황하는 양들에 대한 주님의 따뜻한 모습이 보인다. 예수님은 하나님의 나라에 대하여 말씀해 주시고 병자들도 고쳐 주셨다.

날이 저물자 열 두 제자가 예수님께 여기는 빈들(벌판 desolate place)이니 이제 사람들을 주변 마을로 보내어 그들로 숙식을 해결하도록 하는 것이 좋겠다며 해산 건의를 했다. 제자들은 그토록 많은 기적을 보았음에도 불구하고 예수님에 대한 통찰력 없었다.

그러자 예수님은 "너희가 먹을 것을 주라" 하셨다. 이것은 무리에 대한 주님의 사랑이 얼마나 큰가를 보여준다. 그냥 보낼 수 없다는 말씀이다. 주님은 "네가 가진 것을 주라" 하셨다. 적극적인 명령이다. 우리의 '가진 것' 을 주님을 위해 겸손하게 내놓을 때 주님은 그것을 기꺼이 사용하신다. 이 때 기적이 일어난다.

제자들은 우리가 가진 것은 떡 다섯 개와 물고기 두 마리뿐이며 남자만 약 오천 명 되는 데 모두 먹이려면 먹을 것을 사야 한다고 말한다(13, 14절). 이것밖에 없다고 말할 때 제자들은 이것가지고 무엇을 하겠느냐고 생각하고 있음을 보여준다. 제자들은 오병이어만 있다며 부정적인 대답을 했다. 요한복음에 따르면 그 오병이어도 제자들 것이 아니라 어린 아이가 가져온 것이다. 보리떡과 생선은 팔레스타인의 가난한 서민들의 주식이었다.

그러나 이것을 내놓을 때 기적이 일어났다. 우리의 가진 것을 '작다,' '약하다' 하지 말라. 이것을 주님께 내놓을 때 기적이 일어난다. 남자만 약 오천 명이라 한 것은 전통적으로 남자 장정만 세는 유대 계수법에 따른 것이다. 여자와 아이들, 노인까지 합하면 그 수는 더 많았을 것이다.

예수님은 제자들을 향해 약 오십 명씩 떼를 지어 앉히도록 했다. 예수님의 말씀에 따라 질서 있게 다 앉혔다. 주님은 질서의 하나님이시다. 예수님은 빵 다섯 개와 물고기 두 마리를 받아 들고 하늘을 우러러 축사하셨다. 그 음식에 대해 감사하고 성별한 것이다. 그 다음 그것을 단번에 떼고 제자들에게 계속 주시며 사람들 앞에 갖다 놓게 하였다. 모두 실컷 먹고 남은 조각을 버리지 말고 거두게 하셨다. 남은 것만 열 두 바구니(kophinoi, hand-baskets)나 되었다. 바구니는 유대인들이 여행할 때 음식 등을 넣어 메고 다니는 것으로 사람이 들어갈 수 있는 광주리보다는 약간 작다. 주님은 빈 배를 채워주셨다.

오병이어는 작은 것이다. 그러나 그것을 주님께 드릴 때 남자만 오천 명 이상 풍족히 먹일 만큼 큰 것이 되었다. 작은 것이라 할지라도 그것을 주님께 드릴 때 놀라운 역사가 일어난다. 작은 것은 결코 작지 않다. 오병이어 기적은 예수님이 인간의 필요를 채워주시는 공급자요 하늘로부터 빵을 내려주시는 분이시며 필요한 것을 그 양떼에게 주시는 목자이심을 보여준다.

4. 베드로의 신앙고백(18-21절)

누가는 오병이어 기적에 이어 베드로의 신앙고백을 소개하였다. 이것은 베드로의 신앙고백이 오병이어 사건과 연관되어 있음을 보여준다.

어느 날 예수님이 혼자 기도하고 계시는데 제자들이 찾아왔다. 누가는 예수님이 중요한 사건을 앞에 두고 늘 기도하신 것을 특별히 기록하고 있다.

그때 예수님이 그들에게 물으셨다. "사람들이 나를 누구라고 하느냐?" 그러자 제자들이 어떤 사람은 세례 요한이라 하고 어떤 사람은 엘리야라고 하며 또 어떤 사람은 옛 예언자들 중 한 사람이 살아났다고 말하기도 한다고 했다.

"그러면 너희는 나를 누구라고 생각하느냐?" 물으시자 베드로가 대답했다. "하나님의 그리스도이십니다." 베드로의 신앙고백이다. '하나님의 그리스도'란 예수님이 하나님에 의해 기름부음을 받으신 메시야라는 뜻이다. 예수님이 누구냐는 계속적인 의문이 베드로의 고백으로 분명하게 밝혀졌다. 베드로가 이렇게 고백할 수 있었던 것은 그가 예수님의 가르침과 그분이 행하신 여러 기적들을 직접 목격했기 때문이다.

예수님은 제자들에게 이 말을 아무에게도 하지 말라고 단단히 주의시키셨다. 그렇게 하신 이유는 크게 두 가지다. 하나는, 메시야 관에 대한 차이다. 제자들을 비롯하여 당시 유대인들은 현세적인 메시야 사상에 젖어있었다. 메시야가 와서 이스라엘을 압제에서 해방시키고 이스라엘의 영광을 회복시킬 것이라 기대한 것이다. 정치적 메시야다. 예수님은 제자들의 경솔한 행동으로 인해 자신에 대해 그런 오해를 가지 않기를 바라셨다. 자신 그런 메시야가 아니라 세상 죄를 지고 고난당할 메시야이기 때문이다. 다른 하나는, 그의 때가 아직 이르지 않았기 때문이다.

5. 첫 번째 수난 예고와 제자도(22-27절)

이어서 예수님은 자신이 고난을 받고 죽어야 할 메시야임을 분명히 밝히셨다. "인자가 많은 고난을 받고 장로들과 대제사장들과 서기관들에게 버린바 되어 죽임을 당하고 제삼 일에 살아나야 하리라." 유대인들에게 고난과 배척을 받고, 죽임을 당하며, 셋째 날에 부활하실 것이라는 말씀이다. 세상 죄를 지고 가실 어린 양이시다. '장로들과 대제사장들과 서기관들'은 산헤드린(공의회)의 3대 구성원들로 유재 민족의 최고 지도자들이다. 예수님이 이들에게 고난을 당한다는 것은 유대 민족 전체에게 거부당하고 수난 당하는 것과 같다.

그리고서 예수님은 무리에게 제자의 도에 대해 말씀하셨다. '무리에게'는 '모든 사람들에게'(he said to them all)를 나타낸다. 이 말씀은 듣는 모든 사람을 대상으로 말씀하셨다는 것이다. 23절의 말씀은 '아무든지 나를 따라 오려거든', 곧 예수의 제자가 되려면 어떻게 해야 하는가를 가장 기본적으로 가르치는 말씀이다.

"누구든지 나를 따라오려거든 자기를 부인하고 날마다 제 십자가를 지고 나를 따를 것이니라(23절)." 이 말씀은 제자 도의 기둥과 같은 말씀이다.

그 첫째는 "자기를 부인하라(deny yourself)"는 것이다. 이것은 자신의 자아와 이기적인 모든 욕망을 포기하고 완전히 주께 굴복하라는 뜻이다. 자기 자신에 대해 죽으라는 말이다. 자기(self)는 누구인가? 온갖 악한 생각, 악한 말, 질투, 참지 못함, 분노, 온갖 나쁜 관계의 원인 모두 자기에게서 나온다. 온갖 죄의 원천이 나이다. 이사야 선지자는 우리 속에 선한 것이 없다고 말한다. 그것으로 인해 자기 자신뿐 아니라 남을 해친다. 마음을 상하게 만들고, 관계를 악화시킨다. 이런 문제에 대해 우리가 해야 할 것은 죄의 성품에 대해서는 'NO!'하고, 예수의 성품에 대해서는 'Yes!'하라는 것이다(say No to sin, say Yes to Jesus). 우리는 악한 속성으로부터 돌아서야 하고, 변화되어야 하며, 근본적으로 변혁되어야 한다. 거듭나, 다시는 그와 같은 짓을 결코 하지 않으며, 악한 것에 대해 문을 꽉 닫아버리고, 다시는 과거로 돌아오지 않으며, 주님이 가르치신 길을 걷는다. 이것이 바로 자기를 부인하는 삶이다.

둘째, "날마다 제 십자가를 지라(take up your cross daily)"는 것이다. 이것은 주님이 자신의 죽음을 생각하며 하신 말씀으로, 자신이 십자가를 지고 죽는 것처럼 너희도 자신의 모든 것을 희생하라는 것이다. 주의 제자가 되려면 자기의 생명과 그 모든 야심을 부정하고 매일같이 순교를 각오해야 한다는 것이다.

'날마다' 는 가끔이 아니다. 아침에도 지고, 저녁에도 진다. 그만 두는 때가 없다. 언제나 진다. 십자가를 지는 것은 예수의 옷을 입는 것이다. 그리고 작은 예수로 사는 것이다. 이웃에게도 이 아름다운 삶을 보이고, 그리스도를 전하는 것이다. 부엌에서 일하면서도 십자가를 지고, 직장에서도, 사람을 만날 때마다 그리스도를 드러낸다. 이렇게 십자가를 지는 것은 하나님께 영광을 돌리기 위함이다.

셋째, "주님을 좇을 것이다(follow me)." '나를 좇는 것' 은 예수님의 삶의 정신과 태도를 그대로 본받는 삶을 사는 것을 말한다. 그분을 본 받기 위해 주님의 가르침을 따르고 주님과 동행하며 주님을 위해 증인(witness)의 삶을 산다. 죽을 때까지 주님의 뜻을 따르는 것이다.

"누구든지 제 목숨을 구원하고자 하면 잃을 것이요 누구든지 나를 위하여 제 목숨을 잃으면 구원하리라(24절)." 예수님을 따르는 길이 의로운 길이기 때문에 예수님을 위해 자신의 생명을 포기하는 사람은 진정한 삶을 얻게 된다. 그러나 세상의 안정과 부와 명예를 얻으려고 양심과 정의에 순복하는 길을 외면한다면 자아를 상실하고 결국 하나님의 심판을 받게 될 것이며 결국 장차 올 새 시대의 삶을 잃게 될 것이다. 주님은 말씀하신다. "사람이 만일 온 천하를 얻고도 자기를 잃든지 빼앗기든지 하면 무엇이 유익하리요(25절)."

"누구든지 나와 내 말을 부끄러워하면 인자도 자기와 아버지와 거룩한 천사들의 영광으로 올 때에 그 사람을 부끄러워하리라(26절)." 이 땅에서 그리스도를 부끄러워하면, 다시 말해 예수님을 따르는 것보다 음란하고 죄 많은 세상을 사랑하면 예수님도 그런 사람을 하나님 나라에서 받아들일 수 없다는 것이다.

"내가 참으로 너희에게 이르노니 여기 서 있는 사람 중에 죽기 전에 하나님의 나라를 볼 자들도 있느니라(27절)." 이 말씀은 난해구절 중 하나이다. 여기서 '하나님의 나라' 가 무엇을 말씀하시는가 하는 것이 이해의 관건이 된다. 하나님의 나라는 예수님의 부활하심과 오순절 성령강림을 통해 현재적으로 이루어질 사실을 가리킨다는 주장이 강하다. 주님을 따르고 고난을 각오하는 사람은 예수님의 부활하심과 성령강림을 경험할 때 하나님의 나라를 볼 수 있으리라는 것이다.

6. 예수의 영광스러운 변모: 변화산 사건(28-36절)

예수님이 22-27절의 말씀을 하신 후 팔 일쯤 되어 베드로와 요한과 야고보를 데리고 기도하시러 산에 올라가셨다. 그런데 기도하시는 동안 예수님의 얼굴 모습이 변하고 그 옷이 희어져 광채가 났다. 흰 광채는 하나님의 빛을 상징한다. 이 변화는 이성적인 판단으로 상상하기 어렵다. 각본이 있는 것도 아니다. 예측도 불허하다. 생각지 못한 사건이자 불현듯 일어난 사건이다.

문득 두 사람이 예수님과 이야기를 하고 있었는데 그들은 모세와 엘리야였다. 그들은 영광스러운 모습으로 나타나 장차 예수님이 예루살렘에서 별세하실 것을 말하였다. 세 분의 대화 주제는 예수님의 별세였다. 신학적 토의가 아니다. 후계자 논의도 아니다. 모세의 율법도 아니다. 선지자 엘리야도 아니다. 주님의 죽음만이 주제였다. 구원사건, 곧 죽으심과 부활이 대화내용이다. 영광의 순간에도 고난을 생각하셨다. 하늘의 비전을 보여준 것이다.

별세는 예수님이 돌아가시는 것을 말한다. 그런데 이 별세는 '탈출(exodon, exodus, departure)' 로 출애굽 때 사용된 단어와 같다. 이스라엘이 이집트를 탈출했던 것처럼 예수님의 죽음이 인류를 해방의 길로 인도하는 참된 구속의 행위가 될 것을 암시하고 있다. 예수님 혼자만의 탈출이 아니라 그의 백성들을 하나님의 나라로 인도하기 위한 탈출이다.

그때 졸고 있던 베드로와 다른 제자들이 온전히 깨어나 보니 예수님의 영광의 광채가 보이고 두 사람이 예수님과 함께 서 있었다. 온전히 깨어난(32절) 상태에서 보았다는 것은 비몽사몽간에 본 것이 아님을 말해준다. 하나님의 영광은 깨어 있을 때만 볼 수 있다.

두 사람이 떠나려 하자 베드로가 예수님께 말했다. "주여 우리가 여기 있는 것이 좋사오니 우리가 초막 셋을 짓되 하나는 주를 위하여, 하나는 모세를 위하여, 하나는 엘리야를 위하여 하사이다." 근동에서 초막을 짓겠다는 것은 최고로 섬기겠다는 뜻이다. 빛 가리고 편안하게 모시겠다는 것이다. 그러나 그는 자기가 무슨 말을 하는지조차 몰랐다. 예수님의 변화된 모습이 너무 황홀한 나머지 그 상태를 연장시켜 보려고 자신도 모르게 그런 말을 하게 된 것으로 보인다. 영광에 압도된 것이다.

베드로의 말에는 크게 두 가지 점에서 문제가 있다. 하나는 예수님을 모세, 엘리야와 동등하게 보았다는 것이다. 이것은 영적으로 문제 있다. 영안이 뜨이지 않은 것이다. 다른 하나는 여기 있는 것이 좋다 했다. 섬기겠다면서 도피처를 생각한 것이다. 예수님을 믿는다고 하면서 우리도 십자가는 피하려 하지 않는가. 현재에 안주하려 하지 않는가. 현재만 보는 것은 문제가 있다. 여기서 우리는 자신을 별세시킴으로써 예수님만 바라보는 해방을 해야 한다. 새로운 엑소두스가 필요하다.

베드로가 이 말을 하고 있을 때 구름이 와서 그들을 덮었다. 구름은 일반적으로 하나님의 임재를 상징한다. 그들이 구름에 휩싸여 무서워하고 있는데 구름 속에서 "이는 나의 아들 곧 택함을 받은 자니 너희는 그의 말을 들으라." 하는 음성이 들려왔다. 하늘의 음성이 베드로의 혼란한 생각을 곧 수정시켜 주었다. '그의 말을 들으라' 는 것은 신명기 18:15의 말씀을 인용한 것으로, 예수님이 마지막 예언자이니 오직 그에게 순종하라는 말씀이다. 변화 산에서도 순종이 강조되었다.

그 음성이 그친 후에는 오직 예수님만 보였다. 율법의 대표인 모세와 선지자의 대표인 엘리야는 가고 예수님만 홀로 남으셨다. 율법이나 선지자는 모두 그리스도가 오시기 전까지의 예비적 존재로, 메시야인 예수가 오신 지금은 그들의 역할이 끝났다는 뜻이다. 우리 신앙의 경배대상은 오직 예수님 한분뿐이다. 그런데 우리를 보면 예수님보다 딴 것이 자꾸 보인다. 세상만 보이고, 세상 소리에 더 민감하다. 이젠 예수만 보이는 사람이 되어야 한다.

제자들은 침묵을 지키고 그 때에는 그들이 본 것을 아무에게도 말하지 않았다. 마태와 마가는 이렇게 경계하신 것(마 17:9, 막 9:9)을 기록하였음에 비해 누가는 제자들이 그렇게 실행했음을 기록하고 있다. 그들은 당시 아무 말도 하지 않았지만 믿음이 성숙해진 후에는 이 사실을 공포했다(벧후 1:17, 18).

변화 산 사건은 예수님의 영광, 곧 수난과 죽음을 겪은 후 부활 승천하여 하나님 우편에 앉게 되실 영광과, 재림에서 실현될 인자의 영광을 예시해 주는 사건이다. 변화하신 예수님이 영광 중에 나타나신 것을 보는 것은 하나님의 영광을 보는 신비한 영적 체험이다. 이 체험을 세 제자들이 했다. 죽기 전에 하나님의 나라를 볼 자가 있으리라 하신 말씀이 이뤄진 것으로 보는 학자도 있다.

7. 귀신 들린 아이를 고치심(37-42절)

변화 산에서 영광스러운 모습을 보았다. 그 이튿날 그들은 산 아래로 내려갔다. 산에서 내려오자 큰 무리가 예수님을 맞이하였다. 그곳에는 주님을 손꼽아 기다리는 고통당하는 사람들이 있었다. 우리는 그곳에서 하나님의 영광을 드러내야 한다.

그때 한 사람이 외쳤다. "선생님 청컨대 내 아들을 돌보아 주옵소서 이는 내 외아들이니이다 귀신이 그를 잡아 갑자기 부르짖게 하고 경련을 일으켜 거품을 흘리게 하며 몹시 상하게 하고야 겨우 떠나 가나이다 당신의 제자들에게 내쫓아 주기를 구하였으나 그들이 능히 못하더이다(38-40절)." 귀신으로 인해 간질병 증세를 보이는 아비의 호소다. 이 외아들을 제자들에게 고쳐달라고 했는데 귀신을 쫓아내지 못했다는 것이다. 병을 고치지 못한 제자들이 무기력하게 주님 오시기를 손꼽아 기다린 것이다.

그러자 예수님은 "믿음이 없고 패역한 세대여 내가 얼마나 너희와 함께 있으며 너희에게 참으리요 네 아들을 이리로 데리고 오라." 하셨다. 믿음이 없고 패역하다는 것은 이 세대가 하나님의 능력을 믿지 않았다는 말씀이다. '믿음이 없고'는 신명기 32:20을 반영한 것이다. 패역한 세대란 비뚤어진 세대란 뜻으로 신명기 32;5, 20을 반영한 것이다. 패역(perverse, twisted)은 성적으로 비도덕적일 때 사용되는 단어이다. 그러나 여기에선 하나님의 뜻을 세우는 것과 반대되는 것으로 사용되었다. 하나님의 능력이 주어졌을 때 하나님의 영광을 위해 사용해야지 자기의 영광(자기 드러내기)을 위해 사용될 경우(twisted) 그 능력이 거두어진다.

아이가 오고 있는 동안에도 귀신은 그를 거꾸러뜨리고 심한 경련을 일으켰다. 그러나 예수님이 더러운 귀신을 꾸짖어 아이를 낫게 하신 후 그의 아버지에게 돌려주었다. 사람들은 모두 하나님의 위대하심에 놀라 감탄하였다.

마태복음과 마가복음에 따르면 제자들이 조용히 예수님께 나아와 자기들은 왜 고칠 수 없었느냐 물었다. 주님은 "너희 믿음이 적은 연고니라(마 17:20)." "기도 외에 이런 유가 나갈 수가 없느니라(막 9:29)" 하셨다. 인간의 능력이 아니라 하나님의 능력 외에는 불가능하다는 말씀이다. 기도의 중요성을 일깨우는 말씀이다. "나는 비록 약하나 늘 기도 힘쓰면 큰 권능 얻겠네." 여기서 왜 주님이 믿음이 없고 패역한 세대라 했는지 더 명확해진다. 하나님의 능력을 전적으로 신뢰하고 그 능력이 임하도록 기도하며 구해야 하기 때문이다.

8. 두 번째 수난 예고(43-45절)

예수님이 하신 모든 일을 보고 사람들이 다 놀라고 있을 때 예수님이 제자들에게 말씀하셨다. "이 말을 너희 귀에 담아 두라 인자가 장차 사람들의 손에 넘겨지리라." 불신앙에 사로잡힌 사람들에게 배반을 당한다는 것이다. 이것은 두 번째 수난을 예고하시는 말씀이었다. 누가는 첫 번째 수난 예고에서 부활도 함께 언급한 것으로 기록했지만 두 번째는 수난만 예고했다. 하지만 이 말씀의 뜻이 숨겨져서 제자들이 깨닫기는커녕 묻기조차 두려워하였다. '깨닫다(aisthontai, perceive)'는 것은 지적 인식을 뜻한다. 깨닫지 못한다는 것은 이성적인 탐구로는 인식이 불가능하다는 뜻을 담고 있다. 제자들은 예수님의 자기희생에 대한 계속적인 가르침을 이해하지 못했다.

9. 겸손과 관용에 대한 변론(46-50절)

1) 누가 제일 크냐(46-48절)

제자들은 예수님의 거듭된 수난 예고에도 불구하고 그것을 이해하지 못하고 서로 서열과 지위에 있어서 누가 더 높은가를 놓고 말다툼을 벌였다. 그들은 예수님이 말씀하신 하나님의 나라를 이 땅 위의 나라들처럼 생각했기 때문에 그 나라에서 가장 높은 자리를 차지하는 문제를 놓고 싸운 것이다. 이런 모습은 이 때까지도 제자들이 현세적인 욕심에 사로잡혀 있었음을 보여준다.

예수님은 그들의 그릇된 생각을 아시고 한 어린 아이를 데려다가 곁에 세우셨다. 당시 어린 아이는 별로 중요하지 않은 존재로 여김을 받았던 때였다. 예수님은 제자들을 향해 "누구든지 내 이름으로 이런 어린 아이를 영접하면 곧 나를 영접하는 것이며 누구든지 나를 영접하면 바로 나를 보내신 분을 영접하는 것이다. 너희 중에 가장 작은 사람이 가장 위대한 사람이다." 제자라면 누가 더 높으냐에 관심을 둘 것이 아니라 남을 받들 줄 아는 사람이 되어야 한다는 것이다. 영접하다(decomai, receive)는 것은 '즐겨 받들다,' '견디다,' '봉사하다' 는 뜻을 가지고 있다. 섬기는 자가 큰 자이다. 섬김은 영원하다. 주인(master)은 오히려 섬긴다. 이것이 천국의 모습이다.

벨기에의 로마 가톨릭 신부 다미앵(Pater Damiaan)은 섬김의 본보기다. 하와이 왕이 몰로카이로 나병환자 등 600명을 추방했다. 하와이 천주교회는 그들을 위해 사제를 파견하기로 결정했다. 다미앵 신부가 파견되어 그들을 섬겼다. 하루는 뜨거운 물에도 아무 느낌이 없자 자신이 그 병에 걸린 것을 알게 되었다. 그는 자신을 한탄하지 않았다. 오히려 환자들 앞에 나가 그들을 '사랑하는 형제(dear brother)'라 불렀다. 이젠 참 형제가 되었다고 생각한 것이다. 벨기에로 오라 했지만 거부했다. 그곳에서 죽겠다는 것이다. 그가 49세의 나이로 소천하자 벨기에 정부가 그의 시신을 벨기에로 옮기려 했다. 그러자 환자들은 그의 섬김이 담긴 두 손이라도 이곳에 남겨 달라고 간청했다. 이런 자가 큰 자다.

2) 관용하라(49-50절)

요한이 예수님께 우리를 따르지 않는 어떤 사람이 주님의 이름으로 귀신을 쫓아내기에 우리가 그렇게 못하도록 했다고 했다. 그러자 예수님이 그를 향해 "막지 말라. 너희를 반대하지 않는 사람은 너희를 위하는 사람이다." 라고 하셨다. 겸손한 마음에서 남을 관용하고 포용할 수 있어야 한다는 말씀이다. 앞에서 섬김의 삶을 강조하셨다면 여기서는 관대하고 아량 있는 삶, 곧 겸손한 삶을 강조하셨다.

10. 사마리아의 냉대(51-56절)

누가는 누가복음 4:14에서부터 9:50까지 주로 갈릴리 사역을 기록하였다. 그러나 누가복음 9:51에서부터 19:44까지는 갈릴리에서 예루살렘으로 가는 도중에 예수님이 하신 일을 자세히 기록하였다.

예수님은 승천, 곧 하늘로 올라가실 때가 가까워오자 예루살렘으로 갈 것을 굳게 결심하셨다. 하나님이 그리스도의 수난, 십자가, 죽음, 부활, 그리고 승천을 위해 작정하신 시간이 다가왔다는 말씀이다. 따라서 예수님은 예루살렘을 갈 것을 결심하셨다. 굳게 결심하셨다는 것은 문자적으로 '얼굴을 확고히 세우셨다' 는 뜻이다. 이것은 아주 비장한 각오로 예루살렘으로 가기로 결심하셨음을 보여준다.

예수님은 사자들(messengers)을 앞서 사마리아 마을로 보내셨다. "그들이 가서 예수를 위하여 준비하려고" 한 것이다. 이 준비는 무엇일까? 공동번역은 "사마리아 사람들의 마을로 들어가 예수를 맞이할 준비를 하려고" 한 것이라 했다. 사마리아인들에게 복음을 전할 의도로 자기 사람들을 먼저 방문해 준비토록 하신 것이다. 하지만 마을 사람들은 예수께서 예루살렘에 가신다는 말을 듣고는 예수를 맞아들이지 않았다. 사마리아 사람들은 주님으로부터 하나님 나라의 복음을 직접 들을 수 있는 절호의 기회를 놓쳤다.

사마리아 사람들이 예수 일행을 받아들이지 않은 것은 역사적 배경이 작용한다. 사마리아는 유대 지방과 갈릴리 지방 사이에 있는 곳으로 사마리아를 경유할 경우 빨리 갈 수 있는 지름길이었다. 그런데 유대인과 사마리아인들은 서로 사이가 좋지 않았다. 사마리아인들은 앗시리아가 북왕조 이스라엘을 멸망시킨 뒤 이스라엘인들이 이방인들과 결혼해 태어난 사람들이라 여호와 신앙을 변질시키고 혼합종교를 세워 그리심 산에 성전을 세웠다. 이 일로 인해 서로 사이가 틀어졌고, 사마리아인들은 예루살렘으로 예배하러 올라가는 유대인들이 자기 땅을 경유하는 것을 싫어했다. 숙소뿐 아니라 음식 제공하는 것도 꺼려했다. 그래서 유대인들은 베레아 지방으로 돌아가야 했다.

야고보와 요한은 이것을 보고 예수님께 "주님, 하늘에서 불을 내려다가 이 사람들을 태워 버리는 것이 어떻겠습니까?" 하고 물었다. 엘리야가 불을 내려 아하시야가 보낸 군졸들을 죽임으로써 하나님의 사람임을 입증한 것(왕하 1:5-14)처럼 두 제자는 사마리아인을 죽여 하나님의 사람임을 입증하고자 했다. 예수님은 두 사람의 경솔함을 꾸짖으셨다. 예수님은 생명을 구하려 오셨지 멸하려 오시지 않았기 때문이다. 이로써 야고보와 요한은 예수님으로부터 '보아너게(Boanerges),' 곧 '우뢰의 아들들(Sons of Thunder)' 이라는 별명을 얻었다(막 3:17). 성질이 불같다는 것이다. 그 후 예수님은 그들과 함께 다른 마을로 가셨다. '다른 마을' 은 예수님이 사마리아인들의 마을이 아니라 유대인의 마을로 가신 것으로 이해되고 있다.

11. 예수를 따르려면(57-62절)

이 단원에서는 예수님을 따르는 사람들이 어떤 각오와 자세를 가져야 하는가를 세 가지로 말씀하셨다.

첫째, 희생적인 생활을 할 각오가 되어 있어야 한다는 것이다. 예루살렘으로 가는 도중인데 어떤 사람이 예수님을 찾아와 어디로 가시든지 따라가겠다고 했다. 그러자 예수님은 그에게 " 여우도 굴이 있고 공중의 새도 집이 있으되 인자는 머리 둘 곳이 없도다." 하셨다. 예수님은 배척을 받아 정처 없이 다니시는 형편이다. 따라서 제자들은 예수님처럼 희생적인 생활을 각오하지 않으면 안 된다는 말씀이다.

둘째, 하나님 나라의 일을 하기 위해서는 세상일에 초연할 수 있어야 한다는 것이다. 예수님이 또 다른 사람에게 "나를 따르라."고 하셨다. 그러자 그는 "나로 먼저 가서 내 아버지를 장사하게 허락하옵소서."라 하였다. 그러나 예수님은 그에게 "죽은 자들로 자기의 죽은 자들을 장사하게 하고 너는 가서 하나님의 나라를 전파하라" 하셨다. 육적으로 죽은 사람의 장례는 영적으로 죽은 사람들이 하게 버려두고 너는 가서 하나님의 나라를 전파하라는 말씀이다. 당시 유대인들은 장례를 매우 중시했다. 보통 시체를 만들 수 없는 제사장들도 그들의 피붙이가 죽은 경우 시체를 만질 수 있었다(레 21:1-3). 유대인들은 연고자 없이 죽은 이를 장례해 주는 것은 선행의 극치라 생각했다. 그러나 예수님은 하나님 나라를 위해 일하는 것이 장례식보다 중요하다고 하셨다.

셋째, 하나님의 일을 하는 사람은 결코 뒤 돌아보아서는 안 된다는 것이다. 여기서 뒤는 세상적인 모든 일을 가리킨다. 또 다른 사람이 "제가 주님을 따르겠습니다. 그러나 먼저 가족에게 작별 인사를 하게 해 주십시오." 라고 했다. 그러자 예수님은 그에게 "손에 쟁기를 잡고 뒤를 돌아보는 자는 하나님의 나라에 합당하지 아니하니라." 고 하셨다. 뒤를 돌아보는 이는 밭이랑을 곧게 갈 수 없다. 하나님의 일을 하는 사람이 자꾸만 뒤돌아보면 하나님 나라의 일을 제대로 할 수 없다. 세상이냐 하나님이냐 갈라진 마음을 하나로 묶고 올곧게 주님의 일에 매진하라는 말씀이다.

제10장

70인 제자 파송과 선한 사마리아인의 비유

1. 70인 제자의 파송(1-16절)

전도를 위해 70인 제자를 파송한 내용으로 누가복음에만 기록된 독특한 것이다. 어떤 사본에는 72인으로 기록되어 있기도 하다. 누가는 초대교회의 선교열풍과 사명을 위해 특별히 70인 파송을 기록한 것으로 보인다.

"그 후에 주께서 따로 칠십 인을 세우사 친히 가시려는 각 동네와 각 지역으로 둘씩 앞서 보내시며(1절)." 그 후는 사마리아 마을에서 냉대를 당한 이후를 말한다. '따로 칠십 인을 세우사' 는 12제자 외에 70인을 세웠다는 말이다. '세우다(anedeixen, appointed)' 는 문자적으로 '높이 들어 보이다,' '임명하다' 는 뜻을 가지고 있다. 그들을 전도자로 세워 직임을 맡겼다는 것이다. 둘씩 짝지어 파송했다. 이것은 12제자를 파송할 때와 같다(막 6:7). 이것은 전도 파송의 관례가 되었다(행 13:2, 15:27).

이 일은 예루살렘에 올라가는 도중에 일어난 일이다. 사마리아인들의 거부로 그곳에 전도할 기회를 잃었지만 다른 유대마을에도 천국복음을 전해야한다는 것이 주님의 마음이셨다. 선교의 사명을 주신 것이다. 12제자를 제외한 사람들을 특별히 파송한 것은 예수님의 제자만 하는 것이 아니라 누구나 전도해야 한다는 것을 보여준다.

예수님은 70인 전도 대를 보내면서 몇 가지 말씀하셨다.

"추수할 것은 많되 일꾼이 적으니 그러므로 추수하는 주인에게 청하여 추수할 일꾼들을 보내 주소서 하라(2절)." 추수할 것은 많은 데 추수할 일꾼이 적다는 것은 왜 전도해야 하고, 왜 70인이 선택되었는가를 보여준다. 추수는 원래 종말 심판을 상징한다(막 4:29, 계 14:15). 마지막 때 자기 백성을 모으시는 하나님의 뜻이 담겨 있다. 일꾼은 추수에 참여할 자를 말한다. 이 일이 인자와 천사들에 의해 수행되는 것으로 기록되기도(마 13:19, 계 14장) 했지만 여기에서는 제자들에게 위탁된 것으로 기록되어 있다. 하나님의 참 백성들이 제자들의 선교사역을 통해 모여질 것을 암시한다. '보내주소서 하라.' 주님에 의해 파송된다는 말이다. 주님으로부터 파송을 받으면 주님이 증거 할 때와 똑같은 능력이 나타난다. 파송한 분으로부터 그 능력을 받기 때문이다. 능력이 하나님으로부터 주어주기 때문에 모든 것을 하나님께 전적으로 위임해야 한다.

"갈지어다 내가 너희를 보냄이 어린 양을 이리 가운데로 보냄과 같도다(3절)." 제자들은 세상에서 박해를 받게 될 것이기 때문이다. 이리가 양 떼를 공격하듯 제자들은 세상에서 박해를 당한다. 그러나 하나님이 그들을 보호하실 것이다. 위기 상황에 파송되기 때문에 사람을 의지하지 말고 전적으로 하나님을 신뢰하라.

"전대나 배낭이나 신발을 가지지 말며 길에서 아무에게도 문안하지 말며(4절)." 전대는 동전을 넣어 허리에 둘러 묶은 것으로 지갑 역할을 한다. 배낭은 일용품을 넣은 짐 가방이다. 전대, 배낭, 신발을 가지지 말라는 것은 복음 전하는 사람들은 무엇보다 재물에 대한 욕심을 전적으로 하나님을 신뢰해야 한다는 것이다. 이런 것에 시간을 낭비하지 말고 하나님 나라를 전하는 데 전력하라는 말씀이다.

아무에게도 문안하지 말라는 것은 길에서 시간을 지체하며 늑장을 부려서는 안 된다는 것이다. 문안은 친지나 유지를 뵙고 안심시키려는 것으로 보인다. 예의를 지키는 인사까지 금한 것은 아니지만 길에서 친지를 만나 환담을 나누는 등 사소한 일에 시간을 소비하는 등의 행위를 금하신 것이다.

"어느 집에 들어가든지 먼저 말하되 이 집이 평안할 지어다 하라(5절)." 평안(샬롬)을 빌라는 것이다. (요한은 회개를 강조했다. 하나님의 용서를 받아들일 준비를 하라는 것이다.) "만일 평안을 받을 사람이 거기 있으면 너희의 평안이 그에게 머물 것이요 그렇지 않으면 너희에게로 돌아오리라(6절)." 복음을 거절하는 사람에게는 저주를 초래한다. '돌아오리라' 는 것은 누구나 전도 100% 받아들이는 것 아니란 말이다. 현실을 인정하라는 것이다.

"그 집에 유하며 주는 것을 먹고 마시라 일꾼이 그 삯을 받는 것이 마땅하니라 이 집에서 저 집으로 옮기지 말라 어느 동네에 들어가든지 너희를 영접하거든 너희 앞에 차려놓는 것을 먹고(7, 8절)." 일꾼은 상품을 파는 세일즈맨 아니다. 파송 받은 하나님의 일꾼이다. 한 곳에서 주는 대가를 받으면서 말씀을 선포하라. 다른 곳은 더 줄까 생각하며 이리저리 자리를 옮기지 말라. 제자들에게 허락된 것은 부요한 삶이 아니라 생계를 위해 필요한 최소한의 것이다.

"거기 있는 병자들을 고치고 또 말하기를 하나님의 나라가 너희에게 가까이 왔다 하라(9절)." 전도자의 사명을 잊지 말라는 말씀이다. 파송 받은 자의 사명은 병 고침과 복음 전파다. 본질에서 벗어나지 말라는 것이다.

"어느 동네에 들어가든지 너희를 영접하지 아니하거든 그 거리로 나와서 말하되 너희 동네에서 우리 발에 묻은 먼지도 너희에게 떨어버리노라 그러나 하나님의 나라가 가까이 온 줄을 알라 하라(10, 11절)." 영접하지 않을 경우 발에 묻은 먼지를 떤다. 증거를 삼기 위해서다. 이것은 국경을 넘어올 때 이방에서 묻은 먼지를 털고 들어온 유대의 전통과 관련이 있다. 이것은 복음을 받아들이지 않은 모든 책임은 너희에게 있다, 복음을 받아들이지 않는 사람들은 참 이스라엘 자손이나 하나님 나라 백성이 될 수 없다는 의미를 가지고 있다. 거부한 그 사람의 책임이다. '하나님의 나라가 가까이 온 줄을 알라 하라' 는 것은 거부한 사람이나 받아들인 사람이나 하나님 나라, 곧 심판의 때가가 가까워왔다는 것을 말해주라는 것이다.

> "내가 너희에게 말하노니 그 날에 소돔이 그 동네보다 견디기 쉬우리라 화 있을 진저 고라신아, 화 있을 진저 벳새다야, 너희에게 행한 모든 권능을 두로와 시돈에서 행하였더라면 그들이 벌써 베옷을 입고 재에 앉아 회개하였으리라 심판 때에 두로와 시돈이 너희보다 견디기 쉬우리라 가버나움아 네가 하늘에까지 높아지겠느냐 음부에까지 낮아지리라(12-15절)."

하나님의 능력을 보고 또 복음을 듣고도 배척을 일삼으며 회개하지 않는 사람과 그 사회는 하나님의 심판을 받게 된다는 말씀이다. 고라신(Korazin), 벳새다(Bethsaida), 가버나움(Capernaum) 등은 예수님이 이적을 많이 행하신 곳이다.

특히 가버나움은 예수님의 선교 본거지였다. 그 도시들이 언급된 것은 그곳에 사는 사람들에 대한 주님의 안타까움을 표현하고 있다. 이방 도시 두로와 시돈에서 복음이 전해지고 기적이 베풀어졌다면 그들은 이미 회개했을 것이다. 음부(Hades)는 구약에서 일반적으로 죽은 이들의 장소를 가리키지만 신약에서는 믿지 않는 자들이 형벌을 받는 장소로 간주되었다. 주님이 이 말씀을 하신 것은 그들에 대한 경고가 강하게 담겨 있다. 성령을 훼방하고, 하나님을 받아들이지 않으므로 심판 때 소돔과 고모라보다 더 심한 심판을 받게 될 것이다.

"너희 말을 듣는 자는 곧 내 말을 듣는 것이요 너희를 저버리는 자는 곧 나를 저버리는 것이요 나를 저버리는 자는 나 보내신 이를 저버리는 것이라 하시니라(16절)." 70인 제자들은 예수님에 의해 보냄을 받고, 예수님의 권위로 일하는 사람들이다. 따라서 제자들을 거부하면 예수님을 거부하는 것이다. 핍박이나 반대받을 때 너 자신과 연관시키지 말라. 너를 반대하고 미워하는 것이 아니라 예수님을 반대하고 미워하는 것이다. 우리는 주님으로부터 파송 받은 선교사요 전도는 예수님 대신해서 하는 것이다. 내 능력, 내 재능이 아니라 우리를 파송하신 예수님을 신뢰하고 나아가라. 주님을 위해 최선을 다하라.

2. 70인의 선교 보고(17-24절)

1) 70인의 선교 보고(17-20절)

70인이 전도를 마치고 기뻐하며 돌아왔다. 기뻐 돌아왔다는 것은 신앙적 의미가 담겨 있다. 예수님 이름으로 한 것은 기쁨을 주지만 인간, 개인 이름으로 한 것은 허무할 따름이다.

70인은 "주여 주의 이름이면 귀신들도 우리에게 항복하더이다." 하며 선교보고를 했다. 귀신이 항복한 것에 흥분하고 감격했다. 귀신은 더 이상 위협적인 존재가 되지 않았다는 말이다. 귀신의 항복은 하나님 나라가 현실적 사건임을 보여준다.

그러자 예수님은 "사탄이 하늘로부터 번개 같이 떨어지는 것을 내가 보았노라." 하셨다. 이것은 사단이 패배하고 쫓겨나며 하나님 나라가 굳건하게 세워짐을 보여준다. 70인이 귀신을 쫓아낼 수 있었던 것은 사단이 패배했다는 표징이다. 사단이 하나님의 권세와 능력, 하나님의 주권에 굴복한 것이다.

"내가 너희에게 뱀과 전갈을 밟으며 원수의 모든 능력을 제어할 권능을 주었으니 너희를 해칠 자가 결코 없으리라(19절)." 뱀과 전갈은 모든 종류의 악, 유혹, 사단의 권세를 상징한다. 이 모두를 제어할 권세를 주님이 제자들에게 주셨다. 우리는 예수의 능력으로 사단의 공격을 물리친다. 주님으로부터 받은 능력이다. 그러므로 해칠 자가 없으리라는 것이다.

"그러나 귀신들이 너희에게 항복하는 것으로 기뻐하지 말고 너희 이름이 하늘에 기록된 것으로 기뻐하라 하시니라(20절)." 귀신이 항복하는 차원에 그치지 말고 너희 이름이 하늘의 생명책에 기록된 것으로 기뻐하라 하셨다. 이름이 하나님 나라에 기록되었다는 것은 하나님이 기억한바 되었다는 것이다. 구원 받은 자는 하나님 나라 생명책에 기록되어 있다. 구원은 오직 하나님의 택하심과 은혜로 된 것이다. 귀신 쫓아냈다며 영적인 교만에 빠지지 말고 영원히 구원받았음을 기뻐하라는 말씀이다.

2) 제자들에 대한 축복 선언(21-24절)

그 때에 예수님은 성령으로 기뻐하시며 말씀하셨다.

> "천지의 주재이신 아버지여 이것을 지혜롭고 슬기 있는 자들에게는 숨기시고 어린 아이들에게는 나타내심을 감사하나이다 옳소이다 이렇게 된 것이 아버지의 뜻이니이다(21절)."

예수님은 하나님을 '천지의 주재이신 아버지'라 하셨다. 하늘과 땅을 주관하시는 하나님의 주권적 통치와 그의 아버지 되심을 결부시킨 장엄한 호칭이다. '이것'은 예수님의 선포와 기적들을 통해 나타난 하나님 나라의 복음을 가리킨다. '지혜롭고 슬기 있는 자들'은 지식과 분별력을 가졌다고 자부하는 유대의 종교지도자들을 가리킨다. 복음의 비밀을 이런 자들에게는 숨기시고 어린 아이들, 곧 무식하고 가난하지만 권력과 부 때문에 때 묻지 않은 천진한 제자들에게는 나타내심을 감사하셨다. 그들은 단순한 믿음을 가진 자요 주님을 좇는 자여 그 시대에 배척을 받는 자들이다. 하나님의 구원계시는 이런 사람들에게 임한다는 것이다. 예수님은 이런 대조를 통해 지혜 있는 현자들이 하나님의 계시를 받는다는 유대인들의 생각을 완전히 뒤집으셨다. 예수님의 눈엔 지혜롭고 슬기롭다 뻐기는 자가 아니라 어린 자가 큰 자이다. 그들은 하나님 나라의 현실 보고 비밀 알았기 때문이다.

> "내 아버지께서 모든 것을 내게 주셨으니 아버지 외에는 아들이 누구인지 아는 자가 없고 아들과 또 아들의 소원대로 계시를 받는 자 외에는 아버지가 누구인지 아는 자가 없나이다(22절)."

"내 아버지께서 모든 것을 내게 주셨으니." 이것은 바리새인과 율법 교사들은 조상으로부터 전승을 물려받았지만 예수님은 하나님으로부터 모든 계시를 물려받았음을 말한다. "아버지 외에는 아들이 누구인지 아는 자가 없고." 하나님 아버지와 아들 예수님만이 서로를 아신다. "아들과 또 아들의 소원대로 계시를 받는 자 외에는 아버지가 누구인지 아는 자가 없나이다." '아들의 소원대로 계시를 받는 자' 는 하나님의 택하신 백성을 가리킨다. 하나님의 택함을 받은 자 외에는 아무도 하나님을 아는 계시를 받을 수 없다는 것이다. 이것은 계시의 제한성을 나타내는 말씀이다. 아는 것은 지적, 이성적 관계가 아니라 인격적 관계 속에서 아는 것을 말한다.

예수님은 제자들을 돌아보시며 조용히 말씀하셨다. "너희가 보는 것을 보는 눈은 복이 있도다 내가 너희에게 말하노니 많은 선지자와 임금이 너희가 보는 바를 보고자 하였으되 보지 못하였으며 너희가 듣는 바를 듣고자 하였으되 듣지 못하였느니라(23, 24절)."

"너희가 보는 것을 보는 눈은 복이 있도다." 제자들은 때가 되어 보게 되었다. 지금 제자들은 축복을 받았다는 말씀이다. 왜 그런가? "많은 선지자와 임금이 너희가 보는 바를 보고자 하였으되 보지 못하였으며." 전에 사람, 곧 많은 선지자와 임금들은 너희가 지금 보고 있는 것을 보고 싶었어도 보지 못했다. 때가 이르지 않았기 때문이다. "너희가 듣는 바를 듣고자 하였으되 듣지 못하였느니라." 또 너희가 지금 듣고 있는 것을 그토록 듣고 싶어 했지만 듣지 못했다. 지금 하나님 나라의 현실을 보는 자가 복이 있다. 지금 그것을 어린 아이들만 보게 되어 있다. 그러니 예수님을 알게 된 것은 복 중의 복이다. 감사하고 기뻐해야 한다는 것이다. 그 기쁨이 우리의 기쁨이 되어야 한다.

3. 선한 사마리아인의 비유(25-37절)

어떤 율법교사가 일어나 예수를 시험하여 물었다. "선생님 내가 무엇을 하여야 영생(eternal life)을 얻으리이까?" 율법교사는 종교적으로 의문을 가진 사람들의 질문에 답을 주는 유대의 종교전문가이다. 대답을 해 주어야 할 입장에 있는 그가 다른 율법교사가 아닌 목수의 아들 예수에게 이 질문을 던진다. 매우 색다른 상황이 아닐 수 없다.

예수님은 "율법에 무엇이라 기록되었으며 네가 어떻게 읽느냐" 물으셨다. 그는 "네 마음을 다하며 목숨을 다하며 힘을 다하며 뜻을 다하여 주 너의 하나님을 사랑하고 또한 네 이웃을 네 자신 같이 사랑하라 하였나이다." 대답했다. 그의 대답은 사실 예수님이 여러 차례 강조하신 내용과 같다.

하나님을 사랑할 때 먼저 마음(heart)을 다한다. 온 마음을 드린다. 깨어진 마음, 포기한 마음으로는 하나님을 사랑할 수 없다. 목숨(soul)을 다한다. 힘(strength)을 다한다. 작심삼일이 되어서는 안 된다. 뜻(mind)을 다한다. 하나님을 사랑하는 데는 단면이 아니라 다면적 접근을 해야 한다는 것을 가르쳐 준다. 이웃을 사랑할 때는 자기를 사랑하듯 사랑해야 한다.

예수님은 그 대답이 옳다하시고 "이를 행하라 그러면 살리라(28절)" 하셨다. 그 말씀대로 실천하면 영생을 얻을 것이라는 말씀이시다. 율법교사는 기분이 좋았다. 그래서 자신을 보다 잘 보이기 위해 예수님께 되물었다. "그러면 내 이웃이 누구입니까?" 그 물음에 주님은 강도 만난 어떤 이와 선한 사마리아 사람을 들어 비유로 말씀하셨다. 선한 사마리아 비유다.

어떤 사람이 예루살렘에서 여리고로 내려가다가 강도를 만났다. 예루살렘에서 여리고로 내려가는 길은 아주 오가기 힘들 정도로 험했다. 하도 강도를 당해 죽는 일이 많아 '피의 길', '붉은 길'이라는 별명이 붙어있을 정도였다. 로마군은 이곳을 오가는 여행자들의 안전을 확보하기 위해 군대를 파견해 지키기도 했다. 예수님은 이런 상황을 잘 아시고, 이곳을 예로 들어 비유로 말씀하셨다.

예수님은 예루살렘에서 여리고로 내려가는 사람이 누구라고 말씀하지 않으셨다. 그러나 대부분의 학자는 유대인으로 추정하고 있다. 유대인은 일반적으로 사마리아 사람을 가까이 하지 않는다. 그들을 싫어하기 때문에 만약 강도 만난 자가 유대인이고, 그 사람이 견딜 만한 정도였다면 사마리아 사람을 거들떠보지도 않았을 것이고, 호의를 베푼다 해도 거절했을 것이다.

이 사람이 왜 강도를 만났는지 알 수는 없다. 강도들이 그의 옷을 벗기고 때려 거의 죽은 것을 버리고 갔다. 강도들을 만난 사람의 상태는 매우 절망적이었다. 강제로 옷을 벗기었다. 거반 죽게 되었다는 것은 인사불성 상태, 곧 산 자로서의 활동적인 기능이 마비되었음을 보여준다. 구타를 당해 상처도 심했을 것이다.

여기서 우리는 강도 만난 사람과 이를 치료한 사람과의 관계에 주목해야 한다. 강도 만난 유대인이 죽게 될 정도로 상태가 심각하지 않았다면 사마리아 사람의 호의를 받아들이지 않았을 것이다. 그 사람의 호의를 받아들였을 때 생명을 얻을 수 있게 되었다.

마침 제사장 한 사람이 그 길로 내려가다가 그를 보고는 피해서 다른 길로 지나갔다. 제사장은 그가 죽었을지 모른다고 생각해 못 본척하고 피한 것으로 보인다. 제사장이 피해 지나가는 경우를 두 가지 상황으로 유추해볼 수 있다.

첫째, 죽은 자를 만지면 불결해진다는 생각이 앞섰을 것이다. 제사장의 직무는 날마다 돌아오지 않는다. 24반차에 따라 자기 순번이 돌아올 때 제사장 직을 수행할 수 있다. 얼마나 기다렸던 기회인가. 그런데 제사장 직을 수행하러 가는데 강도를 만나 피투성이 인 사람을 보았다. 제사장으로 손에 피를 무치거나 시체를 만지는 날엔 성전에도 들어가지 못한다. 그러니 직무상 어찌 그를 도울 수 있겠는가.

둘째, 제사장 직을 마치고 집이 있는 여리고로 돌아가는 길이라고 생각해보자. '내려가다가' 했으니 여리고로 가는 길이었을 가능성이 아주 높다.[8] 이제 자기가 해야 할 종교적 직무를 다 마치고 가는 데 "이 일까지 내가 해야 하는가"라는 생각을 했을지 모른다. 자기의 직무에만 충실하려는 사고와 태도가 깔려있을 수 있다.

제사장의 이러한 태도는 당연한 것일 수 있다. 우리가 제사장이라면 얼마든지 그럴 수 있다. 그러나 주님이 보시기에는 문제가 있다. 죽은 자를 만지는 것은 불결하다는 생각으로 못 본 척 피해갔다면 이는 영적 기만이자 영적 무분별이다. 종교적 직무만 다 하면 된다며 피했다면 그것은 종교가 타락했음을 보여준다. 그는 강도 만난 자의 상처를 치유할 여유를 가지지 못했다. 돌봄보다는 지위와 직책에 관심이 컸다. 예수님은 이런 종교적 변명보다 생명을 살리는 일이 더 급하고 중요하게 여기셨다.

레위인도 피하여 지나갔다. 어떤 성경역본에는 이 레위인은 제사장보다 더 나쁜 사람으로 묘사하고 있다. 강도만난 사람을 이리저리 살펴본 뒤, 그가 살아있다는 것을 알았으면서도 도망치듯 피한 것으로 묘사하고 있기 때문이다.

레위인이 피한 이유는 무엇일까? 첫째, 그도 내 일에만 충실하면 된다는 생각을 가졌을 것이다. 레위인은 성전봉사만 전문으로 하는 사람이었다. 농사도 짓지 않았다. 늘 그래왔듯이 레위인은 강도 만난 사람을 돕는 일은 다른 사람의 할 일이고, 나는 내 일에만 충실하면 된다고 생각했을 것이다. 둘째, 자기보다 앞서 제사장이 지나간 것을 알고 있었다면 "제사장도 그저 지나갔는데 내가 이 일을 하면 제사장은 어떻게 되지?" 이런 생각으로 지나갔을 것이다. 이것은 얼마든지 보통 사람의 생각일 수 있다. 그러나 주님의 생각은 다르다. 자기 직무에 충실한 것도 좋지만 사람을 구원하는 일이 더 중요하다.

비유는 제사장이나 레위인은 강도 만난 사람을 보고 지나가야 할 사람이 아니었다. 자세히 살펴보고 조치를 취했어야 할 사람들이었다. 그런데도 죽어 가는 그를 보고도 오히려 피했다. '나도 강도를 만나면 어쩌지' 걱정하면서 그가 죽든 말든 상관하지 않았다. 이것은 영적인 직무유기이다.

제사장이나 레위인은 성직을 수행하는 사람들이다. 믿음이 있다는 사람들이다. 그들은 지금 단순한 여행이라기보다 직무 수행 차 이 길을 지나갔을 것이다. 그럼

---

8) 성경에서는 대체로 예루살렘으로 향해 갈 때는 '올라간다' 는 말을 사용하였고, 예루살렘에서 다른 곳으로 갈 때는 '내려간다' 고 하였다.

에도 강도 만난 자의 이웃이 되어주지 못했다. 그러면서도 회당에서는 이웃을 사랑해야 한다고 강론했을 것이다. 말과 행동이 달랐으니 더욱 민망하다.

그러나 어떤 사마리아 사람은 여행 중에 그 길로 지나다가 그를 보고 불쌍한 생각이 들었다. 강도 만난 사람이 유대인이고 이를 선히 돌보아 준 사람이 사마리아인이라는 것은 매우 대조적이다. 왜냐하면 유대인과 사마리아인은 서로 미워하고 적대적이기 때문이다. 사마리아인은 유대인에게 있어서는 이방인이고 선민도 아니었다. 유대인이 상종도 하지 않는 사람들이었다.

사마리아인은 여행 중이었다. 가야할 길이 바쁘고, 하실 일이 많기 때문에 얼마든지 지나갈 수 있었다. 그러나 그는 그렇게 하지 않았다. 그는 강도 만난 자를 보고 불쌍히 여겼다. '유대인 참 잘 당했다' 며 고소해 하지 않았다. '불쌍히 여겨'는 컴패션(compassion)의 중요성을 일깨워 준다. 컴패션은 이웃의 고통과 아픔을 자기의 것으로 알고 함께 나누는 것이다. 이웃의 고통에 함께 참여하고 공감한다.

사마리아인은 시간이 갈수록 더 깊은 사랑의 자리로 나아갔다.

첫 번째로, 그는 강도 만난 자 곁으로 가까이 다가갔다. 피하거나 외면하지 않았다. 적극적으로 다가갔다. 어려운 처지에 있는 사람을 가까이 찾아가 도움을 주는 것은 이웃 사랑의 첫걸음이다.

두 번째로, 그는 기름과 포도주를 그 상처에 붓고 싸매어 주었다. 사마리아인은 상처를 긴급하게 치료해주었다.

세 번째로, 그는 자기 짐승에 태워 여관으로 데리고 가서 돌보아 주었다. 일단 위험한 장소를 피하고, 그를 더 돌봐 주기 위해 여관으로 갔다. 여관은 병원이 되었다. 임시 치유할 처소가 된 것이다. 치유센터다. 교회가 고난당한 자의 아픔을 치유하는 센터가 되어야 한다.

네 번째로, 이튿날 그는 두 데나리온을 여관 주인에게 주면서 부탁했다. "이 사람을 잘 보살펴 주시오. 비용이 더 들면 돌아오는 길에 갚아 드리겠소." 비용이 더 들 경우 그것에 대해서도 자기가 책임지겠다고 말한다. 앞서 언급한 그의 행동만으로도 감격스러운데 앞으로의 일까지 염려하고 책임을 지겠다고 했다. 자원(돈, 재물)이 필요(가난한 사람, 강도만난 이웃)를 만나면 기회(우리가 주의 팔이 되어 돕고,

복음을 전할 수 있다)를 만날 수 있다. 우리도 강도만난 자의 이웃이 될 수 있다. 우리의 자원을 이용할 준비가 되어 있는가?

예수님은 그에게 물으셨다. "네 생각에는 이 세 사람 중에 누가 강도 만난 자의 이웃이 되겠느냐?" 우리 주변에 강도 만난 사람들이 많다. 주님은 우리 주변에 쓰러져 가는 영혼을 구원하는 일에 적극적으로 나설 인물이 필요하시다는 말씀이다. 추수 때 추수할 일꾼이 필요한 것처럼 주님은 오늘도 영적인 추수 밭에서 열심히 일할 동역자를 필요로 하신다.

여기서 이웃은 필요에 적극적으로 반응을 보여주는 사마리아 사람이다. 영적으로 절망가운데 있는 사람을 구원하기 위해 자신을 던질 수 있는 그리스도인을 오늘도 주님은 필요하시다고 말씀하신다.

세상에는 세 종류의 사람이 있다. 첫째, 만나서는 안 될 사람이다. 강도와 같은 사람이다. 그런 사람은 있어서는 안 될 사람이다. 둘째, 만나나 마나한 사람이다. 강도 만난 사람을 보고도 피해간 제사장이나 레위인과 같은 사람이다. 그런 사람은 있으나 마나한 사람이다. 셋째, 꼭 만나야 할 사람이다. 선한 사마리아인과 같은 사람이다. 그런 사람은 꼭 있어야 할 사람이다.

율법교사는 주님의 물음에 '자비를 베푼 자' 라 했다. '사마리아 사람' 이라 하지 않고 '자비를 베푼 자' 라고 했다. 사마리아인을 애써 입에 올리고 싶지 않았을 수도 있다.

주님은 그에게 "가서 너도 이와 같이 하라" 하셨다. 이 말씀 속에는 "너도 사랑을 실천하라" 는 말씀이다. 사랑을 실천하는 사람은 정해진 것이 아니다. 가난한 자든 부한 자든 누구든지 실천해야 한다.

베푸는 사람과 받는 사람이 따로 있지 않다. 구약시대에는 축복을 받는 사람과 저주를 받는 사람이 구별되어 있다고 생각했다. 그러나 신약시대에는 받던 사람이 주는 사람으로 바뀌어야 한다는 것을 가르쳐 준다. 시간과 공간에 따라 입장이 바뀔 수 있으므로 차별을 두어서는 안 된다. 우월과 열등이 아니라 '나도 내일 그런 사람이 될 수 있다' 는 생각아래 겸손하게 자신을 낮추며 이웃을 찾아 도움을 주는 그리스도인이 되어야 한다.

'너도 이와 같이 하라' 는 말씀은 구원 사역에 적극적으로 동참하라는 말씀이다. 주님으로부터 새 생명을 얻은 그리스도인들은 이제 레위인이나 제사장이 보여준 도피적 삶이 아니라 선한 사마리아인의 참여적 삶을 살아야 한다는 것을 명령적으로 말씀하시고 있다. 주님이 필요로 하시는 그리스도인은 교만한 인간이 아니다. 쓰러져 가는 영혼을 불쌍히 여기고, 그들에게 구원의 약품을 공급하고 필요를 채워주는 라이프 세이버(life saver)가 되어야 한다. 그리스도인은 제사장이나 레위인처럼 이웃의 아픔에 눈을 감아서는 안 된다. "나는 바쁘다. 그 일은 나의 일이 아니다."라고 말하지 말자. 무엇보다 영적으로 죽어 가는 생명을 살리는 일을 서둘러 해야 한다.

이 비유는 누구나 잘 아는 비유이다. 우리는 이 비유를 흔히 '선한 사마리아인의 비유' 라 한다. 그래서 선한 사마리아인이 한 선행에 초점을 맞추려 한다. 이로 인해 이 비유를 인간을 위한 휴머니즘적 비유로 착각하기도 한다. 여기에 초점을 맞추면 비유의 본질보다 곁가지를 더 잘 아는 비유에 그칠 것이다. 우리는 이 말씀의 초점을 "누가 네 이웃입니까?"라는 두 번째 질문보다 "어떻게 하여야 영생을 얻으리까?"라는 첫 번째 질문에 대한 주님의 대답에 맞춰져야 한다.

율법교사는 영생을 유업으로 상속받는다는 것을 알고 있었다. 이것은 순수하게 영생을 믿음으로만 얻는 것이 아니라 율법을 잘 지켜야 한다는 행위요소가 강조된다. 그러나 예수님이 말하는 영생은 율법을 지켜 얻을 수 있는 영생이 아니다. 율법은 우리가 절망할 수밖에 없는 상태만 보여 줄뿐이다. 하나님의 은혜만이 우리를 그 상속자가 될 수 있게 한다. 우리가 예수의 생명을 어려운 이웃에게 기꺼이 내어주는 그 때, 다시 말해 하나님이 우리에게 준 자원을 이웃에게 내어주는 그 때 비로소 우리는 예수의 생명의 삶을 살기 시작한다. 영생의 삶을 살게 된다는 것이다. 따라서 강도 만난 이웃을 위해 자신의 것을 내어주는 것은 예수의 생명을 내어주는 것이다. 그것이 바로 영생을 사는 자의 삶의 모습이다. 그리스도인은 바로 그런 삶을 살아야 한다는 것이다.

나아가 우리는 이 비유를 구원의 관점에서 살펴볼 필요가 있다. 이 비유는 하나님은 얼마나 사랑을 받아 마땅한 분(선한 사마리아인)이신가 하는 것과 죽음에서 구원을 받은 그리스도인(강도 만난 자)이 왜, 그리고 어떻게 이웃을 사랑해야 하는가를 비유로 가르쳐 주고 있다.

이 비유에 있어서 첫째 중요한 초점은 강도 만난 사람이 누구를 만나 구원을 받았는가하는 것이다. 강도 만난 사람은 (영적으로) 죽어 가는 사람(유대인)이고, 그를 살린 사람은 유대인들이 그토록 배척을 하는 예수님(선한 사마리아인)이다. 강도 만난 사람이 선한 사마리아인을 만나 구원을 받았듯이 영적으로 죽을 수밖에 없는 우리도 예수를 만나야 비로소 구원을 받을 수 있다. 둘째는 구원함을 받는 사람은 자신이 구원받은 것으로 만족하지 말고 이웃을 구원하는 일에 동참해야 한다는 사실이다. 우리는 강도 만난 우리 이웃의 생명을 구원하는 일에 적극적으로 동참하는 그리스도인이 되어야 한다. 이것이 주님이 주시는 중요한 메시지다.

주님은 강도 만난 우리에게 있어서 "어떤 사마리아인"이다. 이 비유 속에서 예수의 사랑을 받아들이지 않으려는 완악한 유대인과 그 사람들에게 사랑을 베풀려는 주님의 모습을 찾아야 한다. 강도 만난 사람이 사마리아 사람의 호의를 받아들여 생명을 얻을 수 있었던 것처럼 예수를 영접함으로 영생을 얻을 수 있게 된다. 어떤 제도나 기관이 생명을 살리지 못한다. 오직 주님만이 살릴 수 있다. 아직도 주님의 호의를 거부하며 교만하게 살아가는 우리는 아닌가? 나의 교만한 자존심, 잘못된 신앙을 버릴 때 살아날 수 있다. 예수님은 사랑의 주님이시다. 우리의 과거와 현재뿐 아니라 미래의 것까지도 책임져 주시는 분이시다. 이렇듯 우리에게 사랑을 부어주시는 하나님을 믿고 우리의 온 마음과 목숨과 힘을 다하여 사랑하지 않을 수 있겠는가.

4. 마르다와 마리아(38-42절)

예수님의 일행이 예루살렘으로 가는 도중 어느 마을에 들어갔다. 마르다(Martha)라는 여자가 예수님을 자기 집으로 영접했다. 그녀에게는 마리아(Mary)라는 동생이 있었다. 그런데 마리아는 주님 앞에 앉아 말씀을 듣고 있었다.

존 오트버그(J. Ortberg)는 예수님이 마르다와 그의 동생 마리아의 집을 방문하셨을 때 마리아가 예수님의 가르침을 받기 위해 그분의 발아래 앉아있었다는 사실에 주목했다. 주님의 발치에 앉아 있었다는 것은 매우 중요한 의미를 갖기 때문이다.

주님의 발아래 앉아 있었다는 것은 그녀가 주님이 계신 방 어느 위치에 앉아 있었다는 공간적 설명이 아니다. 그녀가 아무 일도 하지 않고 빈둥거리며 있었다는 것은 더 더욱 아니다. 이 말은 그녀가 인생에 있어서 아주 근본적인 결정을 내렸다는 의미를 지니고 있다. 누군가의 발아래 앉는다는 것은 제자와 랍비와의 관계를 나타내는 표현이다.

어떤 사람을 자기의 랍비로 삼는다는 것은 그 사람과 함께 하겠다는 선택이다. 제자는 랍비로부터 모든 것을 배우기 위해 랍비와 함께 있기로 결정한 사람이다. 지금 마리아는 제자로서 주님 앞에 앉아 있는 것이다. 주님의 말씀을 하나라도 놓치지 않기로 결심한 것이다. 그것이 바로 주님의 발치에 앉아 있었다는 것의 의미다.

옛날 제자들은 랍비가 어디를 가든 그의 곁에 있으려 했다. 공식적인 강론시간 뿐 아니라 시장을 가면 랍비가 어떻게 돈을 사용하는지, 여자가 말을 걸어올 때 어떻게 대처하는지 보며 배우고자 했다. 랍비가 언제 자기들이 들어본 적이 없는 기도를 드릴지 몰라 화장실 가는 것마저 신경을 썼다. 심지어 랍비가 아내와 함께 잠자리 들 때 침대에 숨어든 제자마저 있었다고 한다. 언제나 랍비 곁에 있어 그가 하는 말과 행동을 배우고자 한 것이다. 고대에는 현인들로부터 배우기를 열망했고, 언제나 그들의 발치에서 그들이 하는 말들을 갈망했다. 마리아는 지금 예수님의 말씀을 갈망하며 그의 발치에 앉아 있는 것이다.

마리아는 3번 예수님의 발아래 앉은 기록 있다. 첫 번째는 나사로를 살려 달라 간청할 때이고, 두 번째는 예수님의 말씀을 듣고자 할 때이며, 세 번째는 눈물로 향유를 부을 때이다.

마르다는 손님을 모셔놓고 마음이 분주했다. 분주하다는 것은 '사방에서 끌어당기다' 는 의미를 가지고 있다. 음식도 준비해야겠고, 주님의 말씀도 듣고 싶어 마음이 갈라진다. 마르다도 어서 주님과 함께 하고 싶지 않겠는가. 하지만 지금 마르다에겐 음식이 우선이다. 그런데 자기를 도와야 할 마리아는 일어날 줄 모른다. 마르다라는 이름은 아람어 '마르(Mar)'에서 나온 것으로, '주부' 또는 '여주인'이라는 뜻을 가지고 있다. 마르다는 지금 여주인다운 마음으로 준비하고 있는 것이다. 당시 랍비들은 여성을 제자로 받아주지 않았다. 그런데 마리아가 제자가 되는 양 주님의 발치에 앉아 꼼짝하지 않는다. 소문이 잘못 나면 어쩌지. 왜 내가 이런 생각까지 하는 거야. 이런저런 생각에 그는 어렵사리 주님을 향해 입을 열었다. "주여 내 동생이 나 혼자 일하게 두는 것을 생각하지 아니하시나이까 그를 명하사 나를 도와 주라 하소서."

그러나 주님의 생각은 달랐다. "마르다야 마르다야 네가 많은 일로 염려하고 근심하나 몇 가지만 하든지 혹은 한 가지만이라도 족하니라 마리아는 이 좋은 편을 택하였으니 빼앗기지 아니하리라." 이것은 예수의 식탁에 오도록 마르다를 초청하시는 말씀이다. 이미 마리아는 이 좋은 쪽을 택했다. 그는 이 자리를 빼앗기지 않을 것이다. 그러니 염려나 근심일랑 버리고, 한 가지만 해도 좋으니 더하려 하지 말고, 마르다 너도 이 자리에 빨리 오라는 것이다. 갈라진 마음을 하나로 모으라, 일시적인 것이 아니라 영원한 것에 초점을 맞추라는 것이다. 예수님은 대속의 제물이 되기 위해 예루살렘으로 가는 도중이었다. 지금 음식을 먹는 것보다 영의 양식을 나누는 것이 더 중요하다.

당신이라면 어떻게 하겠는가? 마리아처럼 당신의 인생에서 가장 필요한 한 가지를 선택했는가? 아니면 마르다처럼 불평만 하고 있는가? 마리아는 한 가지, 곧 말씀 경청을 택했다. 모든 것을 다 내려놓고 주님의 발아래 앉는 것을 택했다. 마리아는 예수님의 발아래 앉아 무슨 말씀을 들었을까? 옥합을 깨뜨려 주님의 장사를 준비한 사람은 마리아였다. 그는 눈물로 주님의 발을 씻었다.

1세기 유대사회. 랍비와 함께 하겠다는 맹세 자리에서 제자들은 종종 이런 축사를 듣는다. "항상 너의 랍비의 먼지로 뒤덮이기를 기원한다." 이것은 네 랍비의 발이 일으키는 먼지가 네 옷을 더럽히고, 네 얼굴에 주름을 만들 정도로 랍비를 가까이 따르기를 기원한다는 뜻이다. 예수님과 언제나 함께하는 삶을 살고 싶은가? 그렇다면 오늘도 당신의 삶이 주님이 일으킨 먼지로 뒤덮이기를 바란다.

제11장

주기도문과 복 있는 자

1. 주님이 가르쳐주신 기도: 주기도문(1-4절)

하루는 예수님이 어떤 곳에서 기도하시다가 기도를 다 마치셨다. 주님이 기도하시는 모습을 지켜 본 한 제자가 기도하고 싶은 마음이 생겨 기도하는 방법을 가르쳐 달라고 했다. "주님, 요한이 자기 제자들에게 기도를 가르친 것과 같이 우리에게도 가르쳐 주옵소서." 당시 랍비들은 그의 제자들에게 기도문을 만들어 주곤 했다. 예수의 제자는 세례 요한도 그리한 것도 생각이 났다.[9]

요청을 받은 예수님은 제자들에게 이렇게 기도하라고 하셨다. 흔쾌히 응하신 것이다.

"아버지여 이름이 거룩히 여김을 받으시오며 나라가 임하시오며 우리에게 날마다 일용할 양식을 주시옵고 우리가 우리에게 죄 지은 모든 사람을 용서하오니 우리 죄도 사하여 주시옵고 우리를 시험에 들게 하지 마시옵소서."

예수님이 가르쳐주신 기도 내용은 그분의 가르침과 맥을 같이 하고 있다. 주기도문은 그 형식을 그대로 반복하는 것이 아니라 그 정신을 본받아 기도한다. 주님은 기도할 때 몇 가지 유의할 것을 가르치셨다.

첫째, 아버지의 이름(your name), 곧 하나님의 신분이 거룩히 여김을 받도록 하라는 것이다. 기도는 하나님 아버지께 하는 것이다. 하나님을 '아버지' 라 부르게 한 것은 실로 놀라운 것으로 하나님의 자녀인 우리가 그분과 깊은 관계를 유지

---

9) 요한이 가르쳐준 기도는 알려진 바 없다.

하고 있음을 가르쳐 준다. 아버지께 하듯 기도하라는 말씀이다. '이름이 거룩히 여김을 받으시오며' 는 '우리가 하나님의 이름을 거룩하게 여기오니 이를 받아주옵소서' 라는 뜻이다. 청원이기보다 서약이다.

둘째, 아버지의 나라(your kingdom), 곧 하나님의 나라가 속히 오도록 기도한다. 여기서 '나라' 는 장소를 의미하는 것이 아니라 하나님의 통치를 가리킨다. 하나님이 통치가 완전히 이루어지도록 기도하는 것이다. 온 땅에 하나님의 통치가 완전하게 실현될 것을 기원한다. 그 나라를 이루실 하나님을 대망한다.

셋째, 우리에게 날마다 필요한 양식(our daily bread)을 달라고 기도한다. 이 양식은 육의 양식뿐 아니라 하나님의 선물인 생명의 양식까지 포함된다. 세상에서 부를 높이 쌓기를 바라지 말고, 오직 생계에 필요한 만큼만 하나님께 부탁한다. 내일을 걱정하지 말고 전적으로 그분을 신뢰한다.

넷째, 우리가 우리에게 죄 지은 사람들을 용서하도록 기도한다. 그러니 우리의 죄도 용서해 달라고 기도한다. 제자는 하나님의 한없는 사랑으로 그분과 화해한 사람들이다. 따라서 이웃과도 화해하며 좋은 관계를 이루어나가도록 기도한다.

끝으로, 우리가 시험에 들지 않게 해 달라(lead us not into temptation)고 기도한다. 이것은 하나님이 우리를 시험에 빠지게 하시는 분이라는 뜻이 담긴 것이 아니다. 오히려 시시각각 밀려드는 세상 유혹에 빠지지 않도록 우리를 막아달라는 것이다.

2. 기도에 대한 가르침(5-13절)

제자들에게 주기도문을 가르쳐 주신 예수님은 제자들에게 기도에 대한 몇 가지 가르침을 더 해주셨다. 먼저 기도 응답에 대해 비유로 말씀해 주셨다. 비유의 내용은 간단하다. 친구가 한밤중에 찾아와 말한다. "여보게, 빵 세 개만 꾸어주게. 한 친구가 여행 중에 나를 찾나왔으나 대접할 것이 없어서 그러네." 밤중에 찾아간 것은 그만큼 친한 사이임을 보여준다.

그런 경우 집안에 있던 친구가 "나를 괴롭히지 말게. 이미 문은 닫혔고 아이들과 나는 잠자리에 들었으니 지금 일어나 줄 수는 없네." 하며 내차게 거절할 수 있겠는가 하는 것이다. 모두가 잠들었으니 친구라도 청을 들어주기가 매우 부담스러운 상황이다. 그러나 주님은 그가 비록 자기 친구라는 이유 때문에 일어나 주지는 않을지라도 그의 간청함 때문에 일어나 그에게 필요한 것을 줄 것이라 하셨다. '간청함(boldness, persistence, importunity)' 은 치근덕거리며 조르듯 구하는 것이 아니라 지속적이고 인내심 있는 기도, 담대한 기도를 말한다.

이 비유는 하나님은 그 자녀의 인내심 있는 기도를 귀찮게 여기지 않고 자비롭게 응답하신다는 것이다. 그 응답이 즉각적으로 주어지지 않는다 해도 기도하기를 중단하지 말고 인내심을 가지고 계속해서 끈기 있게 기도해야 한다는 것을 가르쳐준다.

예수님은 이에 더하여 말씀하셨다. "구하라 그러면 너희에게 주실 것이요 찾으라 그러면 찾아낼 것이요 문을 두드리라 그러면 너희에게 열릴 것이니 구하는 이마다 받을 것이요 찾는 이는 찾아낼 것이요 두드리는 이에게는 열릴 것이니라(9, 10절)."

"구하라 찾으라 두드리라(Ask, Seek, Knock)"는 주님의 말씀은 일상적 생활에서 어떻게 기도하며 살아야 하는가를 가르쳐준다. 구하고, 찾고, 두드리는 것은 그 진지함이 계속 더해 감을 보여준다. '구하라(aiteite)' 는 낮은 사람이 높은 사람에게 청하는 것을 말한다. '찾으라(zeteite)' 는 회개와 두려움가운데 하나님을 찾는 것이다. '두드리라(krouete)' 는 기도의 강도와 수준이 높아짐을 말한다. 나아가 이 기도는 하나님의 나라를 계속해서 구하고 찾고 두드리라는 것이다. 단지 물질적인 축복을 구하는 차원에서 끝나서는 안 된다. 제자는 하나님을 인격적으로 만나 진정 그분이 우리에게 원하시는 것이 무엇인가를 확인하며 나갈 필요가 있다.

하나님에 대해 무감각한 세대는 하나님을 찾지 않는다. 주님은 구하라, 찾으라, 두드리라 하신다. 이 말씀은 명령이 아니라 기도에의 초청이다. 이 말씀은 제자들에게 기도의 특권이 있음을 가르치고 있다. "너는 내게 부르짖으라 내가 네게 응답하겠고 네가 알지 못하는 크고 비밀한 일을 네게 보이리라(렘 33:3)." 하나님은 하늘의 비밀뿐 아니라 그 나라의 풍성함을 함께 나누기 원하신다.

기도에는 주님의 말씀처럼 끈질기게 매달림과 인내가 필요하다. 그러나 그 끈질김 때문에 모두 응답되는 것은 아니다. 더 중요한 것은 하나님과 그 나라에 대한 진지함이다. 구하고 찾고 받은 사람은 매 시간, 매 사건을 통해서 하나님의 나라와 그 의를 구한다. 또한 고난 속에서 하나님을 경험하고 감사한다.

예수님은 하나님 아버지께서 기도에 대해 어떻게 응답하시는가를 말씀하셨다. 즉, 아들이 생선을 달라는데 생선대신 뱀을 주며 계란을 달라는데 전갈을 줄 아버지가 어디 있겠는가. 아주 악한 사람이라 할지라도 자기 자녀에게는 좋은 선물을 줄줄 안다. 하물며 하늘에 계신 너희 아버지께서 구하는 사람에게 성령을 주시지 않겠느냐는 것이다(11-13절). 하나님 아버지는 그 자녀들의 기도에 응답하시며 좋은 선물을 주신다는 것이다. 마태복음에는 단지 '좋은 것' 이라 했다. 이에 비해 누가는 '성령님' 을 특별히 강조하였다. 성령 강림이 하나님께서 인류에게 베푸시는 가장 큰 축복이라 본 것이다.

3. 예수와 바알세불 논쟁(14-26절)

하루는 예수님이 말 못하게 하는 귀신, 곧 벙어리 귀신을 쫓아내시자 그 사람이 말을 하기 시작하였다. 쫓아냈다는 것은 하나님 나라가 능력으로 임했음을 의미한다. 사람들은 이것을 보고 놀랐으나 그들 가운데 어떤 사람은 예수님의 신적인 권위를 문제 삼고 예수님이 귀신의 두목인 바알세불(Beelzebul)의 힘을 빌려 귀신을 쫓아낸다(15절) 비난했다.

바알세불은 '하늘에 거하는 주, 하늘의 주(lord in the highest)' 라는 뜻을 가지고 있다. 왕이신 바알의 뜻으로, 바알을 높여 부른 말이다. 바알(Baal)은 '주인, 두목, 소유주, 주(lord), 최고의 신, 남편' 등 여러 뜻을 가지고 있다가 가나안 우상 이름으로 불리게 되었다. 바알세불을 유대인들은 '바알세붑(Beelzebub, Baal-Zebub)' 이라 불렀다. 이것은 고대수리아인들이 숭배하던 신 바알과 세블(파리, 불결함)을 합한 것으로 '하늘에 거하는 주' 바알을 격하시켜 '파리의 주(lord in the dumpflies)' 라 부른 것이다. 바알세불은 사단에 대한 별칭으로 유대인이 이방신 또는 사단을 조소하고 경멸할 때 사용하는 말이다. 예수님이 이처럼 천한 신을 힘입어 기적을 행한 것이라며 비꼰 것이다.

또 어떤 사람은 예수님을 시험하려고 하늘로부터 오는 표적(a sign), 곧 기적을 요구하기도 하였다(16절). 갈멜산 상에서의 엘리야의 불이나 출애굽 때 모세의 불기둥 같은 것을 기대했을 것이다.

그러나 예수님은 그들의 어두운 생각을 아시고 이렇게 말씀하셨다.

"어느 나라든지 서로 싸워 갈라지면 망하고 한 집안도 서로 싸워 갈라지면 망한다. 너희는 내가 사단의 도움으로 귀신을 쫓아낸다고 하는데 만일 사단이 서로 싸워 갈라진다면 어떻게 그의 나라가 설 수 있겠느냐(17, 18절)" 사단은 사람을 종(밥)으로 사는 것이 목적이다. 바알세불을 힘입었다면 귀신들끼리 싸우게 하는 것이다. 사단이 서로 자기 영역싸움을 하면 그 세력이 약화된다는 것을 뜻한다. 사단의 나라는 붕궤된다. 사단은 그런 바보 같은 짓을 하지 않는다.

"내가 바알세불의 도움으로 귀신을 쫓아낸다면 너희를 따르는 사람들은 누구의 도움으로 귀신을 쫓아내느냐? 그러므로 그들이 너희 재판관이 될 것이다(19절)." '너희를 따르는 사람들' 은 바리새인과 서기관의 제자들을 가리킨다. 당시 유대인 중에서도 귀신을 쫓아낸 사람들이 있었다. 예수님이 귀신을 쫓아낸 것을 사단의 행위로 몰아붙인다면 '너희를 따르는 사람들,' 곧 유대인들이 귀신 쫓는 행위 역시 귀신 들려 하는 것이 아니겠는가. 예수님을 모욕하는 것은 그들 자신에 대한 모욕이요 정죄라는 말씀이다.

"그러나 내가 하나님의 손을 힘입어 귀신을 쫓아낸다면 벌써 하나님의 나라가 너희에게 와 있는 것이다(20절)." 귀신을 쫓아내는 힘은 바알이 아니다. 하나님의 손에 의한 것이다. 원문은 하나님의 손가락(finger of God)이다. 마태복음에는 '하나님의 성령을 힘입어' 라 되어 있다(마 12:28). 하나님의 손은 이집트에 재앙을 내리신 하나님의 능력, 돌 위에 십계명을 쓰신 손가락, 곧 하나님의 능력을 상징한다. 모세가 하나님의 능력으로 이집트에서 기적을 행했듯이 예수님도 하나님의 능력으로 귀신을 쫓아냈다는 말씀이다. 하나님의 능력이 귀신을 내쫓은 것이니 하나님의 통치가 이루어지고 있는 것이다. 이것은 귀신의 통치가 끝나고 하나님의 통치, 곧 하나님 나라가 임한 것을 말해준다.

“강한 사람이 철저하게 무장을 하고 자기 집을 지킬 때에는 그의 재산이 안전하다. 그러나 그보다 더 강한 사람이 달려들면 그가 믿고 있던 무기와 재산을 다 빼앗길 것이다(21, 22절).” 강한 사람에 대한 비유의 말씀이다. 귀신이 인간을 소유로 삼는 것을 볼 때 귀신은 강한 자처럼 보인다. 그러나 그보다 더 강한 분이 있다. 예수님이시다. 예수님은 이미 귀신의 두목인 사단을 제압했다. 그분은 사단의 무기를 빼앗고, 사단에 사로잡힌 인간을 해방시키셨다. 사단으로부터의 인간해방은 하나님 나라가 이 땅에서 실현되었음을 보여주는 증거다.

“나와 함께 하지 않는 사람은 나를 반대하는 사람이고 나와 함께 모으지 않는 사람은 흩어 버리는 사람이다(23절).” 예수님 편에 서지 않는 자는 사단의 편에 선 것이다. 이제 하나님 편이냐 사단편이냐 택하라는 말씀이다. 중립은 있을 수 없다. 나를 반대하지 않는 자는 나를 위하는 자(눅 9:50)이다. 상반되는 두 나라는 전쟁상태다. 결국 하나님 나라가 승리한다. 이 싸움에서 하나님의 위대성이 드러난다. 예수님은 이 말씀을 통해 자신의 신적 권위를 강조하셨다.

“더러운 귀신이 어떤 사람에게서 나와 물 없는 곳으로 다니며 쉴 곳을 찾았으나 얻지 못하였다. 그래서 귀신이 ‘내가 나온 내 집으로 돌아가야겠다.’ 하고 가 보니 그 집이 깨끗이 소제되고 정돈되어 있었다. 그 귀신이 가서 자기보다 악한 다른 귀신 일곱을 더 데리고 들어가 거기서 살자. 그 사람의 나중 상태가 처음보다 더 비참하게 되었다(24-26절).” 악령만 추방되고 하나님 나라의 메시지를 받지 않으면 더 악한 상태로 돌아간다는 말씀이다. 이것은 유대교에 속한 자들이 귀신을 추방한 뒤 어떤 대안을 제시하지 못한 데 대한 경고의 말씀이다. 귀신이 나간 것으로 안심해서는 안 된다. 귀신은 사람 속에 있지 않고서는 살 수 없어 비어 있으면 다시 돌아온다. 공간이 비어있어서는 안 된다. 대안이 필요하다는 말씀이다. 예수님이 제시하는 대안은 즉시 하나님의 나라를 받아들이도록 하는 것이다. 그렇지 않으면 이전 상황보다 더 악화된다. 사람이 일단 죄를 회개하고 나서, 그 뒤 계속해서 신앙생활을 하지 않는다면 그 결과가 잘못될 수 있듯이 단순히 귀신을 몰아내는 것에만 만족하고 예수님의 말씀을 받아들이지 않으면 그 결과는 더 심각하다는 말씀이다.

4. 복 있는 자(27, 28절)

이 말씀을 하실 때에 무리 중에서 한 여자가 큰 소리로 외쳤다. 유대 종교지도자들의 말보다 예수 그리스도의 지혜로운 말씀에 압도된 것이다.

“당신을 밴 태와 당신을 먹인 젖이 복이 있나이다.” 유대인들은 흔히 신체의 일부를 언급하며 인격 전체를 가리켰다. 여인의 이 말은 이 훌륭한 아들을 낳은 어머니는 참으로 행복한 사람이라는 것이다.

예수님은 오히려 “하나님의 말씀을 듣고 지키는 자가 복이(blessed) 있느니라(28절).” 하셨다. 이 말씀은 “내 어머니와 내 동생들은 곧 하나님의 말씀을 듣고 행하는 이 사람들이라” 하신 누가복음 8:21의 말씀과 연결된다. 28절의 말씀은 예수님을 낳은 어머니 마리아에게 복이 있음을 부인한 말씀이 아니다. 축복의 조건은 육적인 관계보다는 영적인 자격을 갖추는 데 있음을 강조하신 것이다. 진짜 복은 주님의 말씀을 듣고 믿고 순종하는 사람에게 있다. 성경에서 복은 동사다. 세상을 이겨나가는 방법은 오직 예수 안에 있다. 사단에 속할 땐 어느 누구도 빛을 발할 수 없다. 주 안에 있을 때 참 빛을 발할 수 있다.

5. 요나의 표적(29-32절)

더 많은 사람들이 모여들자 예수님은 표적에 대해 말씀하셨다. “표적을 보여 달라(16절)”는 것에 대한 예수님의 답변이다.

“이 악한 세대가 기적을 요구하나 요나(Jonah)의 기적밖에는 보일 것이 없다(29절).” 예수님이 이 세대를 악한 세대라 한 것은 불신앙의 세대, 악하고 음란한 세대(마 12:39)이기 때문이다. 표적을 보여 달라는 것은 본질적으로 예수님이 전하신 하나님의 말씀을 믿지 않았음을 보여준다. 악한 세대는 완악하여 회개하지 않는다. 말씀을 주어도 깨닫지 못하고 보지도 못한다. 예수님은 요나의 표적(마

12:38) 밖에 보일 것이 없다고 하셨다. 니느웨 사람처럼 회개의 삶으로 인도하시고자 한 것이다.

"니느웨(Nineveh) 사람이 요나의 기적을 본 것처럼 나도 이 세대에게 그와 같은 기적을 보일 것이다(30절)." 요나가 물고기 뱃속에서 삼 일만에 기적처럼 살아나 니느웨 사람들에게 나타난 것처럼 예수님도 기적적으로 죽음에서 일어나 부활하실 것이라는 것이다. 요나가 큰 물고기로부터 구출된 것과 예수님이 죽음을 이기고 부활하심 것 모두 표적이다.

가장 큰 표적은 예수 그리스도이다. 예수님 자체가 표적이요 사건이다. 예수 이상의 가장 큰 표적은 없다. 이것을 믿고 깨닫는 것이 중요하다. 예수님이 가장 큰 표적이라는 것은 예수 그리스도가 하나님의 사랑의 증거임을 보여준다. 하나님이 이 세상을 포기하지 않았다는 증거이다. 이것은 우리가 하나님의 진리에 대해 어떤 반응을 보이며 살아야 하는가를 보여준다. 이 엄청난 하나님의 사랑을 믿을 때 구원의 감격이 있다. 그럼에도 불구하고 유대인들은 눈이 가려 예수님을 바로 깨닫지 못하고 있다.

"솔로몬의 지혜를 들으려고 땅 끝에서 왔던 남방여왕(Queen of the South)도 심판 때에 일어나 이 세대 사람을 죄인으로 단정할 것이다. 자, 보아라. 솔로몬보다 더 위대한 사람이 여기 있다(31절)." 남방 여왕은 시바여왕으로 아라비아 서남부, 곧 지금의 예멘의 여왕이다. 그러나 요세푸스는 그녀가 에티오피아와 이집트의 여왕이라 했다. 남방여왕은 이방인이다. 이방인임에도 불구하고 솔로몬의 지혜를 경청하기 위해 왔다. 그럼에도 불구하고 유대인은 지금 솔로몬보다 훨씬 탁월한 지혜자요 예언자이신 예수님의 말씀을 받아들이지 않고 있다. 심판 날에 남방여왕이 일어나 유대인을 정죄할 것이다. 예수님이 메시야로서 큰 은혜를 베풀었음에도 불구하고 그 마음을 하나님께 돌리지 않았기 때문이다.

"요나의 전도를 듣고 회개한 니느웨 사람들이 심판 때에 일어나 이 세대 사람을 죄인으로 단정할 것이다. 자, 보아라. 요나보다 더 위대한 사람이 여기 있다(32절)." 니느웨는 앗시리아의 수도였다. 니느웨 사람들은 이방인이다. 그럼에도 불구하고 그들을 찾아간 요나의 말을 듣고 회개했다. 지금 요나보다 위대한 예수님이 오셔서 회개하도록 하셨다. 그러나 예수 그리스도가 오셨는데 회개하지 않았다. 진리에 무감각했다. 심판 날에 니느웨 사람들이 유대인들을 정죄할 것이다.

6. 등불이신 예수(33-36절)

사람이 등불을 켜서 움 속에나 말 아래 두지 않고 그것을 등잔대 위에 올려놓는 것은 들어오는 사람이 그 빛을 볼 수 있도록 하기 위해서이다(33절). 움(hidden place)은 은밀히 숨겨두는 곳으로 밀실, 창고, 어두운 곳, 감춘 곳을 말한다. 말(bowl)은 약 10리터 양이 들어가는 용기, 곧 그릇을 말한다. 예수님은 등불이다. 숨겨진 등불이 아니다. 등잔대 위에 올려놓은 등불이다. 예수님과 그분의 말씀은 집 안에 들어오는 사람들을 밝히 비추어 주는 빛과 같다.

눈은 몸의 등불이다. 네 눈이 성하면 온 몸도 밝을 것이고 네 눈이 나쁘면 온 몸도 어두울 것이다(34절). 눈은 창문과 같다. 창문이 가리면 빛이 들어오지 못한다. 그 빛이 보이지 않는 것은 순전히 그 빛을 받는 사람에게 달려있다. 영의 눈이 어두우면 마찬가지다. 예수님을 받아들이지 않는 것은 그들의 내적인 상태가 밝지 못하거나 깨끗하지 않기 때문이다. 비뚤어진 마음, 악한 마음으로는 하나님을 바라볼 수 없다.

그러니 네 속에 있는 빛이 어둡지 않은가 살펴보라(35절). '네 속에 있는 빛(light within you)' 은 그의 영혼(spirit of a man)을 뜻한다(잠 20:27). 영의 문이 가리지 않았는지, 자기 몸에 어두운 곳이 없는지 보라. 자기 자신을 돌아보아 영적으로 깨끗한지 아닌지 살피라는 말씀이다. 예수 그리스도가 없으면 어둡다.

너의 온 몸이 밝아 어두운 데가 없으면 마치 등불이 너를 비출 때와 같이 온 몸이 밝을 것이다(36절). 자신을 돌아보아 영적으로 문제가 없으면 예수님의 가르침을 바로 깨달을 수 있다.

예수님은 생명의 빛으로 이 땅에 오셨다. 그를 보려면 우리의 눈, 곧 영혼의 눈을 밝게 해야 한다. 우리 눈을 어둡게 하는 것은 이생의 욕심과 정욕이다. 우리는 매일 하나님의 말씀을 읽고, 영의 눈이 어두워지지 않도록 창문을 닦아야 한다.

7. 바리새인과 율법 교사들을 책망하신 예수님(37-54절)

예수님이 이 말씀을 마치시자 한 바리새인이 함께 점심을 하자며 예수님을 초대했다. 그래서 예수님이 들어가 식탁에 앉으셨는데 이 바리새인은 예수님이 식사 전에 손을 씻지 않는 것을 보고 이상히 여겼다. 식사 전에 손을 씻는 것과 식사 도중에 다른 음식으로 바꾸어 먹을 때 손을 씻는 것은 유대인에게 있어서 구전으로 내려오는 하나의 규례였다. 바리새인들은 이 사소한 규정까지 만들어 그것을 다 지켰다. 위생보다는 의례를 위한 것으로 율법에 있는 것은 아니다.

그래서 예수님이 이렇게 말씀하셨다. "너희 바리새인은 지금 잔과 대접의 겉은 깨끗이 하나 너희 속에는 탐욕과 악독이 가득하도다(39절)." 예수님은 모세의 율법에 규정해놓지 않은 것까지 율법으로 만들어 사람들에게 올무를 씌우고, 연약한 자들에게 사랑을 베푸는 일이나 정의를 실현하는 문제에 대해서는 관심이 없으면서 그것을 거룩한 삶으로 여기는 바리새인들의 위선을 꾸짖으신 것이다.

"어리석은 자들아 겉을 만드신 이가 속도 만들지 아니하셨느냐(40절)." 하나님은 겉과 속을 동시에 지으셨다. 그런데 바리새인은 겉만 장식하고 속은 더러운 채로 방치해 놓고 산다. 이것은 하나님을 겉만 만드신 하나님으로 여기는 행위로 하나님에 대한 모욕이자 참으로 어리석은 행위이다.

"그러나 그 안에 있는 것으로 구제하라 그리하면 모든 것이 너희에게 깨끗하리라(41절)." 참으로 깨끗한 삶은 내면의 불의와 탐욕을 버리고 진심어린 마음으로 가난한 이웃에게 선을 베푸는 것이다. 겉으로만 구제하는 척 하지 말고 속마음에서 우러나는 사랑으로 구제하라는 말씀이다.

"화 있을 진저 너희 바리새인이여 너희가 박하와 운향과 모든 채소의 십일조는 드리되 공의와 하나님께 대한 사랑은 버리는도다 그러나 이것도 행하고 저것도 버리지 말아야 할지니라(42절)." '화 있을진저,' 바리새인에 대한 예수님의 책망은 그들에 대한 연민도 포함되어 있다. '이것도 행하고 저것도 버리지 말아야 한다'는 말씀에서 그 마음을 읽을 수 있다. 바리새인들은 율법이 요구하는 참된 의미를 깨닫지 못하고 그 형식을 과장해 지키는 것으로 만족했다. 율법을 따라 십일조를 바르게 드리는 것도 중요하지만 하나님을 향한 사랑과 공의의 실현, 특히 가난한 사람들의 권리를 생각하고 배려하는 마음이 없었다. 이 모두를 이룩하는 것이 중요하다는 말씀이다.

"화 있을 진저 너희 바리새인이여 너희가 회당의 높은 자리와 시장에서 문안 받는 것을 기뻐하는도다(43절)." 바리새인들은 교만하여 자신을 드러내고 남으로부터 인정받는 것을 즐겼다. 하지만 정작 자신들은 다른 사람들을 존중할 줄 몰랐다.

"화 있을 진저 너희여 너희는 평토장한 무덤 같아서 그 위를 밟는 사람이 알지 못하느니라(44절)." 무덤에 접촉하는 사람은 종교적으로 부정하다(민 19:16). 평토장한 무덤(unmarked graves)은 표시가 없는 무덤이다. 시신을 묻고 겉에 아무런 표지를 해놓지 않아 무덤인지 아닌지 모른다. 이 무덤 위를 지나는 사람은 알지 못하는 사이에 부정하게 된다. 마찬가지로 바리새인들은 겉으로 보기에 정결하고 경건해 보인다. 하지만 그들은 자신들을 거짓으로 가리었다. 자기들의 위선적인 가르침과 삶의 방법을 따르도록 함으로써 결국 알지 못하는 사이에 영적으로나 도덕적으로 불결하게 만들었다는 것이다. 속은 완전히 부패한 상태에 있음을 지적하는 말씀이다.

"한 율법교사가 예수께 대답하여 이르되 선생님 이렇게 말씀하시니 우리까지 모욕하심이니이다(45절)." 예수님의 책망을 모욕이라며 받아쳤다. 반성의 모습을 보이지 않은 것이다. 율법교사의 이 반응에 예수님은 이어 율법 교사들에 대해 질책하는 말씀을 하셨다. 스스로 책망을 자초한 셈이다.

"화 있을 진저 또 너희 율법교사여 지기 어려운 짐을 사람에게 지우고 너희는 한 손가락도 이 짐에 대지 않는도다(46절)." '지기 어려운 짐' 은 모세의 율법과 장로들의 구전에 사소한 규칙들을 달아 수없이 많은 법칙들을 만들어내 사람들로 지키게 하지만 사실상 실행이 어려운 것임을 말한다. 당시 율법 교사들은 율법 이외에도 약 613조에 달하는 구전 율법을 만들어 사람들에게 지키게 했다. 율법을 규범화하여 사람들을 압제한 것이다. 하지만 그들 자신은 다른 사람들에게 부과한 율법의 의무를 지키지 않았다. 바리새인들의 잘못은 주로 그들 스스로의 외식에 있었지만 율법 교사의 잘못은 사람들과의 그릇된 관계에 있음을 지적하시는 말씀이다.

"화 있을 진저 너희는 선지자들의 무덤을 만드는 도다 그들을 죽인 자도 너희 조상들이로다 이와 같이 그들은 죽이고 너희는 무덤을 만드니 너희가 너희 조상의 행한 일에 증인이 되어 옳게 여기는도다(47, 48절)." 유대인들은 과거 인물 중 특출한 사람의 무덤을 만들고 꾸미는 일을 좋아했다. 하지만 그들이 옛 선지자들을 존경하고 그들의 가르침을 따랐기 때문에 그렇게 한 것은 아니었다. 무덤을 만든 것은 자신들이 그만큼 경건하다는 것을 보이기 위한 형식에 불과했다. 속으로는 선지자들의 가르침을 배척했다. 예수님의 이 말씀은 그들도 선지자들을 배척하고 죽였던 그들 조상과 하등 다를 것이 없다는 것이다. 조상들이 죽인 선지자들의 무덤을 치장하는 것은 조상들이 지은 죄를 은폐하려는 가증한 위선이라는 말씀이다.

"그러므로 하나님의 지혜가 일렀으되 내가 선지자와 사도들을 그들에게 보내리니 그 중에서 더러는 죽이며 또 박해하리라 하였느니라(49절)." '하나님의 지혜(God in his wisdom)가 일렀으되' 란 지혜를 의인화한 것으로, '하나님이 자신의 지혜로 말씀하시되' 또는 '지혜로우신 하나님이 말씀하시되' 라는 뜻이다. 예수님은 앞으로 벌어질 사태를 예견하면서 "내가 선지자들과 사도들을 너희에게 보낼 것인데, 과거 너희 조상들이 했듯이 그들에 대해 더러는 죽이고 더러는 너희 회당에서 채찍질하고 이 동네에서 저 동네로 따라다니며 박해하리라(마 23:34)"는 말씀이다. 이 말씀대로 사도들과 전도자들이 유대인들로부터 많은 박해를 받았다. 당시 율법 교사나 바리새인들은 선지자를 죽인 그들의 조상과 하등 다름이 없는 사람들이었다.

"창세 이후로 흘린 모든 선지자의 피를 이 세대가 담당하되 곧 아벨의 피로부터 제단과 성전 사이에서 죽임을 당한 사가랴의 피까지 하리라 내가 너희에게 이르노니 과연 이 세대가 담당하리라(50, 51절)." 예수님은 이처럼 악한 사람들에 대해 하나님의 심판이 있을 것을 말씀하셨다. 아벨(Abel)은 믿음을 가진 의로운 사람이었지만 카인의 시기로 죽임을 당함으로써 최초의 순교자가 되었다. 사가랴(Zechariah)는 여호야다의 아들 스가랴로, 백성들의 우상숭배를 꾸짖다가 성전 뜰 안에서 백성들에게 돌에 맞아죽었다(대하 24:20-22). '아벨의 피로부터 사가랴의 피까지'는 구약에 나타난 순교의 역사를 축약한 것이다.[10] 하나님의 뜻을 전하는 의인들을 배척하고 죽인 사람들에게 하나님의 엄한 심판이 임할 것이라는 말씀이다. '이 세대(this generation)가 담당하리라'는 것은 이런 심판이 이 세대들에게 임할 것이라는 것으로, A.D. 70년 예루살렘 멸망으로 이루어졌다. 최후의 심판에서는 인류 역사상 의인들이 흘린 피의 대가를 모두 갚아주실 것이다.

"화 있을 진저 너희 율법교사여 너희가 지식의 열쇠를 가져가서 너희도 들어가지 않고 또 들어가고자 하는 자도 막았느니라 하시니라(52절)." '지식의 열쇠(key to knowledge)'는 지식의 문을 여는 열쇠를 뜻한다. 열쇠는 성경의 의미를 연구하고 밝히는 율법 교사들의 직무를 상징한다. 예수님은 그들이 막중한 위치에 있음에도 불구하고 이 열쇠를 독점하고 잘못 사용함으로써, 다시 말해 성경 말씀을 왜곡하여 해석함으로써 자신도 천국문 안으로 들어가지 못할 뿐 아니라 다른 사람도 들어가지 못하게 막았다고 하셨다.

예수님이 거기서 나오시자 서기관과 바리새인들이 거세게 달려들었다. 예수님을 적대시한 것이다. 그들은 예수님을 향해 여러 가지 일을 따져 물었다. 질문공세를 편 것이다. 그들이 질문을 한 것은 예수님의 말씀을 경청하여 따르고자 한 것이 아니었다. 그 입에서 나오는 말을 책잡아 잡아갈 구실을 찾으려한 것이다. 노림수가 분명한 질문이었다.

---

10) 예수님 당시 역대서는 구약의 마지막 책이었다.

제12장

핍박을 두려워하지 말고 먼저 하나님의 나라를 구하라

1. 핍박을 두려워하지 말라(1-12절)

이 단원은 서기관과 바리새인들이 누가복음 11장 끝 절의 상황과 깊게 연관된 가운데 예수님이 주신 말씀이다. 바리새인들은 예수님께 맹렬히 달라붙으며 힐문하고 못살게 했다. 그럼에도 불구하고 수만의 무리들은 오히려 주님의 말씀을 들으려고 애썼다. 사람들이 이처럼 많이 모였다는 것은 예수의 말씀을 듣고자 하는 열망이 얼마나 강했는가를 보여준다. 그의 말씀이 다른 사람과는 달랐을 뿐 아니라 권세와 능력이 있었기 때문이다. 이런 상황에서 주님은 다음과 같이 일곱 가지를 강조하셨다.

첫째, 바리새인들의 외식을 경계하라. “바리새인들의 누룩을 주의하라(1절).” 외식을 누룩으로 비유한 것은 누룩이 조그만 들어가면 밀가루의 전체 질까지 변질시킬 만큼 미치는 영향이 강하기 때문이다. 위선의 신앙을 버리라는 말씀이다.

외식은 왜 문제가 되는가? 외식은 평토장한 무덤과 같다. 겉은 화려해 보여도 안은 썩어 있다. 외식은 가면과 같다. 안과 밖이 다르다. 본심이 다르다. 외식적 신앙은 남에게 보이기 위한 것이다. 사람은 인기와 명성과 겉 치례를 중시하지만 하나님은 은밀한 것을 보신다. 따라서 사람들로부터 박수갈채 받는 것까지도 피하라. 외식은 하나님으로부터 보상을 받지 못한다. 사람들로부터 이미 보상을 받았기 때문이다. 외식은 하나님의 형상이 형성되지 못하게 한다. 외식은 하나님의 성품이 아니다. 외식은 성령님의 지성소를 만들어 놓지 못하게 한다. 이것은 하나님으로부터 통제받지 못한다는 것을 의미한다. 이것은 매우 중대한 문제이다. 그리스도인은 가진 것이 없다 해도 잔잔하게 하나님으로부터 통제를 받는 것이 무엇보다 중요하다. 이것이 기독교가 가지고 있는 신비이다. 외식은 우리를 부자유하게 만든다. 진리의 말씀을 따르는 것만이 우리를 자유하게 한다.

둘째, 하나님을 속이려 하지 말라. "감추어진 것이 드러나지 않을 것이 없고 숨은 것이 알려지지 않을 것이 없나니 이러므로 너희가 어두운 데서 말한 모든 것이 광명한 데서 들리고 너희가 골방에서 귀에 대고 말한 것이 지붕 위에서 전파되리라(2, 3절)." 하나님은 전지전능하시다. 하나님은 모든 것을 아신다. 우리는 사람을 속일 수는 있어도 하나님을 속일 수는 없다. "주께서 나의 앉고 일어섬을 아시며 멀리서도 나의 생각을 통촉하시오며 나의 길과 눕는 것을 감찰하시며 나의 모든 행위를 익히 아시오니 여호와여 내 혀의 말을 알지 못하시는 것이 하나도 없으시니이다(시 139:2-4)."

셋째, 두려워 할 자를 두려워하라. 우리가 두려워하지 말아야 할 자는 몸을 죽이고 그 후에는 능히 더 못하는 자들이다(4절). 그러나 우리가 마땅히 두려워해야 할 자는 죽인 후에 또한 지옥에 던져 넣는 권세 있는 그이다(5절). 그는 바로 하나님이시다. 서기관과 바리새인들을 두려워할 것이 아니라 하나님을 두려워하라는 말씀이다. 보이는 사람을 두려워 할 것이 아니라 보이지 않으시나 심판 날 지옥에 던져 넣을 수 있는 하나님을 두려워해야 한다는 것이다. 주님은 이 말씀을 하시면서 "내 친구 너희에게 말하노니(4절)"라 하셨다. 이 너희는 일차적으로 제자이지만 주님을 따르려는 현대의 그리스도인들에게 친구에게 말하듯, 곧 진실을 하나도 감추지 않고 간곡한 심정으로 두려워하지 않을 자와 참으로 두려워해야 할 자가 있다고 말씀하셨다.

넷째, 하나님의 사람은 보호를 받는다. "참새 다섯 마리가 두 앗사리온에 팔리는 것이 아니냐 그러나 하나님 앞에는 그 하나도 잊어버리시는바 되지 아니하는도다 너희에게는 심지어 머리털까지도 다 세신 바 되었나니 두려워하지 말라 너희는 많은 참새보다 더 귀하니라(6, 7절). 앗사리온은 한 데나리온의 16분의 1에 해당한다. 당시 참새는 가난한 사람들의 음식으로 판매되었고, 그 값도 몇 푼 되지 않을 만큼 천하게 여기었다. 사람이 천하게 여기는 그것도 하나님은 잊어버리지 않으신다. 하물며 하나님의 형상, 생명을 지닌 인간에 대한 하나님의 관심은 말할 것도 없다. 하나님은 우리의 머리털 하나까지도 보호하실 만큼 관심이 크시다고 말한다. 사람의 머리털은 8만에서 10만을 헤아린다. 하나님의 보호는 이처럼 구체적이고 적극적이다. 이 말씀은 우리에 대한 하나님의 관심이 이처럼 면밀하심으로 사람이 아무리 핍박을 한다 해도 두려워하지 말라는 것이다. 하나님이 우리에 대한 관심을 거두시면 우리는 죽을 수밖에 없다. 호흡은 금방 끊어진다. 우리는 순간순간 하나님의 은혜를 느낄 수 있는 민감성을 가져야 한다.

다섯째, 사람 앞에서 주님을 담대히 시인하라. 예수님은 "누구든지 사람 앞에서 나를 시인하면 인자도 하나님의 사자들 앞에서 저를 시인할 것이요 사람 앞에서 나를 부인하는 자는 하나님의 사자들 앞에서 부인함을 받으리라(8, 9절)" 하셨다. 이것은 시인에는 시인, 부인에는 부인의 결과를 낳게 될 것임을 보여주고 있다. "하나님의 사자들 앞에서"는 "심판대 앞에서" 라는 말이다. 우리는 심판대 앞에서 "나는 너를 모른다."는 말을 듣지 않도록 이 땅에서도 하나님이 인정하는 삶을 살아야 한다.

예수님이 주님에 대한 부인을 말씀하시는 것은 가까이는 예루살렘에서 부딪힐 사건들에 대한 경고이기도 하다. 베드로가 사람들의 눈이 무서워 예수를 모른다고 부인했고, 예수를 따라온 그 많은 무리들도 바리새인과 서기관들의 편을 들며 "예수를 십자가에 못 박으라" 외치며 그리스도의 존재를 부인했다. 외식하는 믿음을 가진 사람은 주님을 시인하기 어렵다. 그러나 참 믿음을 소유한 사람은 어떤 상황에서도 주님을 시인하고 따라야 한다. 우리도 삶 전체 속에서, 언제 어디서나 주님을 시인하며 살아야 한다. 돈을 사용할 때도 주님을 생각하고, 명예가 주어질 때도 주님을 생각하며, 시간을 사용할 때도 주님을 생각해야 한다.

여섯째, 성령을 모독하지 말라. 예수님은 "누구든지 말로 인자를 거역하면 사하심을 받으려니와 성령을 모독하는 자는 사하심을 받지 못하리라(10절)" 하셨다. 사람은 말에 실수를 할 수 있다. 사람의 눈치, 권력자들에 대한 두려움 때문에 마음에 없는 말도 할 수 있다. 주님은 인간의 연약함을 알고 계셨다. 그래서 주님은 누구든지 말로 인자를 거역하면 사하심을 받을 수 있다고 하셨다. 베드로가 주님을 부인했지만 회개한 후 용서를 받은 것은 그 보기에 속한다. 그러나 주님이 용서할 수 없는 것은 성령을 모독하는 것이다. 성령을 모독한다(blaspheme against the Holy Spirit)는 것은 하나님의 뜻, 하나님의 능력을 부인하는 것을 말한다. 바리새인들은 주님이 병자를 고쳐도 바알세불을 힘입어 고쳤다고 말했다. 그것은 하나님의 뜻과 그분의 능력을 전적으로 모독하는 것이다. 우리가 하나님의 뜻과 다른 행동을 하는 것은 성령을 근심케 하는 것이다.

끝으로, 성령과 함께 담대 하라. 예수님은 핍박의 마지막 장면을 상정해 놓으시고, 그런 상황에서도 절대 두려워 말 것을 당부하신다. "사람이 너희를 회당과 정사 잡은 이와 권세 있는 이 앞에 끌고 가거든 어떻게 무엇으로 대답하며 무엇으로 말할 것을 염려치 말라 마땅히 할 말을 성령이 곧 그 때에 너희에게 가르치시리라(11, 12절)." 최악의 상태에 이르면 사람은 당황하게 된다. 그러나 주님은 그러한 상태에서도 두려워하지 말고 오히려 담대하라고 하신다. 성령이 우리와 함께 하시고, 때 맞춰 해야 할 말을 가르쳐 주시기 때문이다. 이것은 은혜가 아닐 수 없다. 그러므로 우리는 성령을 전적으로 믿고 의지하는 생활을 해야 한다. 어떤 역경이라 할지라도 순간순간 성령의 인도함을 받아 하나님의 뜻을 세워나갈 때 우리는 하나님의 사람으로서 진정한 삶을 살게 된다. 다윗은 고백했다. "여호와는 나의 목자시니 내가 부족함이 없으리로다. 내가 사망의 음침한 골짜기로 다닐지라도 해를 두려워하지 않을 것은 주께서 나와 함께 하심이라 주의 지팡이와 막대기가 나를 안위하시나이다(시 23:1, 4)."

우리는 어떻게 살아가야 하는가? 그것은 외식을 벗어나는, 그리고 외식을 넘어서 성령과 함께 하는 생활이다. 그러면 우리는 더 이상 사람을 보지 않고 성령과 동행하며 담대히 하나님의 뜻을 이뤄 나가게 된다.

2. 어리석은 부자의 비유(13-21절)

이 단원에서는 예수님의 어리석은 부자에 대한 비유의 말씀이 소개되어 있다. 어리석은 부자라 한 것은 이기적이고 그 마음의 중심에 하나님이 없기 때문이다. 말씀 중에 자기중심을 나타내는 단어인 '내가' 라는 말이 여러 번 반복된다. 이것은 그가 얼마나 자기만족만 추구하는 인물인가를 보여준다. 특히 재산을 모으는 데만 집중했다. 문제는 그의 중심에는 하나님이 없었다는 것이다. "어리석은 자는 그 마음에 이르기를 하나님이 없다 하도다 저희는 부패하고 소행이 가증하여 선을 행하는 자가 없도다(시14:1)." 그 마음에 하나님은 없고 재물과 명예만 추구하는 것으로 영원한 만족을 얻을 수 있을까?

그는 심중히 생각한다. '심중에 생각하여(17절)' 의 '생각(dielogizeto, reasoning)' 은 '골똘하게 생각하고 따지는 것' 을 의미한다. 얼마나 이 생각에 몰입했는가를 보여준다. 주님은 우리 내면의 숨은 생각도 세밀하게 간파하신다.

"내가 이렇게 하리라 곡간을 헐고 더 크게 짓고 먹고 마시고 즐거워하자" (18, 19절). 부자는 재물을 쌓고 즐기는 데만 신경을 썼다. 더 중요하고 선한 목적, 더 가치 있는 일에 주목하지 않았다. 사람들은 오늘도 "쌓아두자," "먹고 마시고 즐기자" 고 말한다. 재산을 늘리고, 먹고 마시고 즐기는 재미도 있을 것이다. 돈이 많다고 해서, 많이 즐겼다고 해서 진정 행복할까.

"여러 해 쓸 물건을 많이 쌓아 두었으니 평안히 쉬고(19절)." 부자는 여러 해 쓸 물건을 쌓아두었다. 많이 쌓아두었으니 마음이 든든하지 않을 수 없다. 하지만 그는 인생의 한계, 곧 죽음을 생각하지 않았다. 인간은 아무도 생명의 주인일 수 없다. 돈 있고 건강하면 오래 살 수 있다? 그것은 우리 생각이지 하나님의 생각은 아니다. 하나님은 말씀하신다. "하나님은 이르시되 어리석은 자여 오늘 밤에 네 영혼을 도로 찾으리니 그러면 네 준비한 것이 누구의 것이 되겠느냐(20절)." 죽음 앞에서는 그 어떤 재물도 도움을 주지 못한다.

C. S. 루이스는 "교만한 사람은 하늘을 보지 않는다. 그의 눈은 오직 아래에 있다." 고 말한다. 생명의 주인은 하나님이라는 사실을 애써 외면한 채 세상재물에 집중한다. 돈이나 재물은 우리 마음을 하나님으로부터 빼앗아간다. 그것을 쌓으면 쌓을수록 중독된다. 바울은 디모데에게 부자교인들을 이렇게 가르치라고 한다.

"네가 이 세대에 부한 자들을 명하여 마음을 높이지 말고 정함이 없는 재물에 소망을 두지 말고 오직 우리에게 모든 것을 후히 주사 누리게 하시는 하나님께 두며 선한 일을 행하고 선한 사업에 부하고 나눠주기를 좋아하며 동정하는 자가 되게 하라 이것이 장래에 자기를 위하여 좋은 터를 쌓아 참된 생명을 취하는 것이니라(딤전 6:17-19).” 돈 있다고 교만하지 말라. 정함이 없는 재물에 소망을 두지 말라. 오히려 선한 일을 하라. 이것이 그의 가르침이다. 어떤 사람이 빌 게이츠에게 이렇게 충고했다. “당신이 돈을 크게 벌었을 때 자기만을 위해 돈을 은행에 쌓아두는 것은 당신을 가장 불행하게 만드는 것입니다.” 그는 자기와 부인의 명의로 된 재단을 만들고, 사회를 위해 많은 재산을 내놓았다. 그리고 지금도 계속 기부를 하고 있다. 사람이 살아가는 데 돈은 필요하다. 그러나 탐심이 문제가 된다. 탐심을 버리고 생활에 필요한 만큼으로 검소한 생활을 하며 이웃을 구제하고 하나님을 신뢰하며 살아가자.

예수님은 비유에 나오는 이 부자를 가리켜 어리석다고 하셨다. 왜 어리석을까? 첫째, 그는 재산의 주인은 자기가 아니라 하나님이라는 사실을 간과했다. 자기가 주인이라고 착각했다. 자기는 오직 관리자에 지나지 않는다. 둘째, 쌓아놓은 재물이 자기 생명을 연장시키지 못한다는 것을 알지 못했다. 그는 그 밤에 죽었다. 넷째, 재물을 쌓고 즐기는 데만 신경을 썼다. 더 중요하고 선한 목적, 더 가치 있는 일에 주목하지 않았다. 끝으로, 우리 모두 하나님 앞에 빈 손들고 선다는 것을 몰랐다. 어리석은 부자는 오직 ‘자기’를 위해 부를 쌓아놓으려 했다는 데 문제가 있었다. 그는 돈의 노예가 되어 있었다. 가난한 자에 대한 배려가 전혀 없다. 어찌 그뿐이겠는가.

예수님은 말씀하신다. “자기를 위하여 재물을 쌓아두고 하나님께 대하여 부요치 못한 자가 이와 같으니라(21절).” 이 말씀은 우리로 하여금 전혀 부자가 되어서는 안 된다는 말씀이 아니다. 부자가 되되 자기 자신만을 위해 부요한 사람이 될 것이 아니라 하나님을 위해 부요한 자(rich toward God)가 되라는 것이다. “오직 너희를 위하여 보물을 하늘에 쌓아 두라 저기는 좀이나 동록이 해하지 못하며 도적이 구멍을 뚫지도 못하고 도적질도 못하느니라(마 6:20).” “너희는 먼저 그의 나라와 그의 의를 구하라 그리하면 이 모든 것을 너희에게 더하시리라(마 6:33).”

주님은 이 비유를 통해 우리로 하여금 지금 선택하도록 하신다. “자신만을 위해 부자가 될 것인가? 아니면 하나님을 위해 부자가 될 것인가?" "나만을 위해 재물을 쌓을 것인가? 아니면 하나님과 이웃을 위해서도 그 재물을 사용할 것인가?"

천국에 가면 세 가지 사실 때문에 놀란다고 한다. 첫째는 천국의 아름다움에 놀란다. 평소 아름답다는 말을 많이 들었지만 막상 접하고 나면 너무 아름다워 놀란다는 것이다. 둘째는 세상에 살면서 저 사람은 천국에 갈 자격이 없다고 생각했는데 막상 그 사람을 천국에서 만나고 놀란다는 것이다. 셋째는 누구는 천국에 꼭 오리라고 생각했는데 막상 천국에 와보니 그 사람이 없어 놀란다는 것이다. 그 사람이 과연 누구일까. 그리스도인은 보다 고상한 목적을 생각하는 사람들이다. 우리는 자기 자신만 생각하는 육신의 생각을 성령의 생각으로 바꿔놓아야 한다. 나 자신보다 하나님을 위해 부자가 되자. 세상 부자보다 하나님 나라 부자가 되자.

3. 너희는 먼저 그의 나라를 구하라(22-34절)

이 단원에서는 제자들의 삶의 태도가 어떠해야 하는가를 가르쳐주고 있다.

첫째, 제자들은 양식이나 의복과 같은 물질적인 부에 관심을 가져서는 안 된다. "내가 너희에게 이르노니 너희 목숨을 위하여 무엇을 먹을까 몸을 위하여 무엇을 입을까 염려하지 말라(22절)." 육신만을 위해 염려하는 어리석은 자가 되지 말고 하나님께 부요한 자, 곧 하나님 나라와 그 의를 구하는 자가 되라는 것이.

그 이유는 간단하다. 목숨, 곧 생명이 음식보다 더 중요하고 몸이 옷보다 더 중요하기 때문이다(23절). 생명이 물질보다 중요하다면 제자들은 생명의 보조수단인 물질에 얽매일 것이 아니라 생명을 살리는 하나님과 그 말씀에 집중해야 한다. 하나님은 하찮은 새들도 먹이시고(24절) 꽃들도 아름답게 키우신다(27절). 하물며 너희일까보냐 믿음이 적은 자들아(28절). 너희는 새나 꽃보다 얼마나 더 귀한 존재인가(24, 28절). 그리고 누가 염려한다고 그 키를 한 자라도 더 늘릴 수 있겠는가(25절). 이처럼 사소한 일도 못하면서 왜 다른 일들까지 걱정하는가(26절). 그러니 염려를 거두고 오직 하나님을 신뢰하라. "너희는 무엇을 먹을까 무엇을 마실까 하여 구하지 말며 근심하지도 말라 이 모든 것은 세상 백성들이 구하는 것이라 너희 아버지께서는 이런 것이 너희에게 있어야 할 것을 아시느니라(29, 30절).

둘째, 제자들은 물질 대신 하나님 나라를 구해야 한다. "다만 너희는 그의 나라를 구하라 그리하면 이런 것들을 너희에게 더하시리라(31절)." 하나님 나라를 구하면 물질은 부차적인 것으로 따라온다. 예수님은 제자들을 가리켜 적은 무리, 곧 작은 양떼들이라 하시고, 그러니 "무서워 말라 너희 아버지께서 그 나라를 너희에게 주시기를 기뻐하시느니라(32절)." 하셨다. 소망을 가지라는 것이다.

나아가 그 나라의 삶을 사는 제자는 오히려 가난한 자를 도와야 한다고 하셨다. "너희 소유를 팔아 구제하여 낡아지지 아니하는 배낭을 만들라 곧 하늘에 둔 바 다함이 없는 보물이니 거기는 도둑도 가까이 하는 일이 없고 좀도 먹는 일이 없느니라 너희 보물 있는 곳에는 너희 마음도 있으리라(33, 34절)." 가진 것을 움켜쥐지 말고 오히려 팔아 가난한 사람들을 도와주라는 말씀이다. 이것이 하나님께 부요한 것이며, 재산을 하늘에 쌓는 것이다. 예루살렘 교회는 이 말씀에 따라 자기의 재산을 팔아 가난한 자를 도왔다(행 2:44-45).

이 세상에서 물질의 부요만을 가치로 삼고 사는 사람은 그 재산으로 인해 안정된 삶이 마련되었다고 말할 것이다. 그러나 그런 사람은 하나님께 부요하지 못한 사람, 곧 궁극적인 생명을 마련하지 못한 사람이다. 그 부가 하나님과 하등 상관이 없기 때문이다. 하늘에 보물을 쌓는 자, 곧 하나님 나라를 구하는 자가 참 부자이다.

4. 주인과 종의 비유: 주님의 오심을 항상 준비하고 있으라(35-40절)

이 단원에서는 집주인과 종의 비유를 통해 제자들은 종말이 언제 닥칠지 모르니 게으르거나 자기도취에 빠지지 말고 정신을 차리고 하나님을 섬기라는 것이다.

"허리에 띠를 띠고 등불을 켜고 서 있으라(35절)." 지혜 있고 진실한 종, 곧 청지기가 되려면 세 가지를 유념해야 할 것을 가르쳐 주고 있다.

첫째, 허리에 띠를 띤다. 긴 겉옷을 입고 일할 때 허리에 띠를 띠어야 했다. 허리에 띠를 띠는 것은 봉사할 준비가 되었다는 것이다. 예수의 제자는 진리의 허리띠와 마음의 허리띠를 띠어야 한다. 진리의 허리띠는 성경을 읽고 말씀대로 사는 것을 말한다. 말씀이 꿀처럼 달게 여길 때 많이 읽게 된다. 마음의 허리띠는 포용력을 넓게 가지는 것을 말한다. 예수님은 십자가상에서도 저들을 용서해 달라 기도하셨다. 청지기는 넓은 마음, 아름다운 마음을 가져야 한다.

둘째, 등불을 켜야 한다. 등불을 켜는 것은 상황, 곧 재림이 임박했음을 의미한다. 등불을 켠다는 것은 또한 세상을 비추는 것이다. 그리스도인이 세상을 비칠 수 있는 등불은 우리의 착한 행실이다. 주님은 네 착한 행실을 보고 믿도록 하라 말씀하신다. 착한 행실을 하려면 편하게 믿음생활을 해서는 안 된다. 수고해야 한다. 그런 상태가 바로 기름이 있는 상태이다. 기름이 없거나, 조금 있어도 안 된다. 신랑이 오실 때까지 충분한 기름을 가지고 있어야 한다. 천국은 대표만 들어가는 것이 아니다. 우리 각자가 충분한 기름을 가지고 있어야 한다.

셋째, 서 있어야 한다. 주인이 부를 때 즉시 나갈 수 있도록 서 있다. 서 있다는 것은 깨어있는 것을 말한다. 마치 5분 대기조처럼 깨어있다. 주인의 말에 "아니오"라고 말하지 않는다. 주인의 명령에 부정적으로 말하는 종, 마지못해 "예"라고 해놓고 죽창 앉아있는 종은 진실한 종이 될 수 없다.

"너희는 마치 그 주인이 혼인집에서 돌아와 문을 두드리면 곧 열어 주려고 기다리는 사람과 같이 되라(36절)." 유대인의 혼인잔치는 저녁 때 거행하기 때문에 손님들이 돌아가는 것은 한 밤중이 훨씬 지나서였다. 그 때까지 종들은 자기 집주인이 잔치 집에서 돌아오는 것을 기다려야 한다.

"주인이 와서 깨어 있는 것을 보면 그 종들은 복이 있으리로다 내가 진실로 너희에게 이르노니 주인이 띠를 띠고 그 종들을 자리에 앉히고 나아와 수종들리라(37절)." 주인이 언제 돌아올지 그 시간도 알 수 없다. 따라서 종들은 주인을 맞이하기 위해 깨어 있어야 한다. 깨어있는 것은 자는 것과 반대된다. 깨어있음이 영적 긴장감을 풀지 않는 것이라면 자는 것은 이 세상에서 게으름과 나태함에 빠져 구원 얻을 기회를 놓친 상태를 가리킨다. 제자들은 한 밤중에 주인을 기다리는 종처럼 영적으로 깨어있어야 한다. 이것은 재림을 염두에 두고 청지기 자세로 신앙생활을 하라는 말씀이다. 하나님을 신뢰하며 견실하게 신앙생활을 하면 주님이 오시는 날 오히려 천국잔치를 베풀고 접대하실 것이다.

"주인이 혹 이경에나 혹 삼경에 이르러서도 종들이 그같이 하고 있는 것을 보면 그 종들은 복이 있으리로다(38절)." 로마인은 밤을 4경(6-9시, 9-12시, 12-3시, 3-6시)으로 나누었다. 유대인들은 3경으로 나누었다. 여기서는 로마식을 따른 것이다. 이경 또는 삼경(the second or third watch of the night), 곧 한 밤 중인데도 종들이 깨어있다면 그 종들은 복을 받게 될 것이다. 주인의 칭찬이 따를 것이기 때문이다. 그렇지 않은 종들은 많이 맞는다. 복과 화가 완전히 갈린다.

"너희도 아는 바니 집 주인이 만일 도둑이 어느 때에 이를 줄 알았더라면 그 집을 뚫지 못하게 하였으리라 그러므로 너희도 준비하고 있으라 생각하지 않은 때에 인자가 오리라 하시니라(39, 40절)." '뚫지 못하게' 는 단순히 집에 잠입하는 하는 것이 아니라 흙벽을 뚫고 들어오는 것을 말한다. 당시 유대인의 가옥이 흙으로 만들어졌기 때문이다. 이런 강력한 도적은 사단을 의미한다. 사단의 침입을 막으려면 깨어 있어야 한다.

이 비유는 시간 적으로 한 밤중이다. 이것은 지금 우리가 살아가고 있는 세상이 잠들도록 유혹하기 쉬운 어두운 밤과 같다는 것을 가르쳐 준다. 주님은 이 비유를 통해 예수의 제자라면 세상 유혹에 이끌려 잠을 자는 것이 아니라 그리스도를 간절히 기다리는 심정으로 섬기고 봉사하며 살아야 한다는 것을 가르치고 있다.

5. 충성된 종과 불충한 종의 비유(41-48절)

예수님이 이렇게 말씀하신 것에 대해 베드로가 물었다. "주님, 이 비유를 우리에게 말씀하시는 것입니까, 아니면 모든 사람에게 말씀하시는 것입니까." 베드로의 질문에 예수님은 간접적으로 충성스러운 종과 불충한 종을 비교하는 비유를 들어 말씀하셨다.

"주께서 이르시되 지혜 있고 진실한 청지기가 되어 주인에게 그 집종들을 맡아 때를 따라 양식을 나누어 줄 자가 누구냐(42절)." 종, 곧 청지기는 주인의 소유와 다른 종들을 대리하여 관장하는 역할을 했다. 종은 주인이 있든 없든 때를 따라 양식을 나눠준다. 즉 신중한 자세로 맡겨진 직무를 빈틈없이 수행하고, 속이지 않고 일을 공평하게 처리하며, 모든 것에 성실을 다한다. 열두 제자들뿐 아니라 교회의 영적 지도자들이 명심해야 할 부분이다.

“주인이 이를 때에 그 종이 그렇게 하는 것을 보면 그 종은 복이 있으리로다 내가 참으로 너희에게 이르노니 주인이 그 모든 소유를 그에게 맡기리라(43, 44절).” 돌아온 주인이 충성스럽게 일하는 종의 모습을 보고 크게 기뻐하며 그 종에게 더 큰 임무를 맡긴다. 인정을 한 것이다. 우리가 주님으로부터 이런 인정을 받는다면 큰 축복이 아닐 수 없다. 이 내용은 달란트 비유와 맥을 같이 하고 있다.

“만일 그 종이 마음에 생각하기를 주인이 더디 오리라 하여 남녀종들을 때리며 먹고 마시고 취하게 되면 생각하지 않은 날 알지 못하는 시각에 그 종의 주인이 이르러 엄히 때리고 신실하지 아니한 자의 받는 벌에 처하리니(45, 46절).” 충성된 종과 달리 악한 종은 “내 주인은 오래 있다가 오실 것이다” 생각하며 주인의 허락도 없이 종들을 때린다. 때를 따라 양식을 지혜롭게 나눠줄 생각은 하지 않고 허랑방탕한 생활을 이어간다. 갑자기 돌아온 주인이 이 못된 광경을 보고 그 종을 처벌하게 된다.

‘생각하지 않은 날 알지 못하는 시각’ 은 그 날이 언제 이를지 모른다는 말씀이다. 교회 지도자들이 종말이 더디 올 줄 알고 성도들을 잘 돌보지 않고 세상 쾌락에 몸을 담근다면 그런 지도자는 ‘신실하지 아니한 자(the unbelievers),’ 곧 위선자, 불신자로 간주되어 재림 때 엄한 심판을 받게 된다. 그를 사정없이 때리고 믿지 않는 사람들과 똑같이 심판하신다.

“주인의 뜻을 알고도 준비하지 아니하고 그 뜻대로 행하지 아니한 종은 많이 맞을 것이요 알지 못하고 맞을 일을 행한 종은 적게 맞으리라 무릇 많이 받은 자에게는 많이 요구할 것이요 많이 맡은 자에게는 많이 달라 할 것이니라(47, 48절).” 교회 지도자들(주인의 뜻을 알면서도 준비하지 않고 주인이 원하는 대로 하지 않은 종)이 하나님의 이런 뜻을 알고도 행하지 않을 경우 몰라서 행하지 않은 성도들(모르고 매 맞을 짓을 한 종)보다 엄한 심판을 받게 된다. 하나님은 누구든 많이 받은 사람에게 많이 요구하시고 많이 맡은 사람에게 많이 내놓으라 하신다.

교회의 영적 직무를 맡은 자는 그만큼 책임이 무겁다.

6. 내가 불을 땅에 던지러 왔노니(49-59절)

1) 나는 땅에 불을 던지러 왔다(49-53절)

"내가 불을 땅에 던지러 왔노니 이 불이 이미 붙었으면 내가 무엇을 원하리요(49절)." 예수님은 자신이 땅에 불(fire)을 던지러 왔다고 하셨다. 이 불은 자신이 선포한 하나님 나라의 복음을 의미한다. 예수님은 이 복음이 온 세상에 퍼져 모든 사람들이 구원받기 원하셨다. 이 불을 거룩한 불, 성령의 불을 가리키는 것으로 해석하기도 한다. 성령의 불을 받으면 변화된다. 교만한 사람이 겸손한 사람이 되는 것도 이 불 때문이다.

"나는 받을 세례가 있으니 그것이 이루어지기까지 나의 답답함이 어떠하겠느냐(50절)." 예수님이 받을 세례(a baptism to undergo)는 그리스도가 당하실 고난과 죽으심을 말한다(롬 6:3, 4). 복음이 온 세상에 널리 선포되려면 고난과 죽음, 부활과 승천 등 모든 것이 이루어져야 한다. 이것이 이루어질 때까지 내가 얼마나 답답하겠느냐는 말씀이다. "내가 세상에 화평을 주려고 온 줄로 아느냐 내가 너희에게 이르노니 아니라 도리어 분쟁하게 하려 함이로라(51절)." 메시야가 오시면 그는 평화의 왕이므로 즉시 평화가 이루어질 것이라 생각했다. 그러나 그 평화는 그리스도께서 다시 오실 때 온전히 실현된다. 그 이전에는 복음으로 인해 분쟁이 있다. 종말이 가까워올수록 그 분쟁은 커진다. 예수님도 이 땅에 평화를 주려고 오셨지만(눅 2:24) 그가 분쟁의 원인이 될 것을 아셨다. 이 분쟁은 거룩한 분쟁, 곧 거룩한 싸움이다. 신자와 불신자가 싸우고, 성령과 악령이 싸운다. 주님은 자기에 대한 세상의 적대를 아시고 그것이 끝나기를 바라신다. 그러나 그 분쟁은 주님이 다시 오실 때까지 계속된다.

"이 후부터 한 집에 다섯 사람이 있어 분쟁하되 셋이 둘과, 둘이 셋과 하리니 아버지가 아들과, 아들이 아버지와, 어머니가 딸과, 딸이 어머니와, 시어머니가 며느리와, 며느리가 시어머니와 분쟁하리라 하시니라(52, 53절). 주님이 다시 오실 그 때까지 예수님을 믿는 신앙 때문에 사람들 사이에 분쟁이 일어난다. 그 분쟁은 믿지 않는 사람들이 믿는 짜들을 박해하기 때문이다.

이 영적 전쟁에서 이기려면 성령님의 도우심이 필요하다. 우리 내면을 성령의 불로 깨끗이 태우고, 그 밭에서 살랑, 겸손, 희락, 오래 참음, 그리고 절제 등 성령의 열매들이 맺히도록 해야 한다. 성령님으로 우리의 인격이 완전히 변하면 사단도 함부로 덤비지 못한다.

2) 시대를 분별하라(54-57절)

"또 무리에게 이르시되 너희가 구름이 서쪽에서 이는 것을 보면 곧 말하기를 소나기가 오리라 하나니 과연 그러하고 남풍이 부는 것을 보면 말하기를 심히 더우리라 하나니 과연 그러하니라(54, 55절)." 서쪽은 지중해 쪽을 가리킨다. 지중해 쪽에서 구름이 몰려오면 소나기가 올 것이라 예견한다. 그 말이 들어맞는다. 남풍이나 남서풍은 팔레스타인 남부 사막지대를 통과해서 오는 바람이라 그 바람이 불면 아주 더울 것이라 예견한다. 열풍이라 농작물에 큰 피해를 준다. 사람들은 이처럼 일기는 잘 예측한다.

"외식하는 자여 너희가 천지의 기상은 분간할 줄 알면서 어찌 이 시대는 분간하지 못하느냐(56절)." 날씨는 잘 예측하면서도 '이 시대(this present time),' 곧 구약에서 선지자들이 거듭 예언해온 그 '메시야의 때' 가 왔다는 사실을 왜 깨닫지 못하느냐 하는 말씀이다. 예수님이 오신 '이 시대' 는 하나님의 나라가 이미 도래하여 완성을 향해 나아가는 마지막 때이다. 그런 때임에도 불구하고 왜 너희들은 예수님의 말씀을 직접 듣고도 그것을 깨닫지 못하느냐는 것이다.

"또 어찌하여 옳은 것을 스스로 판단하지 아니하느냐(57절). 이 말씀은 왜 옳은 것, 곧 진리를 인정하지 못하느냐는 것이다. 하나님의 나라가 도래한 이 마지막 때에 진리를 인정하고 그에 따라 적합한 행동이 무엇인지 깨달으라는 말씀이다.

3) 화해하기를 힘쓰라(58, 59절)

이 두 구절은 마지막 때에 우리가 바로 해야 할 올바른 행동이 무엇인가를 비유로 가르쳐주고 있다.

“네가 너를 고발하는 자와 함께 법관에게 갈 때에 길에서 화해하기를 힘쓰라 그가 너를 재판장에게 끌어가고 재판장이 너를 옥졸에게 넘겨주어 옥졸이 옥에 가둘까 염려하라(58절).” 이 비유는 빚을 진 일이 있거든 법관에게 압송되어 형벌을 받기 전에 서둘러 채권자와 화해하라는 것이다. 이 말씀은 하나님 심판의 때가 가까웠으니 서둘러 회개하라는 뜻으로, 종말 심판을 당하기 전에 회개를 촉구하는 말씀이다. “이미 도끼가 나무뿌리에 놓였으니 좋은 열매 맺지 아니하는 나무마다 찍혀 불에 던져지리라(눅 3:9).”

“네게 이르노니 한 푼이라도 남김이 없이 갚지 아니하고서는 결코 거기서 나오지 못하리라 하시니라(59절).” 한 푼(lepton, penny)은 유대 화폐 중 가장 작은 단위인 렙돈(lepton)을 말한다. 채권자와 화해하지 못한 경우 법에 따라 마지막 한 푼(the last penny)까지 갚지 않고서는 옥에서 나오지 못한다는 것이다. 회개하지 않으면 종말 심판을 필히 당하게 된다는 말씀이다.

제13장

회개의 필요성과 구원의 좁은 문

1. 회개하지 않으면 망한다(1-9절)

1) 회개의 필요성(1-5절)

바로 그때 어떤 사람들이 예수님께 와서 빌라도가 제사를 드리고 있는 갈릴리 사람들을 죽인 이야기를 하였다. 그래서 예수님은 그들에게 "이 갈릴리 사람들이 그런 변을 당했다고 해서 다른 모든 갈릴리 사람들보다 죄가 더 많다고 생각하느냐? 아니다." 하시고 너희도 회개하지 않으면 다 그와 같이 망할 것이라 하셨다(1-3절).

고난에 대해 크게 세 가지 관점이 있다. 첫째는 죄가 있어 고통을 당한다는 것이다. 인과응보다. 둘째, 운명 때문이다. 운명의 법칙, 곧 팔자소관으로 친다. 끝으로, 우연, 곧 운 때문이다. 우연히 그곳에 살다 사고를 당해 죽었다는 것이다. 이 가운데 가장 쉽게, 단정적으로 말 하는 것은 죄가 있어 하나님이 치셨다는 것이다. 욥의 세 친구도 욥을 찾아와 "네가 죄를 지었기 때문에 고통당한다."고 했다. 이 같은 생각은 예수님 시대의 사람도 마찬가지였다.

빌라도 때 갈릴리 사람의 피가 제사를 드리는 동물의 피와 섞어진 일이 벌어졌다. 갈릴리 사람 3천명이 성전에서 죽임을 당했고, 그 때 그들의 피가 재물의 피와 섞인 것이다. 그 일을 두고 사람들은 당한 사람들의 죄가 다른 사람의 죄보다 크기 때문이라 했다. 인간에 의해 일어난 재난을 당한 자의 죄로 돌린 것이다. 교만한 생각이다. 이것이 일반인들의 생각이다. 정말 당한 사람의 죄가 다른 사람보다 더 많기 때문일까? 예수님은 아니라고 하신다. 너희도 회개하지 않으면 종말

때 심판을 받을 것이라 하셨다. 회개하지 않으면 망한다(repent or perish).

나아가 예수님은 실로암(Siloam)에서 망대(tower)가 무너져 치어 죽은 열여덟 사람이 예루살렘에 사는 다른 모든 사람들보다 죄가 더 많다고 생각하느냐 물으셨다. 그리고 그런 것은 아니라며 너희도 회개하지 않으면 다 그와 같이 망할 것이라 하셨다(4, 5절).

다윗 시대 때 예루살렘에는 기혼 샘(Gihon Spring) 하나만 있었다. 히스기야 왕이 앗수르의 침입을 대비하여 땅굴을 뚫어11) 기혼 샘물을 예루살렘 성안으로 끌어들이고 실로암 못, 곧 저수지를 만들었다. 예루살렘에 물을 공급할 목적으로 만든 못이 실로암 못이다. 기드론 시내에서 지하수로를 거쳐 물이 공급되었다. 이 지역을 감시하고 보호하기 위해 실로암 근처 예루살렘 성벽에 탑, 곧 망대를 만들었다. 이것이 실로암 망대다. 그런데 성벽 탑이 갑자기 무너져 18명이 죽었다. 망대가 무너진 것은 빌라도가 물의 공급을 보다 더 원활하게 하기 위해 수로를 개축하면서 일어난 것으로 보인다.

사람들은 그들의 죄가 다른 사람보다 컸기 때문이라 생각했다. 천재지변, 자연에 의한 재난을 죽은 이의 탓으로 돌린 것이다. 예수님은 이에 대해 앞의 경우와 마찬가지로 아니라 하시고, 너희들도 회개하지 않으면 종말 때 심판을 받게 될 것이라 하셨다. 모두 다 죄가 있지만 회개의 기회를 주시기 위해 유예하셨다는 것이다. 그럼에도 불구하고 회개하지 않으면 다 망하게 될 것이라는 말씀이다. 지옥은 언제나 회개하지 않는 자를 기다리고 있다.

지금 살아있다고 해서, 그 일을 당하지 않았다고 해서 그들보다 의롭다 자만해서도 안 된다. 재난을 당한 사람이든 아니든 똑같다. 우리가 살아있는 것은 유예기간을 주셨기 때문이다. 홀이라도 회개하지 않으면 똑같이 당한다. 우리 모두 회개해야 할 죄인들이다.

2) 열매 맺지 못하는 무화과나무 비유(6-9절)

예수님은 비유를 들어 유예기간에 대해 다시 말씀하셨다. 어떤 사람이 자기 포도원에 무화과나무를 심어 두고 열매가 열렸나 하고 가 보았으나 아무것도 없었다. 그래서 그가 포도원을 지키는 사람에게 이 무화과나무에서 열매를 얻으려고 3년째 왔으나 얻은 것이 아무것도 없으니 이 무화과나무를 잘라 버려라. 땅만 못쓰게 한다고 했다(6, 7절).

이 비유를 보면 나무는 열매를 맺지 않았다. 3년은 열매를 맺을 수 있는 충분한 시간이다. 무화과나무는 이스라엘을 상징한다. 주인이 3년이나 찾아와 열매를 구했지만 열매는커녕 엉겅퀴와 쭉정이만 널려있었다. 무화과는 심은 지 3년 만에 열매를 맺는데 그 때 열매를 맺지 못하면 열매 맺을 가능성이 없어 찍어 버리라 한 것이다. 열매 없는 나무를 찍어버리라는 말씀은 회개하지 않는 백성은 심판을 받는다는 말씀이다. 땅만 버린다는 것은 열매 없는 나무가 수분만 흡수하여 다른 나무의 열매를 맺는데 방해가 된다는 것이다. 열매는 이스라엘에만 요청되지 않는다. 이방인도 열매를 맺지 못하면 찍힘을 당한다.

그럼에도 불구하고 포도원 지기는 주인에게 한 해 더 유예기간을 달라고 청원한다. “제가 둘레를 파고 거름을 주겠습니다. 이 후에 열매를 맺으면 좋지 않겠습니까? 그렇게 하고서도 끝내 열매를 맺지 못하면 그때 가서 잘라 버리십시오(6-9절).”

이스라엘에 회개할 기회를 한 번 더 주시라는 것이다. 이번에도 회개하지 않으면 종말에 심판을 면할 길이 없다. 이 비유는 종말 전까지 하나님께서 은총의 기회를 주었으니 이 기회를 놓치지 말고 회개하라는 것이다. 이것은 이스라엘을 향한 하나님의 오래 참으심을 나타낸다.

우리의 포도원지기이신 예수님도 우리를 위해 시간을 달라고 하신다. 한 해 더 유예 받은 것은 우리가 잘했기 때문이 아니다. 주님은 열매를 기대하시며 우리 삶에 유예를 선언하셨다. 하나님이 허락한 유예기간은 우리가 회개해야 할 기간이며 열매를 맺어야 할 기간이다. 또 한 번의 기회를 주신 주님께 감사하자. 그리고 우리의 잘못을 철저히 회개하고, 돌아서 믿음의 풍성한 열매를 맺자.

2. 안식일에 병을 고치신 예수님(10-17절)

예수님이 안식일에 한 회당에서 가르치실 때 18년 동안이나 귀신 들려 앓으며 꼬부라져 조금도 펴지 못하는 한 여자를 주목해 보셨다. 예수님이 회당에서 '가르치실 때' 임을 보아 여인은 회당 예배에 참석하기 위해 나온 것일 가능성이 높다. 가르침을 받다가 예수님으로부터 주목을 받은 것이다.

주님은 여인을 부르시며 말씀하셨다. "여자여 네가 네 병에서 놓였다." 자유와 놓임을 선언하시 것이다. 예수님이 그녀의 머리에 안수하시자 여자가 허리를 곧 폈다. 하나님의 능력이 나타난 것이다. 여인은 감사해 하나님께 영광을 돌렸다(11-13절). 주님이 보시고, 부르시고, 말씀하시고 안수하신 모든 과정은 여인을 불쌍히 여기는 마음이 컸음을 보여준다. 당시 유대인들은 그녀가 지닌 이런 질병의 경우 죄의 결과라고 생각했기 때문에 불쌍히 여김을 받을 수 없다고 생각했다. 하지만 예수님은 그에게 주목하시고 완전한 회복을 주셨다. 이것은 자기 백성을 사단의 권세로부터 구출하는 하나님의 구속의 능력이 임했음을 보여준다.

예수께서 안식일에 병 고치시는 것을 본 회당 장은 화를 내며 무리에게 말했다. "일할 날이 엿새가 있으니 그 동안에 와서 고침을 받을 것이요 안식일에는 하지 말 것이니라(14절)." 안식일에 병을 고치지 말라는 것이다. 회당 장은 예수님에게 직접 말하지 않고 무리를 향해 이 같은 말을 했다. 간접적으로 비난한 것이다. 유대인들의 안식일 규정에 따르면 생명이 위독한 경우가 아니라면 안식일에 병을 고쳐서는 안 된다. 그들의 규정에 따라 이 말을 한 것이다. 이것은 예수님을 간접적으로 비난한 말이기도 하다.

이에 예수님은 말씀하셨다. "외식하는 자들아 너희가 각각 안식일에 자기의 소나 나귀를 외양간에서 풀어내어 이끌고 가서 물을 먹이지 아니하느냐 그러면 열여덟 해 동안 사탄에게 매인 바 된 이 아브라함의 딸을 안식일에 이 매임에서 푸는 것이 합당하지 아니하냐." 안식일에 병을 고치지 말라는 사람들을 향해 예수님은 '외식하는 자들' 이라 했다. 바리새인들은 안식일에 등도 옮겨놓지 않는다. 대신 이방인으로 하여금 옮겨놓게 한다. 외식이 아닐 수 없다. 안식일에 자기의 소나 나귀가 굶주릴세라 그 짐승들을 끌고 나가 물을 먹이는 특별한 조치를 하면서도 하물며 18년이나 고통가운데 있는 여인의 병 고침을 막는 것도 마찬가지다.

반대자들은 진정으로 안식일에 해야 할 일이 무엇인가를 알지 못하고 있다. 안식일은 쉼과 자유를 주는 날이다. 자기 보신을 위한 안식이 아니다. 매임과 억압에서 풀어주는 것이 하나님의 뜻이다. 예수님이 오심도 우리에게 자유를 주기위해 오신 것이다. 아무리 좋은 규례라 할지라도 사람에게 도움을 주는 것이 아니라면 아무 소용이 없다.

예수님은 이 여인도 '아브라함의 딸(a daughter of Abraham)' 임을 강조하셨다. 여성을 하대하던 당시 유대인 문화에서, 그것도 귀신에 포로 된 이 여인을 '아브라함의 딸' 이라 하신 것은 유대인들의 일반적인 생각과 아주 달리 그 여인의 신분을 크게 높여주신 말씀이다. 그 여인도 존중받고 구원받아야 할 하나님의 백성이라는 것이다. 약자를 존중하고 착한 일을 하는 것이 하나님의 뜻이다.

예수께서 이 말씀을 하시자 반대하는 자들은 부끄러워한 반면 온 무리는 주님이 하시는 모든 영광스러운 일을 기뻐했다. 안식일에 이 여인이 고침을 받은 것은 사단으로부터의 해방이요 구속의 완성이다. 안식일의 완성, 곧 절정이기도 하다. 무리들은 구원과 해방 사건을 보고 하나님을 찬양했다.

4. 겨자 씨 비유(18, 19절)

여인의 병을 고치신 후 예수님은 "하나님의 나라가 무엇과 같을까 내가 무엇으로 비교할까" 하시며 두 가지 비유를 들어 말씀하셨다. 하나는 겨자씨 비유이고, 다른 하나는 누룩의 비유이다. 겨자씨나 누룩은 상징이다. 이것은 변화와 능력의 위대함을 보여준다. 예수님의 활동으로 시작된 하나님의 나라가 사람들이 보기에 시작은 미미할지 모른다. 하지만 시간이 가면서 상당한 영향력을 가진다는 것이다.

하나님의 나라는 마치 사람이 자기 채소밭에 갖다 심은 겨자씨(mustard seed) 한 알과 같다. 이것이 자라서 큰 나무가 되었고, 공중의 새들이 그 가지에 깃들였다는 것이다.

하나님 나라는 예수님이 직접 다스리는 나라, 예수님이 통치하시는 나라를 의미한다. 그 나라는 예수님을 구주로 영접하자마자 내 마음에 임한다. 내 마음에서 이 나라가 시작되고 왕성 되어 간다. 예수님 통치로, 보이지 않지만 계속 확산된다. 그 나라는 하나님이 주시는 최상의 선물이요 축복이다. 이 나라가 있기에 세상을 부러워하지 않으며 나그네 길을 기쁨으로 갈 수 있다.

겨자씨는 미미한 씨앗이다. 크기가 얼마 안 돼 보잘 것도 없다. 씨라 말하기조차 어렵다. 그러나 새가 깃 들 수 있는 나무로 성장한다. 성장의 위력이 아주 크다. 이것은 하나님의 나라가 각 나라에서 전 우주적 사건으로 번질 것을 예언한 것이다. 처음에는 보잘 것 없이 보이지만 크게 역사한다. 외형이 문제가 아니다. 내용까지 바꿔놓는다.

5. 누룩의 비유(20, 21절)

예수님은 겨자씨 비유에 이어 "하나님의 나라를 무엇에다 비교할까?" 하시고 마치 여자가 가루 서 말 속에 갖다 넣어 전부 부풀게 한 누룩(leaven)과 같다 하셨다. 하나님의 나라를 누룩에 비유한 것이다.

유월절 제물에는 누룩 사용을 금했다. 그러나 예물로 드리는 제물에는 누룩 사용이 허용되었다. 누룩은 아주 작다. 하지만 '전부,' 곧 빵 모두를 부풀게 하는 신비한 능력을 가지고 있다. 가루 서 말(three measures of meal)은 많은 양의 밀가루(a large amount of flour), 밀가루 한 포대 등 여러 가지로 번역하고 있다. 누룩으로 가루 서 말을 부풀리면 약 160여 명이 먹을 수 있는 양이 된다는 주장도 있고, 서 말은 약 40리터에 해당하는 양으로 약 2500명이 먹을 수 있는 빵을 만들 수 있다는 주장도 있어 편차가 크다. 한 말은 약 13.13리터이다. 확실한 것은 우리의 생각보다 많은 양의 빵을 만든다는 사실이다.

하나님 나라는 누룩과 같다. 하나님 나라는 복음을 통해 온 세상, 땅 끝까지 전파되고 세워진다. 마침내 온 우주가 예수 안에서 통일된다. 이것은 하나님 나라의 성장력과 영향력이 얼마나 강한가를 보여준다.

작은 누룩인 소수의 전도자에 의해 하나님 나라가 계속 퍼져간다. 이사야서의 말씀대로 작은 자, 약한 자가 강국을 이룬다. C. S. 루이스는 말한다. "우리는 결코 평범하지 않다." 하나님 나라를 위해 일하는 사람이기 때문이다. 하나님을 위해 쓰임을 받는 작은 누룩이다. 우리는 예수님의 제자로 부름 받은 작은 무리다. 그러나 세상을 하나님 나라로 바꿔놓으라는 큰 소명을 가진 자다.

6. 좁은 문으로 들어가라(22-30절)

예수님께서는 예루살렘을 향해 올라가시는 길이었다. 여행을 하시면서도 여러 도시와 마을에 들러 가르치셨다. 놀면서 가는 길이 아니라 가면서도 말씀을 가르치시고 그들로 하여금 깊이 깨닫게 하셨다.

그때 어떤 사람이 예수님을 향해 질문했다. "주님, 구원받는 사람이 적습니까?" 이것은 구원 얻을 자가 많겠는지 적겠는지 알고자 하는 물음이다. 이것은 하나님 나라에 들어갈 사람과 들어갈 수 없는 사람이 있다는 것을 보여준다.

그러자 예수님은 세 가지를 말씀하셨다.

첫째, 좁은 문으로 들어가기를 힘쓰라(24절). 좁은 문(narrow door, strait gate)은 생명으로 인도하는 문, 구원의 문이다. 예수님은 자신을 가리켜 '양의 문'이라 했다. 주님만이 길과 진리요 생명이 되시며, 그를 통해서만 구원을 얻기 때문이다. 좁은 문으로 들어간다는 것은 주님과 깊은 관계로 들어가는 것을 의미한다. 마태는 넓은 문과 좁은 문을 대조시켰다(마 7:13). 누가복음에서는 이 대조가 나타나지 않는다.

하나님 나라에 들어가기는 쉬운 것이 아니라 어렵다. 믿고 교회에 출석하는 것은 쉬울지 모른다. 하지만 지속적인 관계, 곧 깊은 관계 속으로 들어가 체험적 삶을 사는 것은 어렵다. 구원에 대한 확신을 가지고 세례 받으며 성경을 읽는 것은 마치 결혼하는 것과 같다. 그러나 서로 사랑하며 결혼생활을 지속적으로 유지하는 것은 결코 쉽지 않다. 중요한 것은 주님과 깊고 지속적인 관계를 유지하며 사는 것이다.

주님은 "너희에게 이르노니 들어가기를 구하여도 못하는 자가 많으리라." 하셨다. 하나님 나라에 들어가고자 해도 들어가지 못하는 자가 많다는 것이다. 이 땅에서 주님과 지속적인 관계를 맺고 사는 것은 그만큼 어렵다.

둘째, 문이 닫힌 후에는 열리지 않는다(25-28절). 좁은 문은 항상 열려 있는 것이 아니다. 문 닫는 시간이 있다. 문 닫은 후에 찾으면 이미 늦다. 따라서 문이 열려 있는 지금 전도하고, 믿고, 깊은 신앙생활로 들어가야 한다.

문이 닫힌 후에 밖에 서서 두드리며 "주님, 문 좀 열어 달라"며 졸라도 주인은 "나는 너희가 어디에서 온 자인지 나는 모르겠다." 하고 말할 것이다. 자기 신분을 밝히며 주님을 향해 문을 열어달라고 간청한다. "나는 다윗의 자손입니다." "나는 어느 교회 장로입니다." "나는 어느 교회 집사로 열심인 사람입니다." 그래도 "나는 알지 못하노라" 하신다. 이 말씀은 문을 주인이 엄하게 통제하고 있음을 보여준다.

그럼에도 불구하고 계속 말할 것이다. "우리는 주님과 함께 먹고 마셨으며 주님은 우리 마을 길거리에서 가르치셨습니다." 주 앞에서 먹고 마셨다는 것은 서로 잘 알 수 있는 사이임을 보여준다. 그래도 주인은 "너희가 어디서 왔는지 나는 모른다. 이 행악하는 자들아, 모두 내게서 떠나가거라." 하고 말할 것이다. 행악하는 자들은 형식적으로 신앙생활을 한 사람, 곧 하나님과 피상적 관계를 맺으며 적당히 살아간 사람을 가리킨다.

그리고 "아브라함과 이삭과 야곱과 모든 선지자는 하나님 나라에 있고 오직 너희만 밖에 쫓겨난 것을 볼 때 거기서 슬피 울며 이를 갈 것이다(28절)."

아브라함, 이삭, 야곱, 선지자들은 이스라엘 사람들이 의지한 사람들이다. 이스라엘 사람들은 그들을 의지하며 언젠가 한을 풀 날이 올 것을 고대했다. 그러나 예수님에게 있어서 이스라엘 사람들은 그들이 의지한 사람들과는 전혀 다른 신앙생활을 하고 있다. 그들은 아브라함이 자신의 조상이며 자신을 가리켜 아브라함의 자손임을 자랑했다. 하지만 아무리 아브라함이 자기들의 조상임을 자부한다 해도 스스로 복음적 삶을 살지 않는 한 그들이 하나님 나라에 들어올 수는 없다. 친척이 잘 믿는다고 해서 신앙생활을 하지 않는 내가 구원받는 것은 아니다. 올바르게 신앙생활을 하고, 하나님과 깊은 관계에 들어가는 사람만이 하나님 나라에 들어간다.

'오직 너희만 밖에 쫓겨난 것을 볼 때 슬피 울며 이를 갊이 있으리라.' 복음초청을 거부한 자는 쫓겨난다. 하나님 말씀대로 살지 않는 자는 결국 슬피 울며 이를 갈게 된다. 이 말씀은 "너희도 이 사람처럼 될 수 있다"는 경고의 말씀이다.

셋째, 나중 된 자로서 먼저 될 자도 있고 먼저 된 자로서 나중 될 자도 있다. 사람들이 동서남북 사방에서 와서 하나님의 나라 잔치에 참석할 것이다. 그러나 지금은 뒤떨어져도 나중에 앞서고 지금 앞섰다가도 나중에 뒤떨어질 사람이 있을 것이다.

나중 된 자로서 먼저 될 자는 늦게 신앙에 입문했지만 하나님을 진심으로 믿고 그 말씀을 따르는 자를 가리킨다. 뒤늦게 믿었지만 하나님과의 관계가 형식적이 아니라 진지한 관계에 들어선 자이다. 나중 된 자로서 먼저 될 자도 있다는 것은 나중에 믿는 자들에게도 희망이 있음을 보여준다.

이와 달리 먼저 된 자로서 나중 될 자는 일찍부터 신앙생활을 했지만 형식적이어서 문제가 있는 신앙 생활자를 가리킨다. 먼저 된 자가 오히려 나중 될 자도 있게 된다는 것은 오래 신앙생활을 한 교인들에 대한 주님의 경고이다. 믿음에 교만한 사람은 하나님으로부터 도외시된다. 먼저 믿었다고, 연조가 오래되었다고 자만해서는 안 된다. 마찬가지로 늦게 믿은 자도 남보다 열심을 품었다고 해서 교만하면 안 된다. 중요한 것은 내가 하나님 나라 안에 있는가 아니면 밖에 있는가 하는 것이다. 하나님과 지속적인 관계를 가지고 있다면 그 나라 안에 있는 것이고, 형식적인 관계만을 유지하고 있다면 아직도 나는 그 나라 밖에 있다.

7. 예루살렘 멸망에 대한 탄식(31-35절)

바로 그때 몇몇 바리새인들이 예수님께 찾아와서 "이 곳을 떠나십시오. 헤롯이 당신을 죽이려고 합니다(31절)." 하였다. 이 바리새인들은 마치 친예수적으로 말하고 있다. 물론 바리새인가운데 친예수적인 사람들도 있었다. 그러나 예수님을 십자가에 못 박는데 주도적으로 행동한 사람들은 헤롯이기보다 바로 바리새인들이었다. 뒤에 언급되는 주님의 예루살렘에 대한 말씀은 헤롯이 아니라 바리새인들이 예수님을 죽일 것임을 암시한다.

예수님은 그들에게 이렇게 대답하셨다. "너희는 저 여우에게 가서 오늘과 내일은 내가 귀신들을 쫓아내고 병자들을 고치다가 제삼일에는 완전하여지리라 일러 주어라(32절).” 여우란 가장 간교하고 하찮은 사람을 빗대는 말로 헤롯의 교활함을 질책하는 말씀으로 사용하셨다. 오늘과 내일, 그리고 제삼일은 호세아 6:2를 반영한 것으로 장차 십자가상의 구원사역이 완성될 때까지를 말한다. 그 때까지는 아무도 그 일을 방해할 수 없다는 말씀이다. 제삼일은 부활을 의미한다. 그 때 십자가와 부활을 통해 모든 사역을 완전히 이루리라는 말씀이다.

“그러나 오늘과 내일과 모레는 내가 갈 길을 가야 하리니 선지자가 예루살렘 밖에서는 죽는 법이 없느니라(33절).” ‘오늘과 내일과 모레는 내가 갈 길을 가야 하리니’ 라는 말씀은 죽기 전까지 주어진 사명에 충실해야 함을 보여준다. 갈 길을 간다는 것은 해야 할 일을 한다는 것을 의미한다. 이것은 우리도 죽기 전까지 복음사역에 최선을 다하며 살아야 함을 가르쳐 준다.

‘선지자가 예루살렘 밖에서는 죽는 법이 없느니라.’ 는 말씀은 모든 선지자들이 예루살렘에서 죽임을 당했다는 의미가 아니라 예루살렘이 선지자를 죽이기 때문에(34절) 선지자로서의 예수 역시 예루살렘에서 죽어야 한다는 것이다. 이것은 예루살렘이 얼마나 하나님이 보낸 선지자를 멸시했는가를 보여준다. 선지자에 대한 멸시는 곧 하나님에 대한 멸시였다.

어떤 이는 예루살렘과 예루살렘 밖을 영적으로 구분해 우리가 어떤 삶을 살아야 하는가를 가르치기도 한다. 즉, 예루살렘을 교회, 주 예수 그리스도, 믿음, 방주 등으로 간주하고 예루살렘 밖은 그리스도 밖, 믿음 밖, 방주 밖으로 간주한다. 따라서 예루살렘에서 죽어야지 그 밖에서 죽어서는 안 된다는 것이다. 이런 주장은 교훈적이기는 하지만 원문의 맥락과는 거리가 있다.

예수님은 헤롯의 위협에 굴하지 않고 인간을 치유하고 구원하는 메시야로서의 과업을 완수하시다가 하나님이 정하신 날에 자신의 목숨을 기꺼이 드리겠노라 하셨다(31-33절).

“예루살렘아, 예루살렘아 선지자들을 죽이고 네게 파송된 자들을 돌로 치는 자여 암탉이 제 새끼를 날개 아래에 모음 같이 내가 너희의 자녀를 모으려 한 일이 몇 번이냐 그러나 너희가 원하지 아니하였도다(34절).” 예수님은 예루살렘에서 죽으실 것이다. 하나님의 뜻을 외면하고 예수님을 배척할 것이기 때문이다. 예루살렘 거민들은 수세기 동안 회개를 부르짖던 하나님의 사자들을 거부하며 죽였다. '암탉이 제 새끼를 날개 아래에 모음 같이' 그들을 향해 강렬한 사랑을 보냈지만 거부했다. '너희가 원치 아니하였도다.' 하나님은 선지자들을 보내 그들을 깨치고자 하셨다. 그러나 그들은 그 선지자들을 받아들이지 않았다. 하나님은 하나님 자신은 예수를 이 땅에 보내셨다. 그러나 유대인들은 그를 메시야로 받지 않았다. 이제 그들은 메시야도 죽일 것이다.

"보라 너희 집이 황폐하여 버린바 되리라 내가 너희에게 이르노니 너희가 주의 이름으로 오시는 이를 찬송하리로다 할 때까지는 나를 보지 못하리라 하시니라(35절)." 분명히 말하지만 너희 집이 버림받아 황폐해질 것이라 예언하셨다. 예루살렘은 심판을 받게 된다는 말씀이다. 이 예언은 A. D. 70년 예루살렘 멸망으로 성취된다. 너희가 "주의 이름으로 오는 자가 복이 있다." 할 때까지 다시는 나를 보지 못할 것이다. 이 말씀은 너희들이 죽인 메시야가 재림 때 다시 오신다는 말씀이다. 그 때까지는 주님을 보지 못한다. 그러나 주님이 영광의 구름가운데 다시 오실 때 각 사람이 그를 보며 '찬송하리로다. 주의 이름으로 오시는 왕이여(눅 19:38)' 찬송하게 될 것이다.

제14장

큰 잔치의 비유와 제자직의 도리

1. 수종병자를 고치신 예수님(1-6절)

이 단원은 예수님이 안식일에 수종병(水腫病, dropsy) 든 사람을 고쳐 준 사건을 소개하고 있다. 이 사건은 단지 고침을 받은 것으로 끝나지 않고 하나님 나라에 초대될 수 있는 사람의 한 예를 보여주고 있다는 점에서 특이하다. 왜냐하면 7-11절은 초청 받은 자의 태도를, 그리고 12-14절은 누구를 초대해야 할 것인가를 보여줌으로써 1-14절 전체가 하나로 묶어질 수 있기 때문이다.

안식일에 예수님께서 한 바리새인 지도자의 집에 떡 잡수시러 들어가셨다. 떡 잡수시러 들어가셨다는 것은 식사에 초대되었다는 것이다. 그들이 엿보고 있었다. 그들은 율법주의자들을 가리킨다. 그들의 좁은 관점으로, 예수님의 결점을 찾으려 한 것이다. 이것은 바리새인들이 예수를 초청한 것은 예수를 올무에 빠뜨릴 증거를 찾기 위함이었음을 보여준다.

그들이 엿본 이유도 있다. 주님 앞에 수종병 든 사람이 있었기 때문이다. 과연 이 안식일에 그 사람을 고치시는가 엿본 것이다. 수종병은 심장이나 신장에 문제가 있어 혈액 중의 액체성분이 혈관 벽을 통과하여 신체조직 속이나 조직과 조직 사이의 체강(體腔, coelom, 체벽과 장 사이에 체액이 차 있는 빈 곳)에 괸 상태를 말한다. 체강과 조직 안에 형성되는 과다한 체액(humors, 림프액, 장액)이 몸에 축적되어 몸이 붓는다. 신체의 여러 부위에 복수가 차면서 몸이 붓고 살이 썩어가는 난치병이다. 의사 누가는 이 병명을 기록했다. 그에 따르면 예수님이 이 난치병을 치유하는 경우 기적, 곧 구속 성취의 의미를 갖는다.

예수님은 함께 자리한 율법 교사들과 바리새인들의 마음을 아시고 그들에게 물으셨다. “안식일에 병 고쳐 주는 것이 합당하냐 아니하냐.” 안식일에 병 고치는 것이 나쁜지 그 여부를 물으셨다. 그들은 대답하지 않았다. 아니, 대답을 침묵은 동의다.

그러자 예수님은 그 사람을 데려다가 고쳐 보내셨다. 그리고 그들에게 말씀하셨다. “너희 중에 누가 그 아들이나 소가 우물에 빠졌으면 안식일에라도 곧 끌어내지 않겠느냐.” 율법에서는 안식일일지라도 우물에 빠진 짐승을 구해 주도록 허락하고 있는데 하물며 사람을 구하는 것이 마땅하지 않느냐는 뜻이다. 생명의 소중성에 말씀하시는 주님 앞에서 그들은 아무 대답도 하지 못했다. 이것은 안식일을 넘어선 교훈이다.

이 사건은 단지 안식일 문제를 논하려는 것이 아니다. 하나님 나라에 받아드려지는 사람이 누구인가 보여주는 사건이다. 세상의 의료기술에 더 이상 기댈 수 없는 난치병 환자처럼 오직 하나님의 자비만 바라는 사람들이 들어올 수 있는 곳이 하나님의 나라이다. 그 난치병 환자처럼 오늘도 주 앞에 서 있는가.

2. 낮은 자리에 앉으라(7-11절)

이 부분은 겸손할 것을 가르치는 말씀이다. 예수님은 앞서 율법 교사들이 높은 자리를 차지하는 것을 보고 나무라신 적이 있다(눅 11:43). 일종의 고질병을 지적하신 것이다. 예수님은 이번에도 초대받은 사람들이 저마다 높은 자리에 앉으려는 것을 보시고 비유를 들어 말씀하셨다.

“네가 누구에게나 혼인 잔치에 청함을 받았을 때에 높은 자리에 앉지 말라 그렇지 않으면 너보다 더 높은 사람이 청함을 받은 경우에 너와 그를 청한 자가 와서 너더러 이 사람에게 자리를 내주라 하리니 그 때에 네가 부끄러워 끝자리로 가게 되리라(8, 9절).” 결혼 잔치에 초대를 받아 높은 자리에 앉았는데, 더 귀한 손님이 오는 바람에 주인이 와서 비켜 달라 하고 결국 끝자리로 밀려나면 얼마나 창피한 일인가. 그러니 처음부터 특석에 앉지 말라는 것이다. 유대인의 연회석에서 가장 높은 자리는 중앙에 있다.

"청함을 받았을 때에 차라리 가서 끝자리에 앉으라 그러면 너를 청한 자가 와서 너더러 벗이여 올라 앉으라 하리니 그 때에야 함께 앉은 모든 사람 앞에서 영광이 있으리라(9절)." 끝자리에 앉으라는 것은 스스로 낮추라는 말씀이다. '영광이 있으리라' 는 것은 '복이 되리라' 는 것이다. 예수님은 이 교훈을 통해 영광되고 복 되게 사는 법을 가르쳐주셨다. 인간의 지위는 하나님께 달려있지 자기 자신이 구한다고 되는 것이 아니다. 종말에 하나님의 높임을 받으려면 겸손한 삶을 추구해야 한다. 자기 스스로 높아지려는 것보다 하나님이 높일 때 함께 앉은 모든 사람 앞에서 영광이 된다. 언제나 스스로 낮추고 겸손할 일이다.

"무릇 자기를 높이는 자는 낮아지고 자기를 낮추는 자는 높아지리라(10절)." 이 구절은 앞에 언급된 비유의 결론 부분이다. 누구든지 자기를 높이는 사람은 낮아지고 자기를 낮추는 사람은 높아질 것이다. 어느 시대나 적용되는 만고의 진리이다. 하나님은 교만한 자를 낮추시고 겸손한 자를 높이신다.

3. 초청의 대상(12-14절)

이 구절은 참된 사랑을 베풀도록 교훈하고 있다. 예수님은 잔치 초대를 예를 들어 '주고받을 수 있는' 상대를 사랑의 대상으로 삼지 말고, 보상의 능력은 없으나 전적으로 도움을 필요로 하는 사람에게 사랑을 베풀면 하나님의 상급을 받게 될 것이라 하셨다.

예수님은 자기를 식사에 초대한 사람에게도 한 말씀 하셨다. "네가 점심이나 저녁이나 베풀거든 벗이나 형제나 친척이나 부한 이웃을 청하지 말라 두렵건대 그 사람들이 너를 도로 청하여 네게 갚음이 될까 하노라(12절)." 벗, 형제, 친척, 부한 이웃은 초대 대상이 아니다. 그들은 모두 안면이 있는 사람이고, 도로 갚으려 하기 때문이다. 도로 갚음이 되는 것은 복된 삶이 아니다. 보상은 하나님으로부터 받아야 복되다.

"잔치를 베풀거든 차라리 가난한 자들과 몸 불편한 자들과 저는 자들과 맹인들을 청하라(13절).” 가난한 사람, 몸이 불편한 사람, 저는 자, 소경들은 안면이 있는 사람들이 아니다. 도로 갚을 능력도 없고 오히려 도움이 필요한 사람들이다. 타인의 아픔을 돌아보는 공동체가 되어야 한다.

“그리하면 그들이 갚을 것이 없으므로 네게 복이 되리니 이는 의인들의 부활 시에 네가 갚음을 받겠음이라 하시더라(14절).” 이들은 갚을 것이 없다. 기대도 하지 않을 것이다. 그럼에도 불구하고 그들의 아픔을 돌아볼 때 네게 복이 된다. 부활 때 하나님이 갚아주실 것이기 때문이다. 이 세상으로부터 보상을 기대하지 않고 사는 삶이 복된 삶이다.

인간은 누구나 하나님 앞에서 다 귀한 존재이다. 따라서 예수님은 어느 한 사람이라도 불행한 삶을 살아가는 것을 원치 않는다. 공동체 안에서는 모든 이해관계를 떠나 서로 존경하며 나누고 도우며 사는 것이 하나님 나라의 삶이다. 그런 사람이 되라는 말씀이다.

4. 큰 잔치의 비유(15-24절)

예수님이 이 말씀을 하실 때 함께 식사들 하던 사람 중의 한 사람이 이 말을 듣고 말했다. “무릇 하나님의 나라에서 떡을 먹는 자는 복되도다(15절).” 그는 주님이 ‘의인들의 부활 때’ 라는 14절의 말씀에 하나님 나라를 연상하게 했을 것이다. 그리고 그 때 식사를 하고 있었기 때문에 하나님 나라의 잔치를 생각하게 되었을 것이다. 그는 그 천국 잔치 자리에 앉을 사람은 참으로 행복할 것이라 했다. 하나님 나라를 미래적인 것으로 생각한 것이다.

이 말을 한 사람은 함께 한 바리새인일 가능성이 아주 높다. 유대인들은 자신들만 하나님의 선택된 백성들이라 생각하고 있었다. 그래서 메시야가 오면 자신들에게 큰 잔치를 베풀어주실 것이라 믿었다. 자신들은 그 잔치에 참여할 수 있지만 죄인들이나 이방인들은 참여할 수 없다고 생각했다. 그는 스스로 바리새인과 같은 유대인이 얼마나 자랑스러운가를 말하고 그것을 예수님으로부터 확인받고 싶었을 것이다. 따라서 ‘떡을 먹는 자’ 는 자만심에서 나온 말일 가능성이 높다. 응당 자기는 잔치에 참여하고 있다고 자만한 것이다.

그러나 주님은 큰 잔치의 비유를 통해 그렇지 않을 수 있다고 말씀하신다. 주님은 이 비유를 통해 '오소서 모든 것이 준비되었나이다' 말씀하심으로 메시야를 통한 구원의 시대가 지금 이미 시작되었음을 밝히셨다. 나아가 자신들의 세속적 이익에 더 관심을 기울이면서 복음을 거부한 유대인들과 바리새인들보다는 사회적으로 버림을 받은 이들과 이방인들이 메시야 시대의 축복된 자리에 참여하게 될 것이라 하셨다.

이 비유는 어떤 사람이 큰 잔치를 베풀고 많은 사람을 청하는 것으로 시작된다. 큰 잔치는 하나님 나라를 상징한다. 마태복음에서는 이 잔치의 배설자가 아들을 위해 결혼잔치를 베푸는 왕으로 묘사되어 있다(마 22:2). 잔치를 배설한 것은 하나님 나라가 이미 임했다는 의미를 가지고 있다. 이 잔치는 풍성한 잔치다. 참된 떡과 물이 준비되어 있다. 영원히 목마르지 않는 떡과 생명의 물이다. 이것을 먹으면 결코 주리지 않는다.

잔치할 시각에 초대한 사람들에게 종을 보내어 '모든 것이 다 준비되었으니 오시라' 했다. 팔레스타인에서는 두 번 초청을 한다. 한 번은 미리 한다. "아무 날 아무데 잔치를 하니 오십시오." 그리고 잔치 당일 초청을 한다. "준비가 다 되었으니 오십시오." 두 번째는 응해야 한다. 아니면 선전포고로 간주된다. 초대는 그만큼 진지하다.

이미 잔치는 배설되어 있다. 초청자는 우리의 주인이신 하나님이시다. 하나님은 인간을 구원하기 위해 큰 잔치 베푸셨다. 은혜일뿐이다. 우리는 그 초청을 받아들이면 된다. 문제는 시간이 지나면 잔치 끝날 수도 있다. 천국 문이 닫히면 구원의 문도 닫히게 된다.

그런데 모두 다 사양하는 것이었다(18-20절). 한 사람은 밭을 샀기 때문에 아무래도 나가 보아야 하겠다며 양해를 부탁했다. 하늘보다 땅, 정신보다 돈, 그리고 물질에 관심이 많은 사람이다. 또 한 사람은 소 다섯 겨리, 곧 모두 10마리를 샀기에 시험하러 가야 하니 양해해 달라 했다. 당시 계약 관습에 따르면 밭이든 소든 매입한 것은 사후 검사와 승인을 조건으로 조정될 수 있었다. 일에 대한 집착이 강해 지금은 시간 없다는 사람이다. 그리고 또 한 사람은 장가들었기 때문에 가지 못 하겠다 했다. 가정의 대사를 들어 변명을 한 것이다. 가정의 일을 중시하고 영적인 일을 무시하는 사람이다. 초청받은 사람들, 곧 유대인들은 아무도 예수님의 초청에 응하지 않았다. 이들은 스스로 의인이라 생각하는 사람들이다. 그들은 여러 가지 이유를 들어 그리스도의 복음을 배척했다.

특히 세 번째 경우의 사람은 율법의 규정에 따라 가지 않는 것이 당연한 것처럼 말한다. 신명기 20:5 이하를 보면 징집 면제의 기준이 있다. 새 집을 건축하고 낙성식을 행하지 못한 자, 포도원을 만들고 그 과실을 먹지 못한 자, 여자와 약혼하고 그와 결혼하지 못한 자다. 신 24:5를 보면 새로이 아내를 취한 자도 해당된다. 이처럼 결혼 후 1년 동안 남자는 징집도 면제되었기 때문에 잔치 초청을 거절해도 된다는 것이 사람의 생각이다. 하지만 예수님의 생각은 다르다. 결혼 때문에 징집 면제가 된다 해도 하나님 나라를 거절할 이유는 될 수 없다. 그들의 핑계는 초청한 주인을 슬프게 한다. 하나님의 거룩한 초청을 무시하면 하나님께 슬픔을 드리는 것이다. 사양할 수 있는 것이 있고, 사양할 수 없는 것이 있다.

종이 돌아와 주인에게 그대로 고했다. 그러자 집 주인이 분노하며 빨리 시내의 거리와 골목으로 나가서 가난한 자들과 몸 불편한 자들과 맹인들과 저는 자들을 데려오라 했다(21절). 청한 사람이 오지 않으면 다른 사람을 청하라는 말씀이다. 거리와 골목은 시내의 공공장소로 집 없는 이들이 거하며 구걸하던 곳이다. 이처럼 소외된 유대인들에게 복음을 전하여 천국잔치에 참여토록 하라는 것이다. 주님의 세심한 배려가 담겨있다. 하지만 이 사람들은 유대인의 눈으로 볼 때 죄인과 세리들처럼 초청받을 자격이 없다고 생각하는 자들, 구원의 희망이 전혀 없다고 생각되는 사람들이다.

종들은 지시대로 했다. 그런데도 다 채우지 못했다. "아직도 자리가 있나이다(22절)." 오히려 빈자리가 남았다 이 잔치가 얼마나 큰 하늘나라 잔치인가를 보여준다. 하나님은 이처럼 큰 잔치를 배설하고 많은 사람을 구원의 자리에 초청하셨다. 여호와 증인은 그 수를 14만4천으로 제한하고 있다. 그러나 예수님은 사랑의 분량 커, 수적 제한을 하지 않으신다. 풍성하다. 우리가 들어갈 자리가 충분히 있다. 초청에 응하기만 하면 된다. 자리 없을까 조바심 낼 필요가 없다. 그러나 그것은 천국 문이 닫히기 전까지다.

그러자 주인은 "길과 산울타리 가로 나가서 사람을 강권하여 데려다가 내 집을 채우라(23절)" 하였다. 큰 길뿐 아니라 시내 변두리로 나가서 사람들을 데려와 가득 채우라는 것이다. 강권(?勸)은 무력이 아니라 강하게 설득해서 그들로 오도록 하라(make them come in)는 것이다. 내키지는 않겠지만 억지로라도 권하라는 말씀이다. 사태의 긴급성을 설명하여 잔치에 참예할 것을 종용하라는 것이다. 이 말씀은 인류를 구원하시기 위한 하나님의 간절한 의도가 담겨 있는 한편, 이에 따라 우리도 전도에 열심을 다하라는 말씀이기도 하다. 먼데 밖으로 나가라. 이방인들에게 복음을 전하여 그들을 천국잔치에 참여하도록 하신 것이다. 소외된 유대인에 이어 계속된 초청이다. 이방인들도 유대인들의 눈에 보기에 구원의 희망이 없는 자들이다. 그러나 하나님의 마음은 다르다. 구원 받으려는 사람보다 구원 하려는 하나님 마음이 크고 급하다. 이것이 하나님의 마음이다. 어찌되었든 종들은 나가 잔치 자리를 채워야 한다. 선교는 명령이다. 우리는 가득 채워질 때까지 사명을 가지고 최선을 다해야 한다.

그리고 "내가 너희에게 말하노니 전에 청하였던 그 사람들은 하나도 내 잔치를 맛보지 못하리라 하였다(24절)" 하였다. 주인이 종들에게 단언적으로 말한다. 전에 초청을 받고 거절했던 사람들은 한 사람도 들어오지 못한다. 천국잔치에 결코 참여할 수 없다는 말씀이다. 복음을 들을 때 받아들이지 않으면 더 이상 기회가 없다는 것이다.

5. 예수를 따르는 일의 어려움과 제자직의 도리(25-35절)

예수님이 길을 가시다 동행하던 무리를 향해 돌아서서 말씀하셨다. 예수님은 이 단락에서 경솔한 건축자, 성급한 왕, 맛을 잃은 소금 등의 여러 비유를 통해 제자의 직을 수행할 때 가져야 할 여러 도리를 말씀하셨다.

첫째, 제자는 제자의 직을 수행하는 것에 가장 우선순위를 두어야 한다. "무릇 내게 오는 자가 자기 부모와 처자와 형제와 자매와 더욱이 자기 목숨까지 미워하지 아니하면 능히 내 제자가 되지 못하고(26절)." 미워한다는 말은 실제로 사랑하지 말고 미워하라는 말이 아니다. 부모나 처자, 자기 생명은 미워할 대상이 아니다. 그럼에도 이 단어를 사용했을까. 그것은 그들보다 더 주님을 사랑해야 한다는 것을 말해준다. 예수님을 우리 삶에 최우선 순위에 놓아야 한다는 말이다.

주님은 베드로에게도 물으셨다. "이 사람들보다 나를 더 사랑하느냐?" 옆의 동료들은 미움의 대상이 아니다. 사랑의 대상이다. 그러나 주님은 물으신다. "이것들보다 나를 더 사랑하느냐?" 이것은 제자가 되기 위해서는 관계의 우선순위가 정립되어 있어야 한다는 것을 가르쳐 준다. 제자가 되려면 시간, 물질, 관계에 있어서 의지적 결단이 필요하다. 부모와 예수님의 권위가 대립할 때 주님께 순종해야 한다. 이것은 부모에게 불순종하라는 것이 아니다. 삶의 패러다임을 바꾸고(paradigm shift), 변혁(transform)되어야 한다.

26절의 말씀을 몇 가지로 나누어 그 의미를 좀 더 생각해보자.

첫 번째 의미다. "나는 부모를 미워한다. 나의 아내도 밉다." 그러면 주님의 제자가 될 수 있다는 것인가? 제자 됨은 자신의 이런 미움의 죄성을 합리화하기 위한 것이 아니다. 미워한다는 것은 증오나 적개심을 품으라는 것이 아니다. 유대표현법에 따르면 이것은 비교적인 개념이 담겨있다. "야곱은 사랑했으나 에서는 미워했다"는 말은 에서보다 야곱을 사랑했다는 것을 의미한다. 그러므로 이것은 "덜 사랑한다"는 의미로 이해되어야 한다. 예수님의 제자로서의 삶과 가정에 대한 사랑을 비교할 때 후자를 덜 사랑해야 한다는 것이다.

두 번째 의미다. 이 말씀은 부모나 자식을 미워하라는 것이 아니다. 제자가 되려면 우선순위를 무엇에 둬야 하는가를 가르치기 위한 것이다. 예수와 육신에 속한 자들 중 주님을 택함에 있어서 조금도 망설여서는 안 된다는 것을 가르친다. 부모나 처자, 자기 생명 등은 인간적으로 볼 때 가장 중시하는 것들이다. 예수님은 이런 것들을 나보다 더 사랑하는 자는 내게 합당치 아니하다고 하셨다(마 10:37). 하나님의 일을 하는 자는 가족보다, 자기 생명보다 주님을 더 사랑해야 한다. 식구나 자신보다 주님이 우선이 되어야 한다. 자기의 생명을 보존하려 하면 오히려 잃게 된다. 그러나 주님을 위해 자신의 생명까지 내놓는 자는 영원한 생명을 얻게 된다(마 10:39). 첫 번째 의미의 기준이 비교에 있다면 두 번째 의미의 기준은 우선순위에 있다.

세 번째 의미다. 부모나 자식이나 나의 성취를 나의 영광(glory)이나 크라운(crown)으로 여긴다면, 즉 그들이 나의 우상이 된다면 나는 주님의 제자가 될 수 없다. 그들을 영화롭게 해서는(glorify) 안 된다. 영광 받으실 분은 오직 주님 한 분뿐이다. 인간적인 것, 육적인 것을 떠나라. 그것을 미워하지 않으면 안 된다. "능히 나의 제자가 되지 못하고"라는 말씀이 세 번 반복(26절하, 27절하, 33절하) 된다. 반복은 강조를 의미한다.

둘째, 제자는 자기 부정의 삶을 살아야 하고 전적으로 자기희생의 길을 걸어야 한다. "누구든지 자기 십자가를 지고 나를 따르지 않는 자도 능히 내 제자가 되지 못하리라(27절)." 예수님 당시 자기 십자가를 진다는 것은 형장에 끌려가는 자가 지는 것을 의미한다. 사형언도를 받은 자다. 그러므로 자기 십자가를 지고 주님을 좇는 것은 주님과 함께 죽음의 자리까지도 가는 각오와 결의가 되어있어야 한다는 것을 의미한다. 죽음의 순간까지도 주님을 따르겠다는 헌신의 결의다. 따르다가 조금 힘들면 그만두는 것은 자기 십자가를 지는 것이 아니다. 주님의 제자라면 쉽게 "힘들어서 못하겠네요."라는 말을 하지 않아야 한다.

제자가 되려면 희생의 대가를 각오해야 한다. 십자가는 희생을 상징한다. 멍에는 섬김을 상징한다. 희생과 섬김이 필요한 것이 제자의 도다. 십자가 처형을 당한 사람은 자기가 질 십자가를 죽는 장소까지 끌고 간다. 이것은 자기가 죄인임을 공포하는 것이고, 재판이 옳았다는 것을 선포하는 의미가 있다. 십자가는 방향(죽는 장소), 희생(올라가면 다시 내려오지 못한다), 결단(날마다 제 십자가를 지고), 포용성(누구든지 나를 따르려거든)이 있다.

자기 십자가를 진다는 것은 부모나 처자에 대해 각자 영적으로 져야 할 십자가가 있음을 의미한다. 이것을 기꺼이 지라는 말이다. 자식은 귀중한 영혼(precious soul)이다. 부모는 자식에 영혼을 위해 좋은 청지기(good steward)역할을 해야 한다. 이것이 영적인 부모로서의 사역(ministry)이다. 자식에게 군림하려는 것은 십자가를 지는 것 아니다. 오히려 그 자식을 위해 청지기가 되어야 한다. 청지기가 된다고 해서 그에게 영광을 돌려서는 안 된다(not glorify him). 그를 나의 십자가에 지고 가야 한다.

십자가를 진다는 것은 그들이 주님이 기뻐하시는 삶을 살도록 배려하는 것이다. 톨킨의 '반지의 제왕'에서 호빗 사람들이 반지가 나쁜 사람에게 가지 않도록 노력하는 것을 볼 수 있다. 그리스도인들은 악에 빠지지 않도록 이 땅에서 반지를 옮겨가는 사람들이다. 그 반지를 옮기기 위해서는 고통이 따른다. 그것이 십자가를 지는 것이다.

우리는 주님이 맡겨주신 이 십자가를 기꺼이 지도록 재헌신(recommit)해야 한다. "자기" 십자가라는 점에 주목할 필요가 있다. 예수님의 십자가는 우리를 위해 피 흘리고 죽는 것이었다. 주님은 그 십자가를 마다하지 아니하고 지셨다. 베드로가 "그리 마옵소서."라고 했다가 사탄이라 지목을 받은 것은 그 십자가를 지시겠다는 주님의 각오가 얼마나 큰가를 보여준다.

우리 각자에게도 맡겨진 십자가가 있다. 그것은 직분에 따라 다르기도 하다. 십자가를 진다는 것은 고통이요 어렵다. 그러나 제자들은 그 십자가를 져야 한다. 부자 청년은 예수를 따르고자 했지만 재산을 팔아 가난한 자에게 주라는 말씀을 듣고 슬픈 빛을 띠고 떠나갔다. 그에게 지워진 십자가를 거부한 것이다. 십자가를 진다는 것은 그만큼 쉬운 일이 아니다.

그리스도인은 내 안에 그리스도가 사신 것이므로(갈 2:20) 늘 주님이 맡겨준 십자가를 기꺼이 지는 삶을 살아야 한다. 제자이면서도 십자가를 지지 않으려 한다면 그것은 하나님의 일을 하지 않겠다는 것과 같다. 그리스도인이 된다는 것은 매일 제몫의 십자가를 지는 생활이다. 그리스도인이 된다는 것은 결코 쉬운 일이 아니다.

셋째, 제자의 직을 과소평가하지 말라. 제자 직의 값을 과소평가하여 자신의 능력을 벗어난 길에 경솔하게 뛰어들지 말아야 한다. 제자에게는 무소유의 삶이 요구되기 때문이다. 다른 복음에서는 제자로서 살려면 즉시성, 곧 따라올 것을 강조했으나 누가복음은 준비성을 강조하고 있다.

28절과 31절에서 두 비유가 소개되고 있다. 이 비유는 모두 대가를 계산하라는 말씀이다. 제자가 되는 것이 유익한 것인가 그렇지 않은 것이 유익한가에 대한 계산이다. 제자가 되지 않으면 영적으로 손해를 본다는 것을 알게 된다.

"너희 중의 누가 망대를 세우고자 할진대 자기의 가진 것이 준공하기까지에 족할는지 먼저 앉아 그 비용을 계산하지 아니하겠느냐 그렇게 아니하여 그 기초만 쌓고 능히 이루지 못하면 보는 자가 다 비웃어 이르되 이 사람이 공사를 시작하고 능히 이루지 못하였다 하리라(28-30절)."

망대 비유에서는 내가 계산해서 결정한다. 안 해도 생명이 위험하지 않다. 그러나 적의 침입 비유에서는 내가 결정하지 않아도 적이 쳐들어온다. 생명의 위험이 따른다. 우리에게도 사탄이 들어온다. 제자가 되는 것이 좋은지 사탄의 지배를 받는 것이 좋은지 따져보라. 제자가 되지 않을 때 손해 본다.

포도원을 가진 농부는 농작물을 보호하기 위해 망대를 짓는다. 비용도 계산하지 않고 망대를 짓다가 그만 둔다면 사람들의 빈축을 살뿐이다. 비용을 예산하지 않겠느냐는 말씀은 제자가 된다는 것은 비용이 드는, 곧 대가를 치르는 아주 힘든 일임을 가르쳐 주고 있다.

그리스도의 제자가 된다는 것은 명목적이거나 허울이 아니다. 취미나 교양, 정신건강을 위해 교회에 다니는 문화적 그리스도인이 되는 것이 아니다. 일시적 흥분과 감정으로 믿는 것도 아니다. 어떤 부흥회에서 상당수 교인들이 거액의 헌금을 약속하고 갚지 못하는 일이 발생했다. 또한 선교사로 가겠다고 수백 명이 손을 들어놓고서는 결국 한 사람도 실현하지 못했다. 신중해야 한다.

망대는 적의 동태를 살피기 위해 중요한 것이다. 그리스도의 제자들은 마귀와 대적하기 위해 값비싼 망대를 지어야 한다. 예산이 많이 들어가는 일이다. 망대를 짓다가 중도에 그만 두면 마귀만 좋아하게 된다. 자기 십자가를 질 때 결코 중도에 포기하는 일이 일어나서는 안 된다. 이를 위해서는 만반의 준비가 되어 있어야 한다.

"또 어떤 임금이 다른 임금과 싸우러 갈 때에 먼저 앉아 일만 명으로써 저 이만 명을 거느리고 오는 자를 대적할 수 있을까 헤아리지 아니하겠느냐 만일 못할 터이면 그가 아직 멀리 있을 때에 사신을 보내어 화친을 청할지니라(31, 32절).”

망대비유와 전쟁을 준비하는 임금의 비유는 내용이 비슷하여 쌍둥이 비유라 한다. 전쟁을 계획하는 왕은 승산이 있는지 계산하고 전쟁에 임해야 한다. 진다고 판단되면 화친을 청해야 한다. 준비나 계획 없이 전쟁을 하게 되면 나라가 망하기 때문이다.

이 비유는 왕이 전쟁을 하기로 했다면 철저히 그리고 미리 준비해야 한다는 것을 가르쳐 주고 있다. 주님은 이미 마귀와의 영적인 전쟁을 선포하셨다. 그분의 군사인 우리가 그 명령에 대해 영적으로 아무런 준비도 하지 못하고 살아간다면 우리의 삶은 매일 패배일 뿐이다. 이 비유의 가르침은 마귀와 화친하라는 것이 아니다. 철저히 준비해 오히려 그것을 이기라는 것이다. 그래야 그리스도의 제자라 말할 수 있다. “좀 더 자자 좀 더 눕자”하면 빈궁이 도적같이 오듯 영적인 전쟁을 앞두고 “좀 더 자자 좀 더 눕자”하면 패배가 눈에 보인다.

“너희 중에 누구든지 자기의 모든 소유를 버리지 아니하면 능히 내 제자가 되지 못하리라(33절).” 이 말씀은 앞선 두 비유의 결론이다. 제자의 삶이란 무소유의 삶이므로 그 삶을 절대 과소평가하지 말라는 것이다. 모든 것을 버린다. 내가 사랑하는 모든 것에 대해 ‘안녕(Goodbye)’ 이라고 말할 수 있어야 한다. 주님은 부자 청년을 향해 가진 것을 다 팔아 가난한 자에게 주고 그리고 나를 따르라 하셨다. 그러나 그는 그렇게 하지 못했다. 우리는 작은 것은 포기할 수 있다. 그러나 큰 것은 포기할 수 없다. 50달라는 포기할 수 있지만 5백만 달러는 포기할 수 없다. 복음은 값없이 얻을 수 있다. 그러나 그리스도인이 된다는 것은 비싼 값을 치러야 한다. 은혜는 값없이 얻을 수 있다. 그러나 주님을 따르는 데는 비싼 값을 치러야 한다. 자기 십자가를 지는 것은 결코 쉽지 않다. 그러나 우리가 받는 고난을 통해, 하나님께 영광을 돌릴 수 있다는 것을 기억하라.

제자가 되려면 물질의 소유권이 정리되어야 한다. 모든 소유를 버리는 것은 모든 물질, 축복은 하나님의 것임을 인정하라는 의미다. 축복주신 하나님을 기억하며 살라는 것이다. 물질의 노예가 되지 말라. 넉넉한 마음을 가지고 이웃을 돌보며 살라. 제자들의 특징은 자기를 포기하는 것이다. 주님은 “자기의 모든 소유”를 버리라고 명령하신다. 베드로, 안드레, 요한 등은 그들의 생업도구인 배들을 버리고 주님을 좇았다. 그러나 소유에는 물질적인 것만 의미하지 않는다. 우리의 성급한 성격, 고집, 욕망, 욕심, 명예 등 그리스도를 위해 포기해야 할 것이 많다. 그런 것들을 가진 채 주님의 일을 하기에 적합지 않기 때문이다. 버릴 것은 과감히 버려야 한다. 위경으로 알려진 도마서에 따르면 그는 자기의 교만을 죽이는데 자기 힘이 강한지 칼을 들고 벽을 찔러 보았다. 나쁜 습관일수록 서서히 끊는 것이 아니라 한꺼번에 싹 끊어야 한다.

끝으로, 예수의 제자는 예수 제자다워야 한다. "소금이 좋은 것이나 소금도 만일 그 맛을 잃으면 무엇으로 짜게 하리요 땅에도, 거름에도 쓸 데 없어 내버리느니라 들을 귀가 있는 자는 들을지어다 하시니라(34, 35절)." 제자는 소금 역할을 해야 한다. 소금은 짠맛, 곧 예수 맛을 나타내야 한다. 그 맛을 내지 못하면 밖에 버리어 밟힌다. 소금은 녹아야 한다. 내가 주의 제자가 되려면 내가 녹아 예수 맛을 내야 한다. 소금은 맛을 내야 소금인 것처럼 그리스도의 제자들도 제자다운 맛을 내야 제자라 말할 수 있다. 그리스도인으로서 그 맛과 향기가 없다면 그리스도인이라 말하지 못한다. 소금이 그 맛을 내려면 완전히 녹아야 한다. 녹는다는 것은 포기와 희생을 의미한다. 예수님은 "너희 속에 소금을 두고 서로 화목하라(막 9:50)" 하셨다. 자기가 녹아지지 않으면 화평을 가져올 수 없다.

소금은 썩지 않게 하는 역할을 한다. 주님은 우리를 세상의 빛과 소금이라 하시고 빛과 소금의 역할을 잘 수행하도록 하셨다. 그런 다음 "너희 착한 행실을 보고 하늘에 계신 너희 아버지께 영광을 돌리게 하라(마 5:16)" 하셨다.

소금이 그 맛을 잃으면 밖에 버리어 사람에게 밟히게 된다. 아무짝에도 쓸모가 없기 때문이다. 우리가 그리스도의 제자라고 하면서 하나님의 영광을 드러내지 못하고 오히려 다른 사람들로부터 손가락질 당하는 생활을 한다면 문제가 아닐 수 없다. 맛을 잃는 소금은 신앙을 잃은 그리스도인이기도 하다. 예수를 맛보고서도 타락한 생활을 하면 신앙생활하기 더 힘들다. 세상적인 모든 것을 버리고, 자기에게 맡겨진 십자가를 져야 소금의 맛을 낼 수 있다.

"들을 귀 있는 자는 들을지어다." 예수님은 제자가 될 수 있는 여러 조건을 제시하고 그렇게 하지 않으면 자기 제자가 될 수 없다고 하셨다. 제자의 길은 하나님의 군사로서 하나님을 최우선으로 삼으며 그 삶에 맞지 않는 것은 완전히 버리고 철저히 그리고 꾸준히 전투 준비를 해야 한다. 주님의 제자로서, 군사로서 포기한 것이 많으면 많을수록 손해 보는 것이 아니라 얻는 것이 더 많게 된다는 자신감을 이 말씀이 담고 있다. 예수를 따른다는 것은 결코 쉬운 일이 아니다. 그러나 그만큼 보람 있고 무엇보다 가치 있는 일이다.

제15장

잃었던 양의 비유와 잃어버린 아들을 기다리는 아버지의 비유

1. 잃었던 양의 비유(1-7절)

많은 세리와 죄인들이 예수님의 말씀을 들으려고 모여들었다. 하나님에게는 모든 사람에게 문이 열려 있다. '모든 세리와 죄인들' 은 본문비유를 이해함에 있어서 가장 중심 되는 사람들이다. 당시 유대인들은 세리, 죄인들, 창녀들은 구원받을 수 없는 사람들로 여겼고, 이들은 사람들로부터 철저히 소외되었다. 그러나 하나님은 이들을 다르게 보셨다.

하나님은 그들에 대해 관심을 보이셨다. 하나님은 죄인들, 어둠 속에 있는 사람들이 하나님을 찾으며 그들이 가까이 오는 것을 더 기뻐하셨다. 그들이 회개하고 돌아오면 그 누구보다 기뻐하셨다. 잃은 양, 잃은 드라크마를 찾았을 때의 기쁨, 탕자 비유에서 돌아온 탕자를 맞는 아버지의 기쁨은 바로 하나님 아버지의 기쁨이다. 당시 바리새인이나 서기관들은 이것을 이해할 수 없었다. 그러나 그들이 도저히 이해할 수 없는 기쁨은 하나님의 가장 큰 기쁨이다.

미국에 온 한 중국인 성도가 "중국에는 불교와 유교가 있는 데 왜 기독교가 필요한가?" 라는 질문을 받았다. 그는 말했다. "공자는 선생이지만 예수님은 구세주시다. 중국은 선생이 필요한 것이 아니라 구세주가 필요하다. 중국은 부활하신 구세주가 필요하다. 심판자가 아니라 구세주가 필요하다." 척 스미스 목사는 히피에 대해 목자의 심장을 가졌다. 그에게 감화를 받은 히피들 가운데서는 목사가 배출되기도 했고, 마라나타라는 찬양그룹을 만들어 많은 사람들에게 복음 송을 전해주기도 했다.

세리와 죄인들이 예수께 모여들자 바리새인과 서기관(율법학자)들은 수군거리며 말했다. "이 사람이 죄인을 영접하고 음식을 같이 먹는다." 바리새인들은 사악한 이들과는 어울리지 말고 그들에게는 율법도 가르치지 말라는 랍비의 옛 규범을 신봉하며 자신들이 죄인이라고 판단하는 모든 이들과 교제하는 것을 금했다. 그런데 예수님은 죄인들을 환영하고 함께 음식까지 먹는다는 것이다. 예수님의 행동을 이해할 수 없다는 것이다. 이것은 예수님이 얼마나 죄인을 존중하고 가까이했으며 그들의 친구가 되셨는가를 입증한다. 죄 없으신 예수님이 죄인과 함께 앉아 먹고 그들의 친구가 되었다는 것이 복음의 진수이다.

교회는 문이 열려있어야 한다. 예수님이 계시면 세리나 창녀들도 들어올 수 있어야 한다. 우리는 그리스도인이라 하면서 오히려 그들이 교회에 오는 것을 싫어하며 막지 않았는지 반성해야 한다. 자기와 비슷한 사람들, 세상으로부터 인정받는 사람들과만 교제하며 저들이 오면 교회 수준이 낮아진다고 불평하지 않았는지 우리의 더러운 이기주의를 들여다보고 철저히 반성해야 한다.

그래서 예수님은 그들에게 잃은 양의 비유를 들어 말씀하셨다.

"너희 중에 어떤 사람이 양 백 마리가 있는데 그 중의 하나를 잃으면 아흔아홉 마리를 들에 두고 그 잃은 것을 찾아내기까지 찾아다니지 아니하겠느냐(4절). 유대에서 양은 가족과 같다. 양과 목자와의 관계도 그러하다. 목자는 막대기 밑을 통과하는 양들을 예의 주시하며 관찰한다. 만약 하나라도 돌아오지 않았다면 목자는 그 잃은 양을 찾아다닌다. 하나님은 우리의 목자이시다. 하나님은 지금도 잃은 양(lost sheep)을 찾으러 돌아다니신다. 죄인의 회개는 잃은 양을 찾는 것이다.

"또 찾아낸즉 즐거워 어깨에 메고 집에 와서 그 벗과 이웃을 불러 모으고 말하되 나와 함께 즐기자 나의 잃은 양을 찾아내었노라 하리라(5, 6절)." 잃은 양을 찾은 목자의 한없는 기쁨을 나타낸다. 전도자의 최고의 기쁨도 여기에 있다. 양과 목자의 관계는 이처럼 철저한 사랑의 관계이다. 목자와 양의 관계는 마치 부모와 자식과 같다. 선한 목자는 양을 위해 목숨까지 버린다.

"내가 너희에게 이르노니 이와 같이 죄인 한 사람이 회개하면 하늘에서는 회개할 것 없는 의인 아흔아홉으로 말미암아 기뻐하는 것보다 더하리라(7절)." '이와 같이' 는 잃어버린 양을 찾아내기까지다. 찾을 때까지 몇 날이 걸리더라도 찾을 때까지 온 산과 들을 헤맨다. 우리도 목자의 심정과 태도를 갖는 것이 중요하다.

죄인은 유명 인사가 아니라 세리나 창녀 등 비천하게 여기는 사람들이다. '죄인 하나' 는 하나님께서 숫자에 연연하지 않으심을 보여준다. 물론 전도하여 많은 사람들이 주님 앞으로 인도되는 것이 좋은 것이지만 주님은 숫자보다는 한 사람이라도 회개할 것이 있는 무명의 죄인들이 돌아오는 것을 기뻐하신다. 의인 아흔 아홉을 인하여 기뻐하는 것보다 더하리라는 말씀이 그것이다.

하나님은 잃은 양이 돌아오는 것을 기뻐하신다. 예배보다 더 기뻐하시는 것은 잃은 양이 돌아오는 것이다. 그 양이 돌아와 예배드리는 것을 기뻐하신다. 우리는 모두 전도에 동참하여 하나님의 기쁨에 동참해야 한다. 아무리 자식이 많아도 하나를 잃어버렸을 때 부모에게 있어서 그 아이는 모든 것이다. 하나님은 우리 각자에게 60억분의 1만 사랑하지 않으신다. 100% 사랑을 주신다.

한 양이 돌아오면 하늘에서는 새 생명 축제가 열린다. 스펄전은 예수님이 기뻐 눈물을 흘리신다고 말한다. 그 기쁨의 눈물이 새 예루살렘을 적시고 흘러넘친다. 하늘의 큰 기쁨을 회복하라. 예수님은 "내 양을 위해 목숨을 버리노라(요 10:15)." 하셨다. 우리 안에 들지 않은 다른 양에게도 관심을 가지신다. 잃어버린 양을 찾는 것은 기본이다. 이것이 복음의 순수성이다. 우리도 이 순수성을 지키며 늘 하나님과 인격적 관계에 들어가야 한다.

잃은 양의 비유는 유대 종교 지도자의 잘못된 편견을 극복하라는 가르침을 준다. 그들은 크게 두 가지 점에서 문제가 있다.

첫째, 분리주의적 생각이다. 그들은 사람을 선인과 악인(죄인)으로 구분한다. 그들은 예수님이 어떻게 죄인의 집에 가서 음식을 먹을 수 있는가 생각한다. 그래서 예수님에 대해 불평하고 원망하고 수근 거린다. 지도자들은 하나님을 믿었지만 하나님의 심정을 이해하지 못했다.

둘째, 메시야가 어떻게 초라한 인간으로 오실 수 있겠느냐는 생각이다. 그래서 그들은 예수님을 메시야로 보지 않으려 했다.

이것은 마치 영국인들이, 하나님은 앵글로색슨의 하나님이라 생각하고, 인도나

중국을 야만인으로 간주해 아편을 팔았다. 분리주의적인 생각을 가진 것이다. 그러나 윌리엄 캐리는 인도에 대해, 허드슨 테일러는 중국을 안고 선교했다.

바리새인과 서기관들은 성전중심으로 생활하고 사람들로부터 인정받는 사람들이다. 세리와 죄인과는 너무나 대조적인 사람들이다. 이들은 예수님이 자신들과 더불어 친하지 않고 천대받아야 마땅할 사람들, 정죄 받아야 마땅할 죄인들과 함께 하는 것을 이해 할 수 없었다. 이들의 입에서 원망이 터져 나왔다.

만약 예수님이 이 땅에 다시 오셔서 충성스럽게 교회생활을 한 사람들보다 교회 밖의 사람들을 만나시고 그들의 친구가 되는 것을 보면 원망이 나올 것이다. 이런 점에서 이들의 원망은 너무 자연스러운 것이다. 그러나 주님의 마음은 이들보다 교회 밖에 있었다. 우리는 이 사실에 주목해야 한다.

2. 잃었던 은전의 비유(8-10절)

이 단원은 잃었던 은전의 비유다. 어떤 여자가 열 드라크마를 가지고 있었다. 드라크마(drachma)는 헬라의 은전으로 중량은 약 3.8g이다. 로마의 한 데나리온의 가치와 같다. B. C. 3세기에는 한 드라크마가 양 한 마리 값이었다고 한다. 이 돈은 여인의 결혼 지참금이었거나 소중하게 간직한 것이었을 것이다.

그런데 그만 한 드라크마를 집에서 잃고 말았다. 그렇다면 "등불을 켜고 집을 쓸며 찾아내기까지 부지런히 찾지 아니하겠느냐(8절)." 이 주제는 잃은 양의 비유와 같다. 이 여인은 은전을 찾기 위해 등불을 켜고 방안을 조심스럽게 쓸며 그것을 찾는다. 당시 가난한 서민의 경우 창문이 없는 집이 대부분이어서 작은 것을 떨어뜨리거나 잃어버릴 경우 낮에도 등불을 켜야 했다.

"또 찾아낸즉 벗과 이웃을 불러 모으고 말하되 나와 함께 즐기자 잃은 드라크마를 찾아내었노라 하리라(9절)." 잃은 것을 되찾은 여인은 친구와 이웃들을 불러 되찾은 기쁨을 함께 나눈다.

"내가 너희에게 이르노니 이와 같이 죄인 한 사람이 회개하면 하나님의 사자들 앞에 기쁨이 되느니라(10절)." 이처럼 죄인 한 사람이 회개하고 돌아오면 하나님과 그의 천사들이 기뻐하신다. 이 비유를 통해 우리는 오늘도 잃은 양을 찾기 위해 온 들을 헤매는 목자처럼, 잃어버린 은전을 찾기 위해 온 집안을 뒤지는 여인처럼 죄인들을 구원하시고자 하는 하나님의 열심과 사랑을 읽을 수 있다.

3. 잃어버린 아들을 기다리는 아버지의 비유(11-32절)

이 단원은 '탕자의 비유'로 널리 알려진 비유의 말씀이다. 예레미야스는 탕자의 비유라는 제목은 잘못되었다고 말하고 아버지의 마음이 주제여야 한다고 했다. 이 비유는 앞의 두 비유보다 길이, 구상, 사실성, 인상 등에 있어서 아주 뛰어나다. 죄인을 기다리시는 하나님 아버지의 마음이 사실적이고 아주 인상 깊게 전개되고 있다.

어떤 사람에게 두 아들이 있었다. 그런데 작은 아들이 "아버지, 제 몫으로 돌아올 재산을 주십시오."라며 재산 상속을 요청했다. 재산(property)의 원문은 '본질(ousia, substance)이라는 뜻을 가지고 있다. 자기에게 있어서 아버지 당신은 죽었다고 선언하는 것과 같다. '당신은 나에게 부담되고, 앞길을 막는 자'라며 사실상 아버지를 버리는 행위이다. 아버지는 무시당하고, 버림당했다. 아버지의 마음은 얼마나 아팠을까. 불효 중에 불효가 아닐 수 없다.

아버지는 그 살림을 각각 나눠 주었다(12절). 재산을 갈라 두 아들에게 나누어 주었다. 살림(propety)의 원문은 '생명(bios, life, living)이라는 뜻을 가지고 있다. 아버지의 생명을 찢었다는 말이다. 아버지는 갑자기 재산을 정리해야 했다. 손해를 보고 정리해 당시 풍습대로 큰 아들 2/3, 작은 아들 1/3로 분배했을 것이다.[12] 아버지는 재정적으로도 손해를 봤다.

"그 후 며칠이 안 되어 둘째 아들이 재물을 다 모아 가지고 먼 나라에 가 거기서 허랑방탕하여 그 재산을 낭비하더니(13절)." 받은 유산을 다 모아 다른 먼 나라로 갔다는 것은 더 이상 아버지 곁에 있고 싶지 않았다는 것을 말해준다. 더 이

12) 아버지가 죽었을 경우 처자에게 재산의 3분의 1이 주어지고, 아버지가 살아있을 때는 그 양이 줄어 9분의 2가 주어진다는 주장도 있다.

상 식구들로부터 간섭을 받지 않고 독립적으로 살아보겠다는 것이다. 그러나 규모 있게 살기보다는 허랑방탕 쪽으로 가 재산을 낭비했다. 재산을 낭비했다는 것은 '본질,' 곧 돈만 아니라 모든 것을 날려버렸음을 의미한다.

가진 것은 다 써 버린 데다 그 나라에 흉년까지 크게 들어 비로소 굶주리게 되었다. 그는 하는 수 없이 그 나라의 어떤 사람에게 가서 몸 붙여 살게 되었는데 주인이 그를 들로 보내 돼지를 치게 하였다(14, 15절). 돼지 떼를 친다는 것은 그가 끝까지 추락했음을 보여준다. 유대인에게 있어서 돼지는 불결한 짐승으로 간주하기 때문이다.

그가 너무도 배가 고파 돼지가 먹는 쥐엄나무 열매(pods, husks)로 배를 채우려 했지만 그것마저 주는 사람이 없었다. 그 나라 사람으로부터도 동정을 받지 못한 것이다. 쥐엄 열매는 그 열매의 모양을 따 '작은 뿔' 이라는 뜻을 가지고 있다. 주로 가축의 사료로 사용했지만 가난한 사람들의 음식도 되었다. 이것은 그의 처지가 아주 비참한 상태에 이르렀음을 말해준다.

"이에 스스로 돌이켜 이르되 내 아버지에게는 양식이 풍족한 품꾼이 얼마나 많은가 나는 여기서 주려 죽는구나(17절)." '스스로 돌이켜(he came to himself)' 는 '자기 자신에게 돌아와서' 라는 뜻으로 제 정신이 들었다(came back to his senses)는 말이다. 망상에 젖어 방탕한 생활을 해왔던 그가 굶주림이라는 고통을 통해 정신을 차린 것이다. 그동안 정신 나간 상태에서 정신 차린 상태로 돌아왔다는 말이다. 자신의 깨달음, 진정한 자기 발견, 참된 나의 발견이다. 그 깨달음을 통해 아버지께 돌아온다. '내 아버지의 집에는 양식이 풍부하여 많은 일꾼들이 먹고도 남는데 나는 여기서 굶어 죽는구나!' 이제야 철이 들어 그 마음이 아버지를 향하고, 아버지께 돌아갈 마음을 갖게 된 것이다. 회개의 마음이 싹튼 것이다. 회개는 정신을 차리고 사실을 직시하는 데서 시작된다. 이제 그의 본격적인 회개가 시작된다.

"내가 일어나 아버지께 가서 이르기를 아버지 내가 하늘과 아버지께 죄를 지었사오니(18절)." 그는 하나님을 직접 부를 수 없어 하늘이라 했다. 그는 왜 하늘, 곧 하나님께 범죄했다고 했을까? 갑자기 믿음이 좋아졌을까? 그보다는 하나님을 들먹거리면 아버지가 좋아하실 것을 알았다. 아버지는 하나님을 사랑한 분, 자식이 하나님의 자녀 되기를 기도했던 분, 아니던가. 아이가 "내일부터 열심히 교회에 나갈게" 하면 용서하지 않겠는가. 아버지는 아들이 떠나자마자 아들 위해 기도하고, 돌아오기를 기다린 터다. 자식이 사춘기를 앓으면 부모는 사추기를 앓는다. 부모도 아프다. 톨스토이도 사춘기 때 무신론자의 영향을 받아 하나님을 떠났다가 50세에 다시 신앙으로 돌아왔다. 인간도 회귀본능을 가지고 있다. "아버지 집에 가서 쉴 때까지는 절대 평화가 없다." 아우구스티누스의 말이다.

"지금부터는 아버지의 아들이라 일컬음을 감당하지 못하겠나이다 나를 품꾼의 하나로 보소서 하리라 하고(19절)." 그는 자신을 알았다. 어떻게 감히 아들의 대접을 받을 수 있겠는가. 그저 품꾼의 하나로 여기는 것만도 족하다. 품꾼(misthios, a hired servant)은 여러 품꾼 중 가장 낮은 단계의 품꾼을 일컫는 말이다. "이에 일어나서 아버지께로 돌아 가니라(20절 상반 절)." 작은 아들이 한 일 가운데 위대한 것 두 가지가 있다. 하나는 마음의 회심이다. 스스로 돌이켰다(17절). 다른 하나는 이를 행동으로 옮긴 것이다. '이에 일어나 아버지께 돌아 가니라.'

"아직도 거리가 먼데 아버지가 그를 보고 측은히 여겨 달려가 목을 안고 입을 맞추니(20절 하반 절)." '아직도 거리가 먼데,' 심리적 거리는 더 멀었을 것이다. 그럼에도 아버지의 태도는 아주 적극적이다.

첫째, 측은히 여겼다(splagchnizomai, moved inside, moved with compassion, moved in the inward parts). 마음이 크게 움직인 것이다.

둘째, 달려 나갔다(trecho, ran). 유대인은 옷을 입고 뛰지 않는다. 달려 나가기 위해선 통옷(tunic)을 걷어 올려야 한다. 그러면 자신의 종아리까지 보여야 한다. 그 모습을 보고 사람들이 놀랐을 것이다. "주인님이 저 모습으로 뛰시다니!" 그러나 그는 개의치 않았다. 얼마나 기다렸던 아들인가. 아버지는 더 이상 체면을 생각지 않았다.

셋째, 목을 안았다(epipipto, fell upon the neck). 이유를 따지지 않고 용서하신 것이다. "이 녀석아, 왜 이제 돌아왔니. 얼마나 기다린 줄 아니." 이 장면에서 아버지의 한없는 사랑과 그만의 감격을 읽을 수 있다.

끝으로, 입을 맞췄다(kataphileo, kissed fervently). 안고 키스(hug, kiss)를 한 것이다. 자식이 더럽다 말하지 않았다. 그대로 안고 키스를 했다. 하늘의 아버지가 우리에게 이렇게 하셨다.

아버지의 이런 모습에 아들은 할 말을 잃었다. 그는 겨우 입을 열어 진심어린 고백을 했다. "아버지 내가 하늘과 아버지께 죄를 지었사오니 지금부터는 아버지의 아들이라 일컬음을 감당하지 못하겠나이다(21절)." 회개를 한 것이다. 참 회개다.

하지만 아버지는 종들에게 말했다. "제일 좋은 옷을 내어다가 입히고 손에 가락지를 끼우고 발에 신을 신기라(22절)." 아버지는 아들에게 세 가지를 가져다주도록 했다. 첫째, 그 집에서 '제일 좋은 옷(the best robe)' 이다. 아버지는 아들을 그 집의 주인공으로 삼았음을 의미한다. 그것은 아버지의 옷일 수 있다. 주님도 우리에게 세마포 옷을 입혀 주신다. 우리 죄를 둘러싼 옷이다. 우리가 아무리 씻어도 스스로 죄를 씻을 순 없다. 하나님의 의로 우리가 깨끗해질 수 있다. 둘째, 반지(daktylion, ring, seal)다. 손에 가락지를 끼운다는 것은 아들로서의 권위와 권리를 인정한다는 것이다. 셋째, 신(hupod?ma, a sandal)이다. 종은 신을 신지 못했다. 주인, 아들과 딸만 신을 신었다. 그러므로 그에게 신을 신기는 것은 종이 아니라 아들 됨(sonship)의 회복을 의미한다. 신분 상 품꾼이 아니라 아들 됨의 완전한 회복이다.

"그리고 살진 송아지를 끌어다가 잡으라 우리가 먹고 즐기자 이 내 아들은 죽었다가 다시 살아났으며 내가 잃었다가 다시 얻었노라(23, 24절)." 살진 송아지는 원문 상 '살진 그 송아지' 다. 가장 귀한 손님이 올 때 먹으려 예비해둔 아주 귀한 소임을 가리킨다. 살진 송아지는 하나님 아버지의 풍성한 사랑을 나타낸다. 죽었다 살아난 아들, 잃었다 얻은 아들 아닌가.

그 말을 들은 종들이 다 기뻐하였다. 그런데 맏아들이 밭에 있다가 돌아와 집에 가까이 왔을 때 마침 풍악과 춤추는 소리를 듣게 되었다. 그는 종 한 사람을 불러 도대체 무슨 일인가 물었다. 그런데 뜻밖에 "당신의 동생이 돌아왔으매 당신의 아버지가 건강한 그를 다시 맞아들이게 됨으로 인하여 살진 송아지를 잡았나이다." 하지 않는가. 화가 나지 않을 수 없었다.

그는 마음이 상해 집에 들어가고자 하지 않았다. 결국 아버지가 나와서 권했다. '권했다(parakaleo, pleaded)' 는 말은 '간청하다,' '곁에 와서 청하다' 는 뜻을 가지고 있다. 한번만이 아니라 계속해서 권했음을 의미한다. 아버지는 아들의 건방진 행동에 대해 나무라기보다 다가와 간청하고 이해를 구했다. 맏아들의 심정을 모르는 것 아니기 때문이다.

그 때 맏아들은 아버지를 향해 폭탄과 같은 말을 했다.

"내가 여러 해 아버지를 섬겨 명을 어김이 없거늘 내게는 염소 새끼라도 주어 나와 내 벗으로 즐기게 하신 일이 없더니 아버지의 살림을 창녀들과 함께 삼켜 버린 이 아들이 돌아오매 이를 위하여 살진 송아지를 잡으셨나이다(29, 30절)."

맏아들은 자신과 동생을 비교하였다. 비교는 불만을 낳는다. 나는 이렇게 교회에 열심히 다하고 하나님을 섬기는 데 가난하고, 믿지 않는 사람은 교회도 안 다니고 할 짓 못할 짓 다하는 데 부유하게 사는가. 맏아들은 돌아온 아들을 가리켜 '이 아들이' 라 하였다. 그리고 창녀들과 놀아난 아들이라 했다. 동생으로 생각지 않고, 정죄한 것이다. 교만하고 스스로 의롭게 여긴 바리새인의 태도와 같다. 그는 비록 아버지 집에서 같이 살기는 했지만 아버지의 마음을 이해하거나 그 마음을 소유하지 못했다. 잘된 아들이라면 아버지를 기쁘게 하기 위해 일찍이 동생을 찾아 설득했어야 했다. 그런데 원망만 늘어놓았다. 불쌍히 여겨야 할 자를 불쌍히 여기지 않는 것은 비판 받아야 마땅하다.

이 비유는 동생의 문제가 모두가 아님을 보여준다. 작은 아들은 집을 나가 방탕한 생활을 했다. 바리새인의 눈에 세리와 창녀 같은 사람들이다. 맏아들의 불평을 보면 맏아들도 이미 아버지를 떠나있다. 맏아들조차 집안에서 방탕한 것이다. 이 비유는 작은 아들뿐 아니라 맏아들, 곧 바리새인에게도 문제가 있음을 보여준다. 두 아들 모두 아버지를 떠났다. 아버지를 잃으면 모든 것을 잃는 것과 같다.

작은 아들은 겨우 아버지 마음을 알아 가는데, 맏아들이 그것을 모른다. 아버지는 맏아들에게 타이르듯 말했다.

"얘 너는 항상 나와 함께 있으니 내 것이 다 네 것이로되 이 네 동생은 죽었다가 살아났으며 내가 잃었다가 얻었기로 우리가 즐거워하고 기뻐하는 것이 마땅하다 하니라(31, 32절)." 네 동생, 불쌍한 네 동생을 사랑하라는 말씀이다. 불쌍한 자의 잘못을 지적하기보다 그에게 사랑을 베풀라 하신다. 이것이 바로 하나님 아버지의 마음이다. 하나님 나라에는 의와 평화와 희락이 있다.

이 비유에서 '나' 나 '내' 라는 말이 자주 등장한다. 작은 아들이든 맏아들이든 모두 자기만 강조한 것이다. 자기중심적 모습이 그대로 드러나 있다. 우리도 나밖에 모르지 않는가. 그러는 사이에 하나님은 너무 많이 버림을 받으신다. 이제 하나님 아버지께 관심을 가지고, 아버지를 기쁘게 하는 삶을 살아야 하겠다. 아버지의 마음, 그 깊이를 알자.

제16장

불의한 청지기의 비유와 부자와 나사로의 비유

1. 불의한 청지기의 비유(1-15절)

누가복음 16장에 두 가지 비유가 소개된다. 하나는 불의한 청지기 비유이고, 다른 하나는 부자와 나사로에 대한 비유이다. 이 비유는 서로 다른 비유지만 부와 그 재물의 사용과 연관된다는 점에서 공통된다. 그리고 이 비유는 하나님과 재물에 있어서 무엇에 우선순위를 두고 살아야 하는가, 이 땅에서 그 재물을 어떻게 사용해야 하는가를 가르쳐 준다.

불의한 청지기 비유에서 그 청지기는 부자의 소유를 잘 관리해야 할 책임이 있음에도 불구하고 허비하는 우를 범했다. 불의한 청지기라 불리기에 족한 인물이다. 그가 자기 재산을 낭비한다는 소문을 듣고 화가 난 주인은 그를 불러 그만 두게 하려는 의도를 확실히 했다.

"내가 너에 대해서 들은 소문이 도대체 어떻게 된 것이냐? 더 이상 내가 너에게 재산을 맡길 수 없으니 지금까지 네가 맡아 하던 일을 다 정리하라(2절)." 그러자 그는 꾀를 냈다. "내가 일자리를 빼앗기게 생겼으니 어떻게 하면 좋을까? 땅을 파자니 힘이 없고 빌어먹자니 부끄럽구나. 옳지, 알았다! 내가 이렇게 하면 쫓겨나더라도 사람들이 나를 자기들의 집으로 반갑게 맞아 주겠지(3, 4절)." 청지기 직을 그만 두어도 살 궁리를 한 것이다. 주인에게 기름 백 말 빚진 자에게는 오십이라 쓰게 하고, 밀 백 석 빚진 자에게는 팔십이라 쓰게 했다(5-7절). 주인의 허락도 없이 탕감해준 것이다. 그러면 그들이 자기에게 보답을 하리라 기대했다.

여기까지 이해하는 데는 별 문제가 없다. 문제는 그 다음이다.

첫째, 예수님은 이 비유의 말씀을 하신 다음 "주인이 이 옳지 않은 청지기의 일을 지혜 있게 하였으므로 칭찬하였으니 이 세대의 아들들이 자기 시대에 있어서는 빛의 아들들보다 더 지혜로움이라(8절)" 하셨다. 의문은 주인이 어떻게 이 청지기의 행실을 놓고 칭찬했는가 하는 것이다. 자기 소유도 허비하고, 이제 채무자를 불러 허가도 없이 탕감을 해주었는데 칭찬이라니, 이해하기 어려울 것이다.

그러나 주인(주님)이 칭찬한 것은 그 행동을 칭찬한 것이 아니다. 그 행동은 마땅히 비판받아야 한다. 주님이 기특하게 본 것은 그의 선견지명과 목적을 이루기 위해 전심하는 그의 태도다. 이른바 그리스도의 제자로서 가져야 할 지혜로움(phronimos, 기민함)이다. 세상의 아들이 교활하고 약아빠진(clever) 방법, 곧 부정직한 방법을 이용해 해고가 되어도 자신을 돌봐줄 사람을 만들었다. 교묘한 술수(cheating)로 우정을 산 것이다. 이런 방법으로 하나님 나라에 들어갈 수 있는가? 그럴 수는 없다. 중요한 것은 불의한 자들도 자기 목적을 위해서는 이렇게 지혜로운데 너희, 곧 믿는 자들도 그들 이상으로 지혜롭게 살지 않으면 안 된다는 것이다.

둘째, "불의한 재물로 친구를 사귀라 그리하면 없어질 때에 저희가 영원한 처소로 너희를 영접하리라(9절)"는 말씀이다. 이 구절은 난해 구절이다. 여기에는 크게 두 가지 해석 방법이 있다. 하나는 불의한 재물을 거짓 부(deceitful riches), 돈, 재산 등을 말한다. 그것으로 친구를 사귀라는 말은 그것이 망할 때 그것이 너희를 받아줄 것이라는 말이다. 그러니 그것과 사귀지 말라는 것이다. 오히려 참다운 부(true riches)를 신뢰하라는 것이다. 참다운 부를 신뢰하면 결코 실패하지 않을 것이다. 다른 하나는 불의한 재물을 부정한 방법으로 벌어들인 재물로 보기보다 그저 세상의 재물을 가리킨다는 주장이다. "(불의한)재물로 친구를 사귀라"는 말씀은 이 세상 재물일지라도 하나님을 위해 쓰라, 즉 빛의 아들도 세상 것(재물)을 현명하게 사용해야 한다는 말씀이다.

이 두 해석이 가능하다면 거짓된 부는 그리스도인이 추구해선 안 될 대상이다. 하지만 이 세상 재물도 얼마든지 하나님의 일에 선히 사용될 수 있다.

예수님은 계속 강조하신다. "지극히 작은 것에 충성된 자는 큰 것에도 충성되고 지극히 작은 것에 불의한 자는 큰 것에도 불의하니라 너희가 만일 불의한 재물에 충성치 아니하면 누가 참된 것으로 너희에게 맡기겠느냐(10, 11절)." 재물, 그

작은 것 한 가지에도 하나님의 뜻에 합당하게 행사하지 못하면서 어떻게 하나님의 일, 곧 큰일을 맡을 수 있을까.

결론적으로 예수님은 그 우선순위를 확실히 하신다. "집 하인이 두 주인을 섬길 수 없나니 혹 이를 미워하고 저를 사랑하거나 혹 이를 중히 여기고 저를 경히 여길 것임이니라 너희가 하나님과 재물을 겸하여 섬길 수 없느니라(13절)."

우리 삶에 재물은 중요하다. 그러나 하나님을 주인으로 섬기는 그리스도인은 재물을 주인으로 함께 모실 수 없다. 하나님을 섬기는 자에게 있어서 하나님은 최우선이요 물질은 부차적이다. 하나님을 주인으로 섬기면 재물은 선하게 쓰일 수 있다. 그러나 돈을 주인으로 섬길 때는 그 우선순위가 잘못 되었다. 그것은 하나님의 명령을 무시하는 것이다. 그러므로 우선순위를 확실하게 하라. 이에 대해 바리새인의 반응은 매우 냉소적이었다. "바리새인들은 돈을 좋아하는 자라 이 모든 것을 듣고 비웃거늘(14절)." 우리도 그 말씀을 애써 외면하지 않는가.

주님은 냉소적인 반응에 한 마디 더 하신다. "너희는 사람 앞에서 스스로 옳다 하는 자이나 너희 마음을 하나님께서 아시나니 사람 중에 높임을 받는 그것은 하나님 앞에 미움을 받는 것이니라(15절)." 하나님은 우리 마음을 아신다. 하나님을 섬긴다 하면서도 사람 중에 높임을 받고자 하는 사람이 있다. 이것은 하나님을 주인으로 섬긴다 하면서 재물을 주인으로 섬기는 것과 무엇이 다른가. 그것은 하나님이 싫어하시는 것이다. 하나님으로부터 인정을 받고자 하는가. 그렇다면 우선순위를 바르게 하라.

2. 율법과 하나님의 나라(16, 17절)

바리새인들은 자신들의 부를 자신들의 선한 행위에 대한 하나님의 보답으로 생각했다. 그래서 사람들 앞에서 자신들의 선행을 자랑하고자 했다. 이에 대해 예수님은 "율법과 선지자는 요한의 때까지요 그 후부터는 하나님 나라의 복음이 전파되어 사람마다 그리로 침입하느니라(16절)." 하셨다. 율법과 선지자는 구약시대를 말한다. 구약시대가 갔기 때문에 율법에 따른 행위는 더 이상 인정을 받지 못한다.

구약의 시대는 요한으로 끝나고, 그 이후부터는 구약시대와 전혀 다른 신약시대가 열렸다. '침입 한다' 는 것은 예수님이 하나님 나라의 복음을 전파했을 때 사람들, 곧 죄인들이 힘써 몰려와 그 나라를 차지한다는 것을 뜻한다. 예수님의 오심으로 사람들이 자기부인과 결단과 구원에 대한 열의를 가지고 하나님 나라로 들어가는 새 시대가 열렸다는 것이다.

"그러나 율법의 한 획이 떨어짐보다 천지가 없어짐이 쉬우리라(17절)." 율법의 한 획은 히브리어의 작은 문자, 히브리어 알파벳의 와우나 요드를 가리킨다. 이처럼 율법의 작은 점 하나가 떨어져 나가는 것보다 하늘과 땅이 없어지는 것이 더 쉬울 것이라 것은 율법이 계속적인 의미를 갖는다는 강조하시는 말씀이다.

이것은 구원의 새 시대는 옛 시대를 무효로 하는 단절이 아니라 그것을 성취하고 완성한다는 것이다. 따라서 구약의 율법도 새 시대를 통하여 그 근본적인 정신을 회복한다. 율법과 선지자의 시대인 구약시대가 갔음에도 불구하고 율법은 영원히 그 효용성을 인정받는데, 율법이 그 효용성을 인정받은 것은 새 시대의 빛, 곧 '하나님 나라의 빛 아래서' 라는 말이다.

3. 간음 행위(18절)

18절에서 예수님은 "무릇 자기 아내를 버리고 다른 데 장가드는 자도 간음함이요 무릇 버림당한 여자에게 장가드는 자도 간음함이니라." 말씀하심으로 이혼에 관한 율법을 새 시대의 빛 아래서 새롭게 해석하여 그 효용성을 인정하셨다.

율법에 따르면 남편이 이혼 증서만 주면 이혼이 가능하고, 이혼 후에는 재혼도 할 수 있었다. 그러나 예수님은 음행한 연고 외에는 이혼을 하지 못하도록 하셨다. 가정은 신성한 것이므로 어떤 이유에서든 지켜져야 하기 때문이다. 이것은 율법의 근본정신에 바탕을 둔 것이다. 이처럼 율법은 새 시대의 삶의 원리인 믿음의 빛 아래서 그 정신을 지켜나갈 때 비로소 그 효용성을 인정받을 수 있다.

4. 부자와 나사로의 비유(19-31절)

예수님은 불의한 청지기의 비유에 이어 부자와 나사로의 비유를 드셨다. 이 비유에서 부자는 재물을 주인으로 섬기고, 하나님은 안중에 없던 자이다. 부자이긴 하지만 자기 재물을 누릴 줄만 알았지 가난한 나사로의 아픔에 대해서도 관심이 없었다. 하나님이 기뻐하신 뜻대로 사용하지 않은 것이다. 음부에 떨어진 이 부자는 아브라함의 품에 안긴 나사로를 보며 후회한다. 그러나 이미 늦었다.

비유에 따르면 부자는 자색 옷과 고운 베옷을 입고 날마다 호화롭게 즐기며 살았다(19절). 자색(purple) 옷은 겉옷이고, 고운 베옷(fine linen)은 고급 세마포로 만든 속옷이다. 자색 옷은 염색이 귀한 때 조개피로 염색한 옷으로 부귀와 위엄의 상징이었다. 이 옷은 노동자 하루 품삯의 3만4천 배에 달할 만큼 고가의 옷이라는 주장도 있다. 이 옷을 입은 부자는 엄청난 부자였거나 귀족이었음을 보여준다. 날마다 호화롭게 즐겼다는 것은 그가 호화의 극치로 살았음을 말해준다.

한편 그 집 대문 앞에는 나사로라는 헌데, 곧 부스럼투성이의 거지가 누워 있었다(20절). 나사로는 부자와 대비되는 인물로 인간적으로는 처절한 삶을 살았다. 나사로는 심각한 병을 가지고 있었다. 헌데(sores)는 피고름이 나고 냄새가 심한 부스럼 병이었다. 나사로(Lazarus)는 '하나님은 나의 도움이시다' 는 뜻을 가지고 있다. 이것은 그가 인간적으로 가난과 질병과 질곡의 삶을 수용하고 하나님을 의지하며 살았음을 보여준다.

그가 부자의 식탁에서 떨어지는 부스러기로 주린 배를 채우려 하자 심지어 개들까지 와서 그의 헌데를 핥았다(21절). 부자의 대문에 누었다는 것은 부자가 관심만 가지고 있었다면 얼마든지 돌볼 수 있는 곳에 있었음을 말해준다. 나사로는 부자의 상에서 떨어지는 부스러기로 배불리려 했다. 이 부스러기는 우리가 흔히 음식점에서 사용하는 물수건 대신 빵을 사용해 손으로 비비면 그것이 부스러기로 떨어지는 것을 의미한다는 주장도 있다. 그러나 이보다는 유대인의 식 습관상 상에서 떨어지는 음식은 부정한 것으로 간주하여 입으로 가져가지도 않은 것을 거지 나사로는 하등 개의치 않고 그조차 애써 먹으려 했음을 말해준다. 이런 판국에 개들이 와서 그 헌데를 핥았다. 개는 원래 냄새나는 것을 즐긴다. 개들이 그 헌데를 핥았다는 말은 개가 나사로에게 보이는 관심조차 부자는 관심을 보이지 않았다는 것을 말해준다. 이것은 그의 처지가 얼마나 심각했는가를 보여준다.

어느 날 거지가 죽어 천사들의 인도로 아브라함의 품에 안겼고 부자도 죽어 땅에 묻혔다(22절). 부자든 거지든 모두 죽음 앞에서는 공통된다. 누구나 이 세상과 작별할 때가 있다. 천사가 데리러 왔다. 죽음은 거지 나사로에게 있어서 하나님으로부터 받은 마지막 선물이었다. 아브라함의 품에 안겼기 때문이다. 아브라함의 품은 낙원을 의미한다. 유대인들은 아브라함을 낙원의 중심인물로 보았다.

부자는 음부(hades), 곧 지옥에서[13] 고통을 당하는 중에 쳐다보니 멀리 아브라함이 보이고 나사로는 그의 품에 안겨 있었다(23절). 누구나 맞는 죽음이지만 그 둘이 간 곳은 완전히 다른 두 길이었다. 거지 나사로는 가난, 고통, 차별, 천시로부터 해방되어 아브라함 품에서 안식과 위로를 받았다. 이에 반해 부자는 형벌과 고통의 심판을 받았다. 지옥은 시각적으로, 감각적으로 알아볼 수 있는 곳으로 묘사되고 있다. 두 사람에게 있어서 전반전(이 세상)과 후반전(저 세상)이 완전히 다름을 보여준다.

그래서 부자는 큰 소리로 부르짖었다. “아버지 아브라함이여, 나를 불쌍히 여겨 주십시오. 나사로를 보내 손가락 끝에 물을 찍어다가 내 혀를 시원하게 해 주십시오. 내가 이 불꽃 가운데서 너무 괴로와 죽을 지경입니다(24절).” 부자는 아브라함에게 두 가지를 구한다. 이젠 부자가 거지가 되었다. 24절은 그의 첫 번째 요청 사항이다. 부자는 아브라함을 향해 ‘아버지 아브라함이여’ 라 불렀다. 이것은 아브라함의 자손임을 자랑하며, 그것을 구원의 조건으로 자부하는 유대인들, 특히 바리새인들에게 질책을 담은 표현이다. 나아가 부자는 그동안 자기 안중에도 없었던 나사로에 대해 관심을 보이기 시작한다. 그리곤 나사로를 보내 물 한 방울을 맛보게 할 것을 요청한다. 사람이 갈증을 피하기 위해서는 3천 방울의 물이 필요하다고 한다. 그러므로 이 물 한 방울은 최소한의 긍휼을 원했음을 보여준다. 그러나 이 최소한의 긍휼마저 거부당하는 곳이 지옥이다.

---

13) 음부는 헬라어로 하데스이고, 히브리어로 스올이다. 구약시대에는 선악에 관계없이 죽은 자가 가서 부활 때까지 머무는 중간지대로 여겼다. 신약시대에도 같은 개념이었다. 하지만 점차 악인이 가는 처소로 바뀌었다.

그러나 아브라함은 그의 요청을 거부했다. "얘 너는 살았을 때에 좋은 것을 받았고 나사로는 고난을 받았으니 이것을 기억하라 이제 그는 여기서 위로를 받고 너는 괴로움을 받느니라 그뿐 아니라 너희와 우리 사이에 큰 구렁텅이가 놓여 있어 여기서 너희에게 건너가고자 하되 갈 수 없고 거기서 우리에게 건너올 수도 없게 하였느니라(25, 26절)."

부자는 아브라함을 가리켜 "아버지 아브라함이여"(24, 30절) "아버지여"(27절)라고 말한다. 세 번이나 아버지라 부른다. 세 번 이렇게 소개하는 것은 변경할 수 없다는 것을 가리킨다. 부자도 틀림없이 아브라함의 자손이라는 것이다. 아브라함은 "얘(25절)," 곧 "아이야"라 함으로써 그도 아브라함 후손임을 인정하였다. 부자는 그의 부함 때문에 심판을 받은 것이 아니라 무관심 때문에, 제대로 살지 못했기 때문이다. 아브라함은 그에게 네가 날마다 호화로운 잔치를 벌이며 세월을 보내고 있는 동안 나사로는 고통과 굶주림에 시달리고 있었는데도 그것을 당연하고 지극히 자연스러운 것으로 여기며 산 죄 값을 치루고 있다 했다. 부자의 지옥행은 그가 부자이기 때문이 결코 아니다. 그리고 지옥과 낙원 사이에는 큰 구렁(a great chasm)이 있어 아무도 오갈 수 없다. 그러니 불가능하다는 것이다. 지옥은 하나님의 자비가 전혀 없는 곳이다. 기억도 지워지지 않는 곳이다. 그러나 예수님은 너희 죄를 기억조차 하지 않는다 하셨다. 천국은 용서받는 곳이요 죄를 기억조차 하지 않으시는 곳이다.

그러자 부자는 두 번째 요청을 했다. "아버지, 간구합니다. 그렇다면 나사로를 내 아버지 집에 보내 주십시오. 내 형제가 다섯인데 나사로를 보내 그들에게 경고하여 내 형제들만이라도 이 고통 받는 곳에 오지 않게 해 주십시오(27, 28절)." 나사로를 자기 아버지 집에 보내 형제들이 이곳이 오지 않도록 경고해 달라는 것이다. 죽음 후 지옥에서는 더 이상 경고하지 않는다. 우리가 경고를 받는다는 것은 아직도 살아있다는 증거다. 그러니 "쉬고 보자, 놀고 보자" 하지 말고 죽음을 생각하며 살자.

부자는 이제야 비로소 복음의 필요성을 절감하고 선교에 관심을 보이기 시작했다. 그는 음부에 와서야 복음이 참 소망임을 깨달았다. 그러나 이미 늦었다. 이 최후의 선교에 대한 관심마저도 거절당하는 곳이 지옥이다. 전도도 때가 있다. 심판 때 사람들은 온갖 변명을 할 것이다. 그러나 그 변명도 통하지 않는다. 너무 늦게 깨달은 것이다. "제발 한 번 봐 달라." 해도 거부의 답만 들릴 뿐이다.

그러나 아브라함은 "그들에게 모세와 선지자들이 있으니 그들의 말을 들으면 될 것이다." 하였다(29절). '모세와 선지자들' 은 16절의 '율법과 선지자' 와 같은 말로 구약성경을 가리킨다. 죽은 나사로가 다시 살아나 증거 하는 것보다 성경의 말씀을 그대로 믿고 순종하는 것이 구원에 이르는 첩경이라는 말씀이다. 복음을 꾸준히 제시하자. 평균 7번 이상 들어야 이해된다고 한다.

그때 부자가 "아버지 아브라함이여, 그렇지 않습니다. 죽었다가 살아난 사람이 가면 그들이 회개할 것입니다(30절)." 애걸했다. 그는 '그렇지 않다' 며 강하게 부정했다. 자기도 세상에 있을 때 성경 말씀에 접했지만 결국 음부에 왔다. 성경 말씀으로는 부족하니 나사로를 보내 형제를 회개시켜 달라는 것이다. 자기의 생각을 굽히지 않은 것이다. 부자는 너무 늦게 깨달은 것이 문제다. '철들자 사망' 이라는 말이 생각날 정도다. '진즉 그렇게 할 걸' 이라 할 때는 이미 늦다.

그러자 아브라함은 단언적으로 말했다. "그들이 모세와 선지자들의 말을 듣지 않으면 비록 죽은 사람이 다시 살아난다고 해도 그들이 믿지 않을 것이다(31절)." 하나님의 말씀을 듣고 회개하지 않으면 기적을 본다 한들 결코 마음이 변하지 않는다는 것이다. 이것은 인간이 얼마나 완고하고 완악한가를 보여주는 대목이다. 예수님이 마리아의 오빠 나사로를 살려주었을 때 바리새인은 그것을 믿지 않으려 했을 뿐 아니라 나사로마저 죽이고자 했다(요 11:46, 12:10). 이 나사로는 비유 속의 나사로와 다른 실제 인물이다.

이 부자의 경우를 생각할 때 재물의 바른 사용은 그리스도인에게 매우 중요한 이슈임을 알 수 있다. 재물을 숭배하는 태도나 자신만을 위해 재물을 독점하는 것은 하나님 보시기에 좋지 않다. 늦기 전에 하나님을 주인으로 모시자. 재물의 노예가 되지 말자. 지금 당신의 주인은 누구인가. 당신에게 재물이 있다면, 영향력을 가지고 있다면 그것을 선히 사용하자. 그것으로 주님의 마음을 기쁘게 하자.

제17장

용서와 섬김,
그리고 하나님 나라가 임하는 때

1. 실족과 용서(1-4절)

이 단원에서는 제자들의 의무에 대해 말하고 있다. 특히, 예수님께서 제자들에게 실족과 용서에 대해 말씀하셨다.

"실족하게 하는 것이 없을 수는 없으나 그렇게 하게 하는 자에게는 화로다(1절)." 실족케 하는 일이 없을 수 없다. 세상에는 죄 짓게 하는 일이 언제나 있기 마련이다. 하지만 죄 짓게 하는 그 사람에게는 불행이 닥칠 것이란 말씀이다. 그러니 예수의 제자들은 남을 실족케 하지 말라는 것이다.

실족(skandala, stumbling blocks)은 남을 걸려 넘어지게 하는(squander) 것을 말한다. 스캔들이라는 단어도 여기서 나왔다. 실족은 무엇보다 죄를 짓게 한다. 도덕적인 죄도 있지만 메시야를 믿는 것을 방해하는 행위도 포함된다. 한 생명을 하나님께 인도하는 것이 아니라 지옥에 떨어지게 하기 때문이다. 사단은 실족의 먹이(bait)를 우리 앞에 자주 갖다 놓는다. "넌 이것 못해. 능력이 없어." 소외시키며 실족하게 만든다. 바리새인은 믿는 것에 방해꾼 역할을 했다.

"이 작은 자 중의 하나를 실족하게 할진대 차라리 연자맷돌(millstone)이 그 목에 매여 바다에 던져지는 것이 나으리라(2절)." 작은 자는 어린 아이를 뜻하기도 하지만 초신자를 가리킬 수도 있다. 어린 아이 하나라도 죄 짓게 하면 차라리 목에 큰 맷돌짝을 달아 깊은 바다에 빠져 죽는 것이 더 낫다는 말씀이다. 남에 대해 결코 실족하게 하지 말라는 말씀이다.

"너희는 스스로 조심하라 만일 네 형제가 죄를 범하거든 경고하고 회개하거든 용서하라(3절).” ‘스스로 조심하라’ 는 것은 남을 실족케 해서도 안 되지만 스스로도 실족하지 않도록 노력해야 한다는 말씀이다. 믿음의 형제들이 죄를 범하면 경고한다(epitimeson, rebuke). 경고는 죄악 된 행동을 그만하도록 진지하게 말하는 것이다. 기독교의 사랑과 용서는 그 죄를 그대로 놔두고 눈감아 주거나 더럽다고 피하는 것이 아니라 그것을 적극적으로 교정하고 회개하게 한다. 회개하면 용서한다. 예수님은 십자가상에서 저주할 수 있었지만 모두 용서함으로 실족하지 않으셨다. 오히려 차원 높은 용서로 고난을 극복하셨다.

“만일 하루에 일곱 번이라도 네게 죄를 짓고 일곱 번 네게 돌아와 내가 회개하노라 하거든 너는 용서하라 하시더라(4절).” 끝까지 참고 용서하라는 것이다. 랍비들은 세 번까지는 용서해주라고 했다. 하지만 주님은 그 용서를 무제한으로 확장시키셨다.

2. 겨자씨 비유: 역사하는 믿음(5, 6절)

사도들은 믿음이 있어야 한다고 생각하고 예수님께 “우리에게 믿음을 더하소서(Increase our faith).” 하였다(5절). 더는 양과 크기를 나타낸다. 더 큰 믿음을 갖게 해달라는 것이다. 우리는 실족케 하려는 사단의 먹이에서 벗어날 힘은 없다. 그러나 실족케 하려는 사단의 유혹 앞에서 우리가 실족할 것인가 안할 것인가의 여부는 우리의 선택에 달려있다. 실족의 순간에 마음을 걷잡을 수 없을 때 주님을 향해 손을 내밀라. 그리고 의지하라. 실족케 하는 대상을 미워할 것이 아니라 믿음으로 이기라. 그래서 “믿음을 더하여 주소서” 간청하는 것이다.

주님은 “너희에게 겨자씨 한 알만한 믿음이 있었더라면 이 뽕나무더러 뿌리가 뽑혀 바다에 심기어라 하였을 것이요 그것이 너희에게 순종하였으리라(6절).” 답하셨다. 겨자씨만한 믿음이 있어도 실족을 막아낼 수 있다는 것이다. 겨자씨는 가장 작은 것을 나타내는 대명사이다.

겨자씨는 아주 작다. 그러나 생명력이 있는 믿음, 역사하는 믿음이다. 그래서 겨자씨 믿음은 작아보여도 사실 큰 믿음이다. 이 믿음으로 뽕나무(mulberry tree)

를 향해 "뿌리째 뽑혀 바다에 심겨져라." 해도 그대로 될 것이라 하셨다. 뽕나무는 뿌리가 깊이 박힌 나무이다. 뽕나무는 큰 것, 불가능한 것, 도저히 용서 못할 것을 상징한다. 유대인들은 그 나무를 뺄 수 없다고 생각했다. 하지만 믿음으로 선포하면 뽕나무도 그대로 순종할 것이라는 말씀이다. 예수님은 이 나무가 뿌리째 뽑힌다고 표현하심으로 참된 믿음의 위대함으로 드러내셨다. 생명력 있는 믿음은 아무리 작아도 능치 못할 일이 없다는 말씀이다. 주님은 뿌리 깊은 우리 죄악도 뽑아 깊은 바다에 던지신다. "다시 우리를 불쌍히 여기셔서 우리의 죄악을 발로 밟으시고 우리의 모든 죄를 깊은 바다에 던지시리이다(미 7:19)."

겨자씨 비유는 양이 중요한 것이 아니라 질이 중요하다는 것을 말해준다. 이 비유는 믿음은 능력임을 말해준다. 살아있는 생동감 있는 믿음, 행함이 있는 믿음, 작지만 역사하는 믿음이다. 믿음은 확신(assurance)이요 바라는 것이다. 주님이 하시리라는 기대이다. 믿음에는 순종, 곧 믿고 따름이 중요하다. 그 믿음을 통해 불가능한 일이 가능하게 된다. 불가능한 것을 가능하다고 믿는 믿음이 참 믿음이요 긍정적이고 창조적인 믿음이다.

3. 종의 의무와 섬김의 도(7-10절)

당시 유대인들은 율법을 지키고 선행을 행하면 하나님께 그에 대한 대가를 요구할 수 있는 것처럼 생각했다. 그러나 예수님은 종이 주인에게 그 대가를 요구할 수 없는 것처럼 제자라면 하나님이 명하신 모든 일을 마쳤다고 해서 하나님께 자신의 공로를 보상해야 된다고 생각해서는 안 된다는 것을 가르치셨다.

예수님 당시 종(dulos)은 비인간적인 대우를 받았다. 그들에게는 세 가지가 없다. 3무(無)다. 첫째, 소유권이 없다. 내 것이 없다. 생명조차 주인의 것이다. 자식도 주인의 것이다. 둘째, 자기의지가 없다. 자기 계획이 없다. 주인이 가라면 가야 한다. 셋째, 보상이 없다. 보상이 없어도 불평할 수 없다. 노고를 알아주지 않아도 섭섭하게 생각지 않는다.

예수님이 제시하신 종의 비유는 이러한 모습을 잘 보여주고 있다. 밭을 갈거나 양을 치거나 하는 종이 밭에서 실컷 일하고 돌아오면 누가 그를 위해 음식을 준비해 '와 앉아서 먹으라' 할 자가 없다. 오히려 주인의 먹을 것을 준비하고 주인이 띠를 띠고 먹고 마시는 동안에 수종을 든 다음에야 비로소 먹도록 허락한다. 주인이 명령한 대로 했다고 해서 종에게 감사하지도 않는다. 할 일을 한 것뿐이기 때문이다(7-9절).

예수님은 이 비유를 제자들에게 적용하셨다. "이와 같이 너희도 명령 받은 것을 다 행한 후에 이르기를 우리는 무익한 종이라 우리가 하여야 할 일을 한 것뿐이라 할지니라(10절)." 이것은 종이 가져야 할 태도를 가르쳐 준다. '무익한 종'이란 필요 없는 종이라는 뜻이 아니라 사례를 받을 가치가 없는 종이라는 뜻이다. 다 섬긴 후에도 그저 "우리는 무익한 종입니다." 고백할 수 있어야 한다는 것이다. 이것이 바로 종이 가져야 할 섬김의 태도다. 이런 고백과 태도가 믿음의 위대함을 드러낸다.

내 능력, 내 것으로 살아가려면 믿음이 자라날 수 없다. 모든 것이 하나님의 것이라는 사실을 인정해야 한다. 쓸 것은 주인이 공급하신다. 종은 아무 것도 걱정할 필요가 없다. 절대복종, 절대순종, 절대의탁 할 때 능력이 역사한다. 초대교인들은 네 가지의 절대(4 totals) 적인 삶을 가지고 살았다. 모든 것을 그대로 받아들이는 절대적 수용(total acceptance), 말씀을 그대로 행동에 옮기는 절대적 행동(total action), 끊임없이 말씀으로 자신을 단련시키는 절대적 훈련(total discipline), 그리고 자신의 모든 것을 바치는 절대적 헌신(total commitment)이다. 중국의 공산당원들은 세 가지 각오를 하며 살았다고 한다. 굶어죽을 각오, 매 맞아 죽을 각오, 얼어 죽을 각오다. 섭섭하다는 것은 기대가 있기 때문이다. 칭찬을 기대하고 인정받고자 하며 어떤 보상을 기대하면 실망할 수밖에 없다. 보상을 전혀 기대하지 않는다. 그 많은 수고를 하고서도 "나는 무익한 종이라." 고백할 때 하나님은 그 믿음을 크게 보신다. 종을 모르는 주인이 어디에 있겠는가. 하나님은 그의 충실한 종들을 아신다.

4. 열 명의 나환자를 고치심: 감사할 줄 알라(11-19절)

말세의 특징은 감사치 않는 데 있다. 이 단원은 단지 예수님이 열 명의 나환자를 고치셨다는 사실보다 나음을 입은 자들은 마땅히 감사할 줄 알아야 한다는 이른바 '감사의 정신' 을 가르치고 있다.

예수님이 십자가 사건을 앞에 두고 예루살렘으로 가시는 길에 사마리아와 갈릴리 사이로 지나가시게 되었다. 어떤 마을에 들어가시자 나환자 열 사람이 예수님을 만나 멀리 서서 큰 소리로 외쳤다. "우리를 불쌍히 여겨 주옵소서(13절)." 멀리 선 것은 나환자와 접촉하게 되면 율법 상 같이 부정하게 되므로 사람들에게 가까이 갈 수 없었기 때문이다. 소리를 높였다는 것은 절규했음을 보여준다. 열 명 가운데 아홉 사람은 유대인이었고, 한 사람은 사마리아인이었다. 유대인과 사마리아인은 서로 상종도 하지 않았는데 같이 있는 것을 보면 그들이 얼마나 사람 취급을 받지 못했는가를 보여준다.

당시 나병은 하늘의 저주를 받은 천형으로 여겼고, 가족이나 공동체에서 추방되고 격리되었다. 레위기에 따르면 그들은 사람을 만날 때 "나는 부정하다, 부정하다(레13:45)" 외쳐야 했다. 사람들로부터 철저히 소외당한 그들은 실로 마음이 아픈 자들이었다. 유대 웃시야 왕도 문둥병에 걸리자 별궁에 격리되고 영화를 잃었었다.

예수님은 그들을 만나주셨다. 예수님은 그들을 보시고 "제사장들에게 가서 너희 몸을 보여라." 하셨다(14절). 이 말씀은 몸이 깨끗해 질 것이니 제사장의 검증을 받으라는 말씀이다. 정결 여부에 대해 제사장의 판정이 있어야 하기 때문이다. 이 말씀은 나을 것에 대한 확신 감을 심어주는 말씀이다. 그들은 가는 도중에 몸이 깨끗하게 되었다. 순종할 때 고침을 받는다.

그들 중 하나가 자기 병이 나은 것을 보고 큰 소리로 하나님을 찬양하며 돌아왔다(15절). 그는 예수님의 발 앞에 엎드려 감사를 드렸다. 찬양과 감사로 하나님께 영광 돌린 것이다. 그런데 그는 사마리아 사람이었다(16절). 사마리아 사람만 돌아와 감사한 것이다.

이때 예수님은 열 사람이 다 깨끗하게 되었는데 "그 아홉은 어디 있느냐? 이 이방인 외에는 하나님을 찬양하러 돌아온 사람이 없단 말이냐?" 하셨다. 이방인으로 취급받는 사마리아 사람만 감사하고, 감사하지 않는 유대인들은 다 어디 갔느냐는 것이다.

그 유대인들은 그리심 산에 있는 제사장들에게 가느라 바빴을 것이다. 하지만 사마리아 사람은 함께 가던 길을 멈추고 돌아서 예수님께 먼저 감사를 표한 것으로 보인다. 제사장으로부터 '깨끗하다'는 말을 듣는 것도 중하지만 주님께 감사하는 것이 더 중요하다고 생각했기 때문이다. 예수님이 그를 '이방인'이라 애써 지적하신 것은 그가 사마리아인이기 때문이기도 하지만 감사할 줄 아는 그 마음이 다른 유대인들과는 남달랐음을 드러내시려는 목적이 있다.

유대인은 태어날 때부터 절기와 안식일을 통해 감사를 배웠던 사람들이었다. 그들은 이 사건으로 자극을 받아야 했다. 그런데도 그들은 예수님을 찾아가 감사치 않았다. 그만큼 무딘 심령을 가졌다. 우리는 영적으로 민감해야 한다. 매너리즘에 빠진 신앙은 죽은 신앙이다.

예수님은 그에게 말씀하셨다. "일어나 가거라. 네 믿음이 너를 낫게 하였다." 네 믿음이 너를 구원했다는 말씀이다. 믿음으로 구원받았다는 것은 과연 무엇일까? 이것이 바로 이 사건이 주는 의미이다. 이 단원에서 주님은 감사를 가르치셨다. 이것은 감사행위로 인해 영적인 문제까지 해결함을 받았음을 보여준다. 아홉 사람은 몸만 깨끗함을 받았지만 한 사람은 몸과 영혼 모두 구원을 받았다는 점에서 다르다. 훗날 열 사람 모두 죽는다. 그러므로 영혼구원은 몸 낫는 것보다 더 중요하다. 우리도 그와 같은 처지에 있었던 죄인이었다. 당신의 감사지수(Gratitude Quotient)는 얼마인가.

5. 하나님의 나라가 임하는 때(20-37절)

이 단원은 하나님 나라에 관한 예수님의 말씀을 담고 있다. 20절은 "하나님의 나라가 어느 때에 임하나이까?"라는 바리새인의 질문과 예수님의 답으로 시작된다. 당시 바리새인들은 하나님의 나라가 오면 로마의 세력을 물리치고 예루살렘에서 유대인의 왕국을 건설할 것이라 믿었다. 따라서 메시야 왕국의 현실적 도래를 염원하면서 질문한 것이다. 예수님은 이에 대해 하나님의 나라는 볼 수 있게 임하는 것이 아니라 하셨다. 장소(국지적 개념)이나 정치(통치적 개념)로 인식하고들 있지만 그러한 것이 아니라는 말씀이다.

나아가 "여기 있다 저기 있다고도 못하리니 하나님의 나라는 너희 안에 있느니라(21절)." 하셨다. '여기 있다. 저기 있다.' 라고도 말할 수 없다. 왜냐하면 하나님의 나라는 너희 안에 있기 때문이다. 너희 안에 있다는 것은 '너희들 안에(within you),' 곧 '너희 가운데(among you)' 있다는 말씀이다. 즉 메시야이신 예수 그리스도가 현존하시어 하나님의 통치가 너희들 가운데서 이미 실현되고 있다는 말씀이다. 예수님에 의해 하나님 나라가 선포되고 병을 고치고 귀신을 쫓아내 그 나라가 임했음이 실증되고 있다. 하나님의 나라는 우리 가운데서 이미 실현되고 있다는 말씀이다. 하나님의 나라는 바리새인들이 생각하는 국지적, 정치적 개념이 아니라는 것이다. 하나님의 능력으로 이미 임한 하나님의 나라다.

나아가 예수님은 제자들에게 말씀하셨다. "때가 이르리니 너희가 인자의 날 하루를 보고자 하되 보지 못하리라(22절)." 인자의 날은 재림의 날을 가리킨다. 예수의 재림으로 하나님의 나라가 이뤄지는 때이다. 이 나라는 이 땅에 임한 하나님의 나라와 달리 미래에 완성될 하나님의 나라다. 그 때 제자들도 메시야가 영광중에 임하실 이 재림의 날들 가운데 하루(one of the days of the Son of Man)라도 보고 싶어 하겠지만 그러지 못할 것이다. 그리스도의 재림은 지연될 것이기 때문이다.

"사람이 너희에게 말하되 보라 저기 있다 보라 여기 있다 하리라 그러나 너희는 가지도 말고 따르지도 말라(23절)." 그 때 재림의 주가 여기 있다 저기 있다며 거짓 소문을 내는 사람들도 있을 것이다. 거짓 종말론이다. 예수님은 그 거짓말에 미혹되지 말라 하신다.

"번개가 하늘 아래 이쪽에서 번쩍이어 하늘 아래 저쪽까지 비침같이 인자도 자기 날에 그러하리라(24절)." 이 구절은 그리스도의 재림이 순간적으로 갑자기 이루어질 것을 말해준다. 인자의 날은 우주적 사건이다. 미래사건 속에 구체적으로 나타난다. 어느 나라, 어느 산 등 어디로 가야 되는 것도 아니다. 시간과 장소를 초월하기 때문이다. 번개가 칠 때 그것을 알 수 있듯 주님의 재림이 우주적으로 일어날 것이기 때문에 그 때는 누구나 그리스도가 재림하신다는 것을 알게 된다.

"그러나 그가 먼저 많은 고난을 받으며 이 세대에게 버린바 되어야 할지니라(25절)." 하지만 그 영광의 재림이 있기 전에 그리스도는 이 세대 사람들의 배척을 받아 고난을 당해야 한다. 예수님이 고난 받기 전에 하나님 나라의 영광을 바라지 말라는 것이다. 완전한 하나님 나라가 도래하기 전에 그리스도가 받아야 할 고난은 바로 십자가의 고난이다. 고난 받지 않는 메시야는 가짜다.

예수님은 하나님의 나라가 다가올 것이므로 회개하라는 뜻에서 노아와 롯의 이야기를 하셨다.

"노아의 때에 된 것과 같이 인자의 때에도 그러하리라 노아가 방주에 들어가던 날까지 사람들이 먹고 마시고 장가들고 시집가더니 홍수가 나서 그들을 다 멸망시켰으며(26, 27절)." 먹고 마시고 시집가고 장가가는 것은 종말이 오리라는 경고를 무시하고 계속 부패했음을 말한다. 노아 때 인구가 급증하면서 성적으로 문란하고 폭력이 난무했다. 오죽하면 하나님이 사람 지은 것을 후회하셨을까. 그래도 120년이라는 유예기간을 두고, 그 뒤 물로 심판을 하셨다. 그 기간에 노아는 전도했을 것이다. "심판이 가까웠으니 회개하라. 하나님을 믿으라!" 그래도 그는 자기 식구 외에는 구원시키지 못했다.

"또 롯의 때와 같으리니 사람들이 먹고 마시고 사고팔고 심고 집을 짓더니 롯이 소돔에서 나가던 날에 하늘로부터 불과 유황이 비 오듯 하여 그들을 멸망시켰느니라(28, 29절)." 롯의 때도 성적으로 문란하고 포악해졌다. 소돔 성에 살았던 롯은 사람들에게 하나님을 두려워하라고 말했을 것이다. 그가 수십 년 그곳에 살았지만 자기 식구들 외에 어떤 사람도 구원의 자리에 인도할 수 없었다. 하나님은 결국 소돔과 고모라, 그리고 그 주변 지역을 불로 멸망시켰다.

"인자가 나타나는 날에도 이러하리라(30절)." 심판이 임할 것이라 말했지만 노아나 롯 당시 사람들은 세상일에 집중할 뿐 하나님의 말씀에 귀를 기울이지 않았다. 예수님은 인자의 나타나는 날, 심판의 날에도 이렇게 되리라 말씀하셨다. 세상은 악해지면 악해졌지 별반 달라지지 않는다. 언제 심판이 일어날지 모르는 상황인데 사람들은 관심이 없다. 지금 구원의 기회를 잃어버린다면 언제 그것이 올지 모른다. 아니 영영 오지 않을 수 있다. 예수님은 소돔과 고모라처럼 하나님의 심판의 경고를 무시하다 멸망당하지 말고 지금 회개하라 하신다. 경고의 말씀이다.

그 날에는 지붕 위에 있는 사람이 집 안에 물건이 있다고 해서 그것을 가지러 내려가서는 안 되고 들에 있는 사람도 집으로 돌아가지 않아야 한다(31절). 다가올 재난을 피하기 위해서는 세상적인 것을 추구하거나 소유에 집착하지 않아야 한다는 것이다. 예수님은 롯의 처를 생각하라고 하셨다(32절). 롯의 아내는 소유에 집착하다 변을 당했다. 그는 심판의 와중에도 세상 것에 미련을 두며 돌아보았다. 우리가 바로 롯처럼 하고 있지 않는지 반성할 일이다. 하나님에 대한 집착은 좋지만 재산, 명예에 대한 집착은 안 된다. 하나님 나라의 방해물은 세상 것이다.

"무릇 자기 목숨을 보전하고자 하는 자는 잃을 것이요 잃는 자는 살리리라(33절)." 자기 목숨을 보전하고자 하는 자, 곧 노아와 롯 시대의 사람들처럼 세속적인 쾌락과 부와 명예에 집착하는 자는 멸망을 당한다. 그러나 잃는 자, 곧 세상 욕심을 과감히 버리고 온전히 회개하고 믿음으로 바르게 사는 자는 영원히 살게 될 것이다. 살고자 하면 죽고, 죽고자 하면 산다.

예수님은 말씀하신다. "그 밤에 둘이 한 자리에 누워 있으매 하나는 데려감을 얻고 하나는 버려둠을 당할 것이다(34절)." 재림과 심판이 있을 것을 말한다. 하나님 나라가 임하는 시간은 심판의 때다. 그 때는 인간을 분류하는 시간이다. 두 여자가 함께 맷돌을 갈고 있어도 하나는 데려감을 얻고 하나는 버려둠을 당한다(35절). 36절은 없다. 하지만 현대인의성경은 '두 사람이 밭에 있어도 하나는 데려가고 하나는 버려 둘 것이다' 하였다. 운명이 판이하게 달라진다는 것이다. 그러므로 실족케 하지 말고, 실족당하지 말고 하나님 나라의 역사에 동참하라는 말씀이다.

주님의 이 말씀에 제자들이 물었다. "주님, 어디서 그런 일이 일어나겠습니까?" 그러자 예수님은 "시체가 있는 곳에는 독수리가 모여들기 마련이다." 대답하셨다. 주검이 있는 곳에 독수리가 있는 것처럼 종말과 재림, 심판이 확실히 온다는 것이다. 예언의 말씀은 그대로 이루어진다. 이것을 믿는다면 우리는 더 이상 하나님께 저항하지 않고 두 손 들고 나와야 한다. 그 일이 언제 일어날지 아무도 모른다할지라도 그 날이 올 것을 대비하며 믿음을 점검할 때다. 누가복음 18장에 끊임없이 기도해야 할 이유도 여기에 있다.

"보라 지금은 은혜 받을 만한 때요 보라 지금은 구원의 날이로다(고후 6:2)." "또한 너희가 이 시기를 알거니와 자다가 깰 때가 벌써 되었으니 이는 이제 우리의 구원이 처음 믿을 때보다 가까웠음이라(롬 13:11)." 그 때는 우리의 생각보다 더 빨리 온다. 더디 온다고 생각하지 말자.

제18장

기도에 관한 가르침과 영생에 관한 가르침

1. 야성이 강한 기도: 한 과부와 불의한 재판관에 대한 비유(1-8절)

이 단락에서는 예수님이 가르치시는 기도 방법이 소개된다. 첫째는 항상 기도하라는 것이고, 둘째는 낙망하지 말아야 한다는 것이다(1절). 그리고 셋째는 겸손한 자세로 기도하는 것이다. 앞의 두 가지는 한 과부와 불의한 재판관에 대한 비유를 통해, 그리고 마지막 한 가지는 바리새인의 기도 법과 세리의 기도 법을 들어 설명하고 있다.

항상 기도하라는 말씀은 바울 서신에서도 언급되기 때문에 처음 듣는 말이 아니다. 그런데 이 가르침을 예수님으로부터 듣는다는 것은 생소할 수 있다. 그러나 1절은 분명하게 언급하고 있다. "항상 기도하고." 아울러 기도가 응답되지 않는다고 낙심하지 말라는 것이다. 계속 기도해야 할 필요가 있다는 것이다. 주님은 왜 이 두 가지가 필요하다 하시는가?

이 두 기도 방법에 대한 비유에서 한 과부와 불의한 재판관이 등장한다(2, 3절). 공정해야 할 재판관을 왜 불의하다 하실까? 왜 하필이면 나쁜 쪽의 사례를 드셨을까? 당시 재판은 주로 율법학자들이 담당하고 있었다. 그런데 그 가운데 상당수는 재판을 유리하게 해준다는 명목으로 과부를 비롯해 사회의 힘없는 약자로부터 뇌물을 받으며 상당히 수입을 올리고 있었다고 한다. 공정하게 재판해야 할 재판관이 오히려 불의를 범하고 있는 것이다. 그러나 과부의 소원은 오직 한 가지다. 원수에 대한 자기의 원한을 풀어달라는 것이다(3절).

비유에 등장하는 한 재판관은 스스로 말한다. "내가 하나님을 두려워 아니하고 사람을 무시하나(4절)." 하나님의 눈으로 볼 때 이것만으로도 충분히 불의하다. 주님이 그를 가리켜 불의한 재판관이라 한 것은 그 시대 재판관의 행태뿐 아니라 하나님 앞에 불의한 것 등이 모두 포함될 수 있다. 그도 자신의 불의함을 족히 알고 있다.

이에 반해 한 과부는 원한을 가진 인물이다. 당시 과부는 보호 받아야 할 사회적 약자이다. 그런 그가 아직도 풀지 못한 억울한 문제를 가지고 있다. 성경은 '내 원수에 대한 나의 원한', 곧 깊은 한이라 했다. 그 원한의 내용은 알 수 없다. 하지만 남편이 억울하게 죽임을 당했거나 과부인 자신의 재물을 탐한 자가 있어 빼앗겼거나 수치를 당했거나 그밖에 여러 정황을 올려놓고 생각해볼 수 있다. 문제는 자신의 한 맺힌 원한을 풀어줄 재판관, 곧 정의(justice)를 바로 세워줄 재판관이 필요한데 이 가난한 과부의 케이스에 관심을 가진 재판관은 아무도 없다는 것이다. 이것이 당시의 사회상이다. 불의한 재판관과 가난한 과부는 사회적 상징들이다. 한쪽은 부패한 권력이고, 다른 한쪽은 가난하면서도 철저하게 외면당하는 약자다.

그 약자가 자신의 한을 풀기 위해서는 재판관을 끈질기게 찾아가는 수밖에 없다. 법원 앞에서 일인 시위도 불사한다. 어떤 방법으로든 괴롭게 해서 재판관으로서의 책무를 다하라고 간청하고 또 간청한다. 한 번으로 안 되면 두 번, 두 번으로 안 되면 세 번, 아니 백번이라도 찾아가 바르지 못한 것을 바로 세워놓아야 한다. 이 과부의 한 풀기 작전을 누가 막으랴. 이 과부는 권력자의 위세 앞에 결코 주눅 들지 않는다. 그가 뭐라고 하면 할수록 재판관의 의무를 일깨울 것이다. 그녀는 지금 자신의 권리를 당당히 요구하고 있다. 얼마나 야성이 강한가. 이 야성은 단지 찾아가는 끈질김만을 의미하지 않는다. 지금까지 외면 당해온 정의를 바로 세우고자 하는 끈질김이다.

결국 그 재판관은 손을 들고 만다. "이 과부가 나를 번거롭게 하니 내가 그 원한을 풀어 주리라"(5절). 번거롭게 한다는 것은 과부가 결코 포기하지 않았다는 것을 보여준다. 지금까지는 돈을 받고 그 편을 들어주었지만 이 경우 재판관 노릇 똑바로 해야겠다는 그의 각오도 담겨있다. 그 과부의 끈질김이 한 재판관을 바로 세우는데 성공한 것이다.

예수님은 이 불의한 재판관의 말을 빌려 이렇게 말씀하신다. "불의한 재판관의 말한 것을 들으라 하물며 하나님께서 그 밤낮 부르짖는 택하신 자들의 원한을 풀어 주지 아니하시겠느냐 저희에게 오래 참으시겠느냐 [--] 속히 그 원한을 풀어주시리라 그러나 인자가 올 때에 세상에서 믿음을 보겠느냐(6-8절)."

불의한 재판관은 그 과부의 끈질긴 요청에 최소한 자신의 책무가 무엇인지 한번쯤 생각하게 되었고, 그래서 이 과부의 원한만큼은 풀어줘야겠다는 결심을 하기에 이른다. 불의한 재판관도 그런데 하물며 밤낮 부르짖는 택한 백성들의 기도를 주님이 외면하실 리 없다고 하신다. 여기서 '부르짖는(bowntwn, crying)' 이라는 단어는 억압을 당하는 이들이 하나님께 울부짖을 때 사용되는 단어다. 의를 바로 세워달라는 이 기도를 외면하실 주님이 결코 아니시다. 우리는 지금까지 불의한 재판관에 대한 예수님의 비유를 그저 우리 자신의 이기적인 영역에 한정시키는 우를 범했다. 우리 자신의 이기적인 욕구, 우리 교회의 양적 성장을 위해 끈질기게 매달리면 하나님은 이 기도를 들어주실 것이라는 기복적 기도에 이 비유를 종종 사용해왔다. 원한, 곧 외면당한 의에 대해서는 관심이 없었다.

이제 우리는 이 땅에서 그 의가 세워지도록 더 기도하고, 더 기도해야 한다. 그리스도인은 불의한 세상에 대해 침묵하지 않는 자가 되어야 한다. 하나님의 궁극적 심판을 확신하고 하나님의 의를 세우는 기도를 해야 한다. 우리의 강렬한 야성에 불의한 자가 항복하고, 의의 역사에 동참하는 일이 불같이 일어나야 한다. 그래야 이 땅에 그 나라와 그 의가 세워진다. 우리에게 필요한 것은 바로 기도의 야성을 회복하는 일이요 이 기도를 생활화하는 것이다. 주님은 말씀하신다. "그러나 인자가 올 때에 세상에서 믿음을 보겠느냐(8절)." 이 야성은 주님 오실 때까지 끊임없이 지속되어야 한다. 하나님과의 아름다운 동행, 그 거룩한 동행은 중단 없이 계속되어야 한다.

2. 교만한 기도와 겸손한 기도(9-14절)

이 단락을 가리켜 '기도의 비유' 라 한다. 예수님이 바리새인과 세리의 기도를 비교하며 교훈을 주기 때문이다. 이 비유를 통해 하나님은 교만한 기도를 듣지 않으시고 겸손한 기도를 들으신다는 것을 확인하게 된다.

이 비유는 자기를 의롭다고 믿고 다른 사람을 멸시하는 자들(9절), 곧 바리새인들에게 하신 말씀이다. 두 사람이 기도하러 성전에 올라갔다. 하나는 바리새인이요 하나는 세리다(10절).

바리새인은 서서 따로 기도한다(11절). 서서 따로 한 것이 잘못된 것은 아니다. 그러나 공동번역을 보면 그것이 왜 나쁜 지를 곧 알 수 있다. 공동번역은 '서서'를 '보라는 듯이'로 번역했다. 자기자랑이 들어있다. "나는 구별된 존재다, 너와는 달라. 너희들과는 같이 기도할 수 없어. 사람들이어, 나를 보세요. 저는 율법에 충실한 바리새인입니다." 기도 자세만 보아도 교만이 흘러넘친다.

문제는 바리새인의 기도내용이다.

"하나님이여 나는 다른 사람들 곧 토색, 불의, 간음을 하는 자들과 같지 아니하고 이 세리와도 같지 아니함을 감사하나이다(11절)." 바리새인의 기도는 자기중심적, 자기 과시적이다. 자기 의를 드러내는데 바쁘다. 자신의 잘못된 과거와 비교해 기도했다면 그래도 봐줄 수 있다. 하지만 그는 말끝마다 남과 비교하며 상대를 비하했다. 자기를 끌어올리기 위해 그 어떤 짓도 마다하지 않는 독선. 그의 삶의 기준은 자기이지 결코 이웃이 아니다. 나만 의로워지면 그만이다. 그 속엔 나눔과 베풂의 모습을 볼 수 없다. 기도는 자신을 올리는 것이 아니라 오히려 철저히 내려놓는 것이다.

"나는 이레에 두 번씩 금식하고 또 소득의 십일조를 드리나이다(12절)." 바리새인은 자기 행위로 하나님을 설득하려 들었다. "그러니 나를 알아주세요." 금식하고 헌금을 많이 했으면 오히려 입을 다무는 것이 좋을 터인데, 그는 오히려 길어구에서 큰 소리로 외쳤다. 사람의 칭찬까지 염두에 둔 것이다. 그 모두에 교만이 배어있다. 하나님이 과연 그 기도를 기뻐하실까.

바리새인은 자기 드러내길 좋아한다. 자랑할 것을 늘어놓다 보니 기도도 길어진다. 열심히 율법을 연구하고 가르치기 때문에 늘 의기양양하고, 스스로 의롭다고 판정한다. 자신은 언제나 하나님 앞에 떳떳이 설 수 있다고 생각한다. 게다가

"나는 남과 다르다" 비교하길 좋아하고, 그것을 통해 우월감을 갖는다. 자신들은 의롭게 생각하는데 하나님은 그렇게 생각지 않으신다.

이에 반해 세리의 기도는 처절하다. 그는 멀리 서서 감히 눈을 들어 하늘을 쳐다보지도 못하고 다만 가슴을 치며 기도하기 시작했다. 세리는 사람들로부터 늘 손가락질을 당하며 살아 왔다. 그러니 하나님 앞에 나가는 것조차 두렵고 떨린다. 초라해 보이기까지 한다. 그에겐 자랑할 것이 아무것도 없다. 그의 기도가 길 리 없다. "하나님이여 불쌍히 여기소서. 나는 죄인이로소이다(13절)." 이것이 전부다. 그러나 그는 통회하고 자백하며 자기를 죄인이라다. 기도하는 마음의 동기조차 다르다. 겸손한 기도일 수밖에 없다. "하나님께서 구하시는 제사는 상한 심령이라 하나님이여 상하고 통회하는 마음을 주께서 멸시하지 아니하시리이다(시 51:17)." 상하고 통회하는 마음을 하나님은 멸시치 않으신다.

바울도 자신을 죄인중의 괴수라고 하였다. 하나님 중심의 기도는 자기를 죄인으로 고백하고 하나님의 자비를 구하는 것이다. 자신을 죄인이라 한 것은 달리 말해, 하나님만이 거룩하시다는 고백이다. 감히 하늘을 쳐다 볼 수 없지만 그 마음엔 오직 하나님만이 자신에게 긍휼을 베풀어줄 수 있음을 안다. 하나님 앞에 나가야 용서 받을 수 있기 때문이다.

다음은 예수님의 결론적인 말씀이다. "이에 저 바리새인이 아니고 이 사람이 의롭다 하심을 받고 그의 집으로 내려갔느니라 무릇 자기를 높이는 자는 낮아지고 자기를 낮추는 자는 높아지리라(14절)." '의롭다' 판정을 받은 것은 바리새인이 아니라 세리였다. 바리새인의 생각과는 아주 달리 세리가 판정승을 얻었다. 하나님은 외모보다 속마음, 보이는 것보다 보이지 않는 것을 보고자 하신다. 우리의 내면을 은밀히 보고자 하신다. 기도는 교만이 아니라 겸손이 앞서 가야 한다. 겸손한 마음이 하나님께 더 가까이 나갈 수 있다.

3. 어린 아이를 축복하심(15-17절)

사람들이 예수께서 만져 주심을 바라고 자기 어린 아기를 데리고 왔다. 그러자 제자들이 보고 꾸짖었다. 접근을 막은 것이다. 하지만 예수님은 그 어린 아이들을 불러 가까이 하시며 "어린 아이들이 내게 오는 것을 용납하고 금하지 말라 하나님의 나라가 이런 자의 것이니라" 하셨다(16절). '이런 자'는 '어린 아이처럼 천진하고 순결하며 온유하고 겸손한 자'를 말한다. 어린 아이가 온전히 부모에게 의존하는 것처럼 순전하게 하나님을 의지한다. 이것이 바로 하나님 백성에게 필요한 자녀성이다.

나아가 "내가 진실로 너희에게 이르노니 누구든지 하나님의 나라를 어린 아이와 같이 받아들이지 않는 자는 결단코 거기 들어가지 못하리라(17절)" 하셨다. 어린 아이처럼 순수한 마음으로 섬기라는 말씀이다. 앞선 비유의 가르침처럼 자기를 드러내려 하기보다 겸손하게 섬길 것을 강조하셨다.

예수님은 "그 때에 예수께서 성령으로 기뻐하시며 이르시되 천지의 주재이신 아버지여 이것을 지혜롭고 슬기 있는 자들에게는 숨기시고 어린 아이들에게는 나타내심을 감사하나이다 옳소이다 이렇게 된 것이 아버지의 뜻이니이다(눅 10:21)." 하셨다. 여기서 '어린 아이들(paidia, little children)'은 '아기들(infants)'을 가리킨다. '감추어진 것,' 곧 하나님 나라의 진리를 스스로 지혜롭고 슬기롭다 자부하는 사람들에게는 감추시고 겸손한 자들에게 보여 알게 하신 것을 감사하신 것이다. 이 말씀은 천국이 어린 아이의 것이라는 말씀과 맥을 같이 한다.

4. 영생에 관한 가르침(18-30절)

이 단원에서 우리는 예수님을 찾아온 관리의 영생에 관한 물음과 연관해 부와 부자에 대한 예수님의 견해를 읽을 수 있다.

어떤 관리가 예수님을 찾아왔다. 여기서 관리는 회당의 지도자이거나 산헤드린 공회원을 가능성이 높다(눅 23:13). 그는 아주 중요한 질문을 던졌다. "선한 선생님이여 내가 무엇을 하여야 영생을 얻으리이까(18절)."

예수님은 "네가 어찌하여 나를 선하다 일컫느냐 하나님 한 분 외에는 선한 이가 없느니라(19절)" 하셨다. 예수님은 그가 자신을 가리켜 '선한 선생님'이라 한 것에 대해 말씀하셨다. 유대인들은 랍비에게도 '선한' 이라는 말을 붙이지 않는다. 예수님 말씀처럼 하나님만이 선하심을 알고 있었기 때문이다(시 106:1). 그럼에도 불구하고 그가 예수님을 향해 '선한 선생님' 이라 한 것은 예의를 갖춘 것이다. 하지만 예수님은 아직 예수의 참 존재를 알지 못하는 그에게 말뿐인 찬사를 받지 않으시겠다는 뜻에서 이같이 말씀하셨다.

"네가 계명을 아나니 간음하지 말라, 살인하지 말라, 도둑질하지 말라, 거짓 증언 하지 말라, 네 부모를 공경하라 하였느니라(20절)." 예수님은 먼저 계명을 지키라 하셨다. 예수님이 명하신 계명은 십계명의 후반부인 이웃 사랑에 관한 것이었다. 인간에 대해 어떤 태도를 가지고 있느냐에 따라 하나님에 대한 태도도 달라지기 때문이다. 예를 들어 부모를 공경하지 못하는 자가 하나님을 잘 섬긴다고 말할 수 없다.

그는 계명이라면 어려서부터 다 지켰다고 자신 있게 답했다. 예수님은 이 말을 들으시고 아주 중요한 말씀을 하셨다.

"네게 아직도 한 가지 부족한 것이 있으니 네게 있는 것을 다 팔아 가난한 자들에게 나눠 주라 그리하면 하늘에서 네게 보화가 있으리라 그리고 와서 나를 따르라(22절)." 예수님은 그의 소유를 다 팔아 가난한 이웃에게 나누어주고, 그 다음 예수를 좇으라 하셨다. 전자는 인간에 대한 사랑을 말하고, 후자는 하나님 외에 모든 것을 다 버리고 하나님을 온전히 따르라는 것이다. 영생은 하나님과 이웃을 사랑하되 진실 된 자선을 행할 때 하나님 나라의 삶, 곧 영생의 삶을 살 수 있다는 말씀이다.

예수님은 여기에서 아주 중요한 지적을 하셨다. '네게 아직도 한 가지 부족한 것이 있다' 는 말씀이다. 한 가지 부족한 것은 미처 실행하지 못한 것, 곧 재산을 가난한 이들에게 나누어주는 것이었다. 지금까지 말만 앞섰지 실행이 없었다는 것이다. 주님은 이 말씀을 통해 그의 형식적인 종교생활을 폭로하셨다. 이 한 가지 부족으로 인해 그가 지금까지 계명을 지키며 살아왔던 생활은 거짓이었음이 드러났다. 영생의 삶을 살지 못한 것이다.

그 사람은 과연 어떻게 했을까? 그 사람은 큰 부자였기 때문에 이 말씀을 듣고 심한 근심에 빠져 들었다(23절). 이것은 그가 하나님보다 재물을 더 사랑했음을 보여준다. 비록 율법 조항들은 잘 지켰지만 재산을 다 팔아 가난한 자들에게 나누어줄 만큼은 성숙하지 못한 것이다. 부자는 슬픈 기색을 띠며 근심하며 돌아갔다(막 10:22).

예수님은 이런 그를 보시고 말씀하셨다. "재물이 있는 자는 하나님의 나라에 들어가기가 얼마나 어려운지 낙타가 바늘귀로 들어가는 것이 부자가 하나님의 나라에 들어가는 것보다 쉬우니라(24, 25절)." 모든 사람들에게 있어서 가장 어려운 일이 바로 자기 소유를 포기하는 것이다. 부자일수록 어려움의 정도는 더 크다. 예수님은 부자가 하나님의 나라에 들어가는 것이 거의 불가능하다고 하셨다. 낙타가 바늘귀를 통과하기 어려운 것처럼 부자가 하나님 나라에 들어가기 어렵다는 것이다. 이것은 하나님의 나라에 들어가는 데 있어서 재물이 얼마나 방해가 되는가를 보여준다. 영생의 삶을 사는 데 있어서 세상 욕망은 거친 방해가 될 뿐이다.

사람들이 이 말씀을 듣고 "그렇다면 누가 구원을 얻을 수 있겠습니까?" 물었다. 사람들은 부를 자신의 선한 행위에 대한 보상, 곧 축복으로 알고 있었기 때문에 예수님이 하신 말씀에 의아심이 생길 수밖에 없었다. 율법을 잘 지키고, 그 축복으로 부를 많이 가진 사람이 하나님의 나라에 들어가기 어렵다니 놀라지 않을 수 없었다.

예수님은 "무릇 사람이 할 수 없는 것을 하나님은 하실 수 있느니라(27절)." 하고 대답하셨다. 사람의 힘으로는 할 수 없지만 하나님께서는 다 하실 수 있다는 말씀이다. 구원은 인간의 능력으로 되는 것이 아니라 오직 하나님의 능력으로 되는 것이니 놀라지 말라는 것이다.

그때 베드로가 예수님께 말했다. "우리는 모든 것을 버리고 주님을 따랐습니다(28절)." 그러자 예수님은 말씀하셨다. "내가 진실로 너희에게 이르노니 하나님의 나라를 위하여 집이나 아내나 형제나 부모나 자녀를 버린 자는 현세에 여러 배를 받고 내세에 영생을 받지 못할 자가 없느니라(29, 30절)." 하나님의 나라를 위해 집이나 아내나 형제나 부모나 자녀, 곧 모든 것을 버린 사람은 이 세상에서 여러 갑절로 받고, 오는 세상에서는 영원한 생명을 얻는다는 것이다. 재물을 의지하는 이 부자처럼 되지 말라. 너희처럼 자신을 부정하고 소유나 세상적인 일에 집착하지 않으면 하나님 나라에 들어가 영원한 생명을 누리게 된다는 것이다.

5. 세 번째 수난 예고(31-34절)

예수님은 열 두 제자를 따로 데리고 가시면서 자신이 수난을 받게 될 것을 예언하셨다. 세 번째 예언이다. 이번 예루살렘 방문은 과거와 같은 단순 방문이 아니다. 그곳에서 죽임을 당하고 사흘 후에 부활하실 것을 예언한 말씀을 이루는 방문이다. 예수님은 하나님이 이미 정해 놓으신 길을 떠나가신다.

"보라 우리가 예루살렘으로 올라가노니 선지자들을 통하여 기록된 모든 것이 인자에게 응하리라(31절)." 예수님이 예루살렘으로 올라가자고 하신다. 그리고 그곳에서 고난을 당하시라 하셨다. 이미 자신에 대해 구약에 선지자들이 예언한 모든 것이 이루어질 것이라 하신다. 그리스도의 수난은 예언의 거룩한 성취라는 말씀이다. 주님은 죽음으로 구원을 이루실 것을 확신하고 하나님의 뜻에 절대 복종할 것을 각오하셨다. 주님은 자원하여 이 일을 이루시고자 하신 것이다. "나는 양을 위하여 목숨을 버리노라[--]내가 스스로 버리노라(요 18:15,18)."

나아가 예수님은 자신이 이방인들의 손에 넘어갈 것이고, 그들은 예수를 조롱하고 모욕하고 침 뱉고 채찍질한 후 죽이지만 3일 만에 다시 살아날 것을 예언(33절) 하셨다. 주님의 이 말씀은 이미 성경에 예언된 것이다. 예수를 보는 자는 다 비웃으며 조롱한다. 겉옷을 나누며 속옷을 제비뽑는다. 십자가 달리신 주님을 보며 "저가 여호와께 의탁하니 구원하실 걸"하며 비웃는다(시 22:7, 8, 18). "그가 찔림은 우리의 허물을 인함이요 그가 상함은 우리의 죄악을 인함이라 그가 징계를 받음으로 우리가 평화를 누리고 그가 채찍에 맞음으로 우리가 나음을 입었도다 우리는 다 양 같아서 그릇 행하여 각기 제 길로 갔거늘 여호와께서는 우리 무리의 죄악을 그에게 담당시키셨도다(사 53:5,6)."

그러나 제자들은 이것을 하나도 깨닫지 못했다. "그 말씀이 감추어져 있었으므로 그 이르신 바를 알지 못하였더라(34절)." 제자들은 십자가에서 죽으실 메시야를 생각한 것이 아니라 로마로부터 유대를 해방시켜줄 통일 메시야, 칼을 든 메시야, 정복자 메시야를 꿈꿔왔다. 그러므로 주님이 고난당할 것을 말해도 귀에 들어오지 않았다. 그런 말씀은 듣고 싶지도 않았을 것이다. 그러므로 그 말씀을 깨닫지도 못했다. '말씀이 감추어져 있었다.' 는 것은 바로 이런 상태를 나타낸다. 마가복음을 보면 제자들은 심히 두려워하고 무서워하며 예수를 따라 예루살렘으로 간다. 분위기가 무겁게 가라앉아 있다.

6. 소경을 고치신 예수님(35-43절)

이 단락은 예수님이 여리고 근처에서 구걸하는 소경을 고치신 사건을 기록하고 있다. 사회적으로 소외된 사람을 가까이하고 고치신 것이다.

예수님이 여리고 가까이 가셨을 때 한 소경이 길가에 앉아 구걸하고 있었다. 마가복음에 따르면 이 소경의 이름은 바디메오(Bartimaeus)였다(막 10:46). 바디메오는 '디메오의 아들(the Son of Timaeus)' 이라는 뜻이다. 알만 한 사람의 자식이었다는 말이다. 당시 유월절을 지나기 위해 많은 사람들이 예루살렘을 향하여 올라가고 있었고, 소경은 순례자들이 지나가는 곳에서 구걸을 했다.

사람들이 지나가는 소리를 듣고 그는 무슨 일이냐고 묻었다. 그러자 그들은 '나사렛 예수님이 지나가신다.' 하고 말해 주었다. 그들에게 있어서 예수는 요셉의 아들 예수였다. 그런데 소경은 큰 소리로 외쳤다. "다윗의 후손 예수님, 저를 불쌍히 여겨 주십시오." '다윗의 자손 예수' 는 메시야의 칭호다. 메시야, 곧 구원자로 본 것이다.

앞서 가는 사람들이 그를 꾸짖으며 조용히 하라고 했다. 하지만 그는 더욱 큰 소리로 외쳤다. "다윗의 후손이시여, 저를 불쌍히 여겨 주십시오." 자기를 도우실 자는 그분밖에 없다고 생각했기 때문이다.

사람들은 소경을 무시했지만 예수님은 그의 바른 신앙과 호소를 아시고 걸음을 멈추셨다. 그리고 그 를 데려오라고 하셨다. 소경이 다가오자 예수님은 그에게 "원하는 것이 무엇이냐?" 물으셨다. "주님, 눈을 뜨게 해 주십시오." 얼마나 절실한 간구인가. 주님이 "보라 네 믿음이 너를 구원하였느니라(42절)." 하시자 곧 눈을 떠 보게 되었다. 그가 하나님께 영광을 돌리며 예수님을 따라갔고 사람들은 이 광경을 보고 모두 하나님을 찬양했다.

제19장

구원받은 삭개오와 예루살렘을 보고 우시는 예수님

1. 구원받은 삭개오(1-10절)

예수님이 여리고에 들어가셨다(1절). 예수님은 베뢰아 지역 전도를 마치고 예루살렘으로 유월절을 지키러 올라가는 길에 여리고를 통과하셨다. 이 길은 마지막 예루살렘 입성길이다. 이 길로 예수님이 예루살렘에서 십자가를 지셨기 때문이다.

여리고는 원래 '하나님의 동산' 이라는 뜻을 가지고 있다. 그러나 하나님의 동산과는 거리가 먼 물질 중심의 도시로 발전했다. 당시 여리고는 교통의 요로이자 무역의 중심지로 유대지방과 요단강 건너 베레아 지방간의 교역을 감시하고 통관세를 징수하는 세관이 있었다. 요단강변이라 땅이 비옥해 종려나무 숲이 우거졌고 세계적인 발삼향 나무 산지였다. 따라서 세금에 관한 한 황금지역이었다. 이를 배경으로 여리고는 돈을 중시하는 대표적인 도시가운데 하나가 되었다.

예수님이 여리고 거리를 지나가고 계셨다. 마침 그곳에 삭개오(Zacchaeus)라는 사람이 있었다. 그는 여리고의 세리장(chief tax collector)이었다. 때로 그를 세관장으로 번역한 성경도 있다. 이것은 그가 국내세금을 징수하고, 통관세를 걷는 지방세관장으로 유지였음을 보여준다. 당시 세리는 현재와 같은 공무원 제도에 따른 합리적 세정에 입각한 것이라기보다 입찰제 방식이었다. 가장 많이 거두겠다고 하는 사람에게 낙찰해 특정지역의 세리직을 맡게 한다. 세리는 입찰 때 로마정부에 약속한 세금을 거두어 정부에 바쳤다. 로마정부의 앞잡이 노릇을 한 것이다. 그래서 당시 세리는 창녀, 이방인과 함께 천하게 여김을 받는 대상이자 증오의 대상이었다.

그리고 그는 부자였다(2절). 그가 부자였다는 것은 부정한 방법으로 부자가 되었을 가능성이 아주 높다. 당시 세리는 로마정부에 바치기로 약정한 금액 이상을 거두어 치부하였다. 그 대표적 방법이 토색과 늑징이다. 토색은 속여 먹는 것을 말하고, 늑징은 정한 과세 외에 사욕을 위해 부가세를 징수하는 것을 말한다. 보기를 들어 2억 원을 징수키로 했다면 그것의 3-4배, 심지어 12배까지 거두어 나머지를 착복한다. 그의 인생의 목적은 돈이었다.

삭개오는 '의로운 자, 순결한 자, 정결한 자' 라는 뜻을 가지고 있다. 부모가 이 같은 삶을 살기 바라며 이름을 지었을 것이다. 하지만 그는 세리장으로서 그 이름과는 거리가 먼 생활을 해왔다. 주님 보시기에, 여리고는 문제가 있는 도시이자 그 속에 사는 삭개오도 문제인물이었다. 아무리 문제가 많아도 주님을 만나면 영적인 변화가 일어난다.

그는 예수님이 어떤 분인지 보고자 하였으나 키가 작은 데다 사람들이 너무 많아서 볼 수가 없었다(3절). 3절과 4절은 예수님을 향한 삭개오의 갈망이 배어있다. 예수님을 향한 그의 첫 번째 갈망은 '보고자 하되' 에 있다. 특히 '하되' 는 다른 표현으로 '찾는다' 이다. 이 말은 '힘쓰다(눅 6:19),' '연구하다(눅 22:2)' 와 같다. 이것은 단순한 호기심이 아니라 뵙기를 열망하고, 그 기회를 찾고 기다렸음을 의미한다.

그래서 그는 예수님이 지나가시려는 길을 앞질러 달려가서 그분을 보려고 길가에 있는 돌 무화과나무에 올라갔다(4절). 그의 갈망은 4절에서 더 깊어진다. '앞으로 달려가서,' 그리고 '보기 위하여 돌 무화과나무(sycamore fig tree)에 올라가니,' 앞으로 달려가는 믿음과 나무 위로 올라가는 믿음이다. 사람들이 너무 많아 예수님에게 접근하기 어려웠고, 자신의 키마저 작아 예수님을 보기도 어려웠다. 그는 한계에 부딪혔다. 하지만 그는 예수님을 결코 포기하지 않았다. 돌 무화과나무는 일명 '이집트의 무화과' 로, 열매는 무화과 같고 잎은 뽕나무 같다. 그래서 뽕나무로 번역하기도 한다. 이 나무는 키가 크지 않지만 몸통이 커 쉽게 오를 수 있다.

우리가 주목해야 할 것은 돌 무화과나무가 아니라 그가 그 나무 위로 올라갔다는 사실이다. 그는 사람들로부터 주목을 받았다. 그는 아이가 아니라 세리장이다. 어른이 나무 위로 올라갔다는 것은 아무나 할 수 있는 일이 아니다. 그는 체면 따위는 개의치 않고 그 길로 나무 위에 오른 것이다. 어찌되든 예수님을 보고자 하는 열정이 그를 나무 위로 오르게 한 것이다. 예수를 볼 수만 있다면 나무 아니라 지붕 위에도 뛰어오를 것이다.

예수님이 그곳에 이르러 그를 쳐다보시며 말씀하셨다. "삭개오야, 어서 내려오너라. 오늘 내가 네 집에 머물러야겠다(5절)." '삭개오야.' 부르신 것은 주님의 전지하심을 보여준다. 예수님은 이미 그를 알고 부르셨다. 삭개오는 놀랐을 것이다. 예수님은 죄인의 이름 하나하나까지 관심을 가지신 분이시다. '속히 내려오라' 하심은 어서 그 죄인을 만나보고 싶은, 예수님의 사랑의 마음이 담겨 있다. '오늘'은 문자적으로는 시간적 오늘이다. 영적으로는 하나님의 구원계획을 이룰 때가 왔다는 사상을 나타낸다. 주님에게 있어서 오늘은 삭개오를 위한 '나의 모든 날' 이다. 내일은 없다. 오늘 주님을 만나야 한다. '네 집에 유하여야 하겠다.]는 말씀은, 단지 먼발치에서 뵙기만을 바랐던 그에게 생각지도 못한 은혜이다. 주님이 집에 온다는 것은 교제, 죄의 용서를 뜻을 담고 있다. 만나 주시고, 궁극적으로 용서하신다는 것이다.

표면적으로 볼 때 여리고는 목적지가 아니라 지나가는 길이었다. 그러나 지나가는 그 시간에 삭개오를 만나주시고, 그를 위해 하룻밤 유하고자 하셨다. 이런 점에서 여리고는 단순히 스쳐 지나가는 길이 아니라 삭개오를 만나기 위한 분명한 목적이 있었음을 알 수 있다. 삭개오를 변화시키고, 여리고를 변화시키는 일이다.

삭개오는 나무에서 급히 내려와 기쁨으로 주님을 자기 집으로 영접했다(6절). 주님의 말씀에 그는 급히 내려와 즐거워하며 영접했다. 명령대로 기꺼이 순복한 것이다. 주님과 마주한 삭개오, 그의 마음은 얼마나 기뻤을까? 그 마음속에 변화가 일기 시작했다. 내면의 변화다. 옛 삭개오는 죽고 새 삭개오가 태어나는 변화다. 그의 내면에 평화가 넘친다. 삭개오가 이 기회를 놓쳤다면 회개할 기회를 얻지 못했을 것이다. 절호의 기회다.

그러자 사람들이 보고 수군거리기 시작했다. "저가 죄인의 집에 유하러 들어갔도다(7절)." 사람들은 세리를 매국노, 비애국자, 죄인 취급을 했다. 삭개오도 예외가 아니었다. 인간적으로 볼 때 그는 참 외로운 사람이었다. 그러나 그런 그가 예수님으로 인해 인생의 전환점을 맞게 되었다. 더 이상 외롭지 않게 되었기 때문이다. 그 이유는 간단하다. 예수님은 그를 전 인격적으로 포용해 주셨기 때문이다. 예수님은 삭개오의 집에 들어감으로써 자신의 이미지가 나빠지는 것에 대해 신경을 쓰지 않으셨다. 오히려 그 잃어버린 자에 대해 관심이 컸다. 예수님은 죄인을 부르러 오신 분이므로 그들의 비난에 개의치 않으셨다. 오히려 죄인의 편에 서 주셨다. 이것이 예수님과 우리의 차이이다.

삭개오는 예수로 인해 충만한 기쁨을 얻게 되었다. 삶의 의미도 달라졌다. 예수님과 마주한 삭개오는 감격했다. 그리고 주님 앞에 섰다. 8절은 "삭개오가 서서 주께 여짜오되"라고 했다. '서서(statheis)' 는 말을 하기 위해 벌떡 일어서는 것을 말한다. 그리고 말한다. "주여 보시옵소서." 이것은 "주여, 제가 변화되었나이다." 라는 말이다. 어떻게 변화되었다는 것은 다음의 진술에서 더 확연해진다.

"주여 보시옵소서 내 소유의 절반을 가난한 자들에게 주겠사오며 만일 누구의 것을 속여 빼앗은 일이 있으면 네 갑절이나 갚겠나이다(8절)." '주여 보시옵소서.' 이 말은 변화된 자신을 드러내는 선언적 언어이다. '내 소유의 절반을 가난한 자들에게 주겠사오며.' 예수님을 찾아온 젊은 부자 관원은 재산을 팔아 가난한 자에게 주라는 가르침에 곤혹감을 표시하고 물러갔지만 삭개오는 결단성 있게 재산의 사회 환원을 선언했다. 자기 재산의 반을 팔아 가난한 자에게 주겠다고. 이것은 이미 그가 옛 삭개오가 아니라는 것을 보여준다. 빼앗는 것에 익숙한 자가 이타적인 자로 변한 것이다.

그것은 예수를 만난 이후 자신을 지배해왔던 삶의 주인이 바뀌었기 때문이다. 지금까지 그의 삶의 주인은 돈이었다. 그러나 회개한 다음부터 돈은 더 이상 그의 주인이 아니었다. 주인이 바뀌자 그는 소유의 절반을 가난한 자에게 주겠다고 한다. 주님을 만나 은혜를 받고 나니 물질관이 바뀐 것이다. 당시 랍비들은 소유의 5분의 1을 가난한 자에게 주면 족하다고 가르쳤다. 그럼에도 그가 절반을 주겠다고 한 것은 그의 각오가 얼마나 대단한가를 보여준다.

그는 지금까지 그것을 소유하기 위해 살아왔다. 그의 소유는 자신의 모든 것이었고, 그것도 손가락질 당하며 모은 것이었다. 그 소유를 절반이나 내놓겠다는 것은 돈의 주인은 내가 아니라 우리의 주인이신 하나님의 것이며 자신은 관리자라는 것을 시인한 것이다. 이제 그 돈을 주인의 뜻을 따라 사용하겠다는 선언이다. 지금까지 그는 사람을 착취의 대상을 보았다. 그러나 이제는 사람을 사람, 곧 더불어 살아야 할 대상으로 인식하게 되었다.

"만일 누구의 것을 속여 빼앗은 일이 있으면 네 갑절이나 갚겠나이다." 개역한글 성경에서는 토색(討索)한 것이 있으면 4배나 갚겠다고 했다. 토색은 부당하게 갈취한 돈을 말한다. 이런 경우 대개 그 액수의 5분의 1을 더 보태어 갚는 것이 보통이다(레 6:1-5). 그럼에도 불구하고 4배로 갚겠다는 것은 엄중히 갚겠다는 것을 보여준다. 이것은 그의 회개가 보통이 아님을 나타낸다. 그의 회개는 점진적인 변화가 아니라 급진적이고 혁명적인 변화로 나타나고 있다. 나아가 이것은 과거에 대한 사죄뿐 아니라 앞으로 그런 일은 절대 하지 않겠다는 것을 엄숙하게 선언하는 것이기도 하다. 토색한 일이 있었다면, 죄를 지었다면, 남에게 피해를 주었다면 과감히 청산하겠다는 것이다. 그는 직업뿐 아니라 삶에서의 삶의 변화를 시도했다. 그는 회개의 합당한 열매를 맺었다. 물질과 영적 생활은 관계가 없는 것이 아니라 서로 연관되어 있다. 변화된 사람은 물질사용에서도 변화가 있어야 한다. 그 물질을 자신을 위해서만 사용한다면 아직도 합당한 열매를 맺지 못하고 있는 것이다. 루터는 우리의 지갑이 회개해야 한다고 말한다. 삭개오는 회개하고 변화하자 지갑과 생활태도가 달라졌다. 삭개오는 재산보다 예수님이, 천하보다 주님이 귀한 분임을 깨달았다. 그는 이 고백으로 돈으로부터 자유 함을 얻었다. 지금도 하나님보다 돈에 집착하는 그리스도인이 얼마나 많은가.

이에 대한 주님의 반응도 즉각적이다. "오늘 구원이 이 집에 이르렀으니 이 사람도 아브라함의 자손임이로다 인자가 온 것은 잃어버린 자를 찾아 구원하려 함이니라(9절)."

'오늘 구원이 이 집에 이르렀으니.' 죄인이 회개할 때 주님은 용서하신다. 주님이 오늘 이 집에 구원이 이르렀다고 선포하신 것은 삭개오의 진정한 회개를 보았고, 회개의 열매가 나타날 것을 아셨으며, 그의 회개로 온 집안에 변화가 일게 될 것도 미리 아셨기 때문이다.

그리고 그를 아브라함의 자손이라 선언하셨다. 예수님이 그를 아브라함의 자손이라 선언한 것은 획기적인 변화를 통해 그가 더 이상 미움 받을 대상이 아니라 하나님의 백성이 되었음을 선언한 것이다. 아브라함의 자손은 단지 육신의 유전적 혈통을 의미하는 것이 아니다. 믿음에 바탕을 둔 말이다. 이로써 그는 인간관계가 회복되고 그리스도 공동체 일원이 되었다. 믿음으로 말미암은 자는 믿음의 조상 아브라함과 함께 복을 받는다(갈 3:6,7,9). 복음 안에서의 변화는 하나님의 상속자로 만든다.

"인자가 온 것은 잃어버린 자를 찾아 구원하려 함이니라(10절)." 인자는 다니엘서에서 말하는 인자요 바로 하나님의 아들이다. 인자는 구원을 위해 우리를 찾아오신 예수님이시다. 주님은 잃어버린 자를 위해 오셨다. 잃어버린 자는 복구할 수 없을 정도로 망가진 자를 말한다. 주님은 그런 자를 회복시키기 위해 오신다. 에스겔서를 보자. "그 잃어버린 자를 내가 찾으며 쫓긴 자를 내가 돌아오게 하며 상한 자를 내가 싸매어 주며 병든 자를 내가 강하게 하려니와"(겔 34:16). 이것이 주님의 심정이요 본심이다.

"잃어버린 자를 찾아." 여기서 '찾아'는 '찾기 위해'(zeetenai, to seek) 오셨다는 말이다. 동사 '제테오(zeeteo)'는 찾기 위해 '눈을 크게 뜨다'는 의미를 가지고 있다. 이것은 주님이 잃어버린 자에 관심이 그만큼 크다는 것을 보여준다. 잃어버린 자는 하나님의 자녀로서 그 위치를 떠나 있는 자이다. 주님은 그런 자들이 하나님께 돌아와 새롭게 변화되기를 바라신다. 주님은 죄인의 회개 눈물을 기뻐하신다. 눈물을 보일 때 그 눈물을 닦아주시고, 마음을 찢을 때 그 상처를 기꺼이 감싸주신다. 삭개오가 먼저 찾아온 것처럼 보이지만 실상 우리 주님이 먼저 삭개오를 찾아오셨다. 잃어버린 그를 회복하고 화목하기 위해서다.

"구원하려 함이니라." '구원하기 위해서(sosai, to save)' 오셨다는 말씀이다. '소사이'의 동사 '소조(sozo)'는 '안전하고 좋은 곳으로 이르게 한다'는 뜻을 가지고 있다. 아담을 향해 "네가 어디 있느냐" 부르신 것도 구원을 위한 부름이다.

지금도 주님은 우리를 주의 자녀로 회복시키기 위해 찾고 부르신다. 그리고 상처나고 찢긴 영혼을 하나님의 형상으로 온전히 회복시키신다. 예수님은 우리를 '제테나이' 하고 '소사이' 하기 위해 오셨다. 하나님은 말씀하신다. "너희는 나를 찾으라 그리하면 살리라." (암 5;4).

여리고를 떠나신 후 혼자 남은 삭개오에게 어떤 일이 있어났을까? 주님께 약속한 것을 모두 지켰을 것이다. 가난한 자를 위해 먹을 것과 입을 것을 내놓았고, 토색한 것이 있나 장부 들고 돌아다니며 주님께 약속한대로 모두 갚았을 것이다. 이 사건으로 여리고가 뒤집어졌을 것이다. 한 사람이 변하면 여리고 성이 변한다. 주변의 칼라가 바뀐다. 우리가 변화하면 세상을 바꿀 수 있다. 우리에게도 희망이 있다.

삭개오 사건은 여리고를 방문하신 주님의 목적과 뜻이 어떻게 이뤄졌는가를 보여준다. 잃어버린 자를 찾고 구원시키는 것, 그를 주님의 사람으로 온전히 회복시키는 것이 주님의 뜻이다. 삭개오의 전환은 구원으로의 대전환이요 구원받은 증거이다. 이것은 삭개오의 사건에 끝나지 않는다. 우리에게도 주님이 필요하고 변화가 필요함을 가르쳐 준다.

2. 므나의 비유(11-27절)

예수님은 사람들이 위의 말씀을 듣고 있을 때에 므나(mina)의 비유를 들어 말씀하셨다. 그 이유는 예수님이 예루살렘 가까이 오셨고 또 사람들은 하나님의 나라가 당장 나타날 것으로 생각하고 있었기 때문 이었다(11절). 예수님이 정치적 메시야로 예루살렘에 가시기만 하면 로마를 멸망시키고 자신의 왕국을 세울 것이라 생각한 것이다. 예수님은 이렇게 생각하는 사람들의 오해를 풀어주기 위해 이 비유를 말씀하셨다. 므나의 비유는 달란트 비유와 같다.

어떤 귀인이 왕위를 받아오려고 먼 나라로 가게 되었다. 그래서 그는 열 명의 종을 불러 한 므나씩 나누어 주면서 자신이 돌아올 때까지 이 돈으로 장사를 하도록 했다(12, 13절). 예루살렘 입성을 마지막으로 생각하고 성급하게 모든 것을 미리 정리하려는 사람들을 향한 말씀이다. 한 므나로 장사를 하도록 한 것은 돌아올 때까지 재림이 지연될 것이니 그가 없는 동안 예수의 종들은 이익을 남기는 삶을 살아야 한다는 것을 말해준다. 그리스도가 다시 오실 때까지 인내심을 가지고 각자에게 주어진 자원을 활용하여 성실하고 책임 있는 삶을 살아야 한다는 말씀이다.

므나는 로마의 화폐로, 한 므나는 약 20 데나리온이다. 한 데나리온은 하루의 임금에 해당한다.[14] 마태복음의 달란트에 비해 적은 액수다. 므나의 비유에서 종들에게 한 므나씩 균등 분배를 했다. 달란트 비유에서는 종마다 차등 분배를 했다는 점에서 차이가 있다. 균등분배는 누구에게나 복음 전파의 사명이 있다는 것을 가르쳐 준다. 복음 전파는 모든 그리스도인의 사명이기 때문이다. 주님이 오실 때까지 우리는 열심히 일해야 한다. 마지막 때 계산은 주님이 하신다.

그런데 그 백성은 그를 미워하여 사자, 곧 대표단을 뒤따라 보내어 '우리는 이 사람이 우리 왕이 되는 것을 원하지 않는다.' 고 하였다(14절). 예수님이 왕, 곧 심판 주로 재림하시기 전 유대인들의 배척이 있을 것임을 보여주고 있다.

하지만 그 귀인은 왕위를 받아 가지고 돌아왔다. 그리고 돈을 맡긴 종들이 장사를 어떻게 했는지 알아보기 위해 그들을 불렀다(15절). 이것은 예수님이 재림하시어 각자가 책임을 다 했는지 그 여부를 가름하시겠다는 것이다. 책임을 다하지 못할 경우 심판을 피할 수 없다.

첫 번 째 종이 나와서 자신은 한 므나로 열 므나를 남겼다고 보고했다(16절). 마지막까지 최선을 다한 것이다. 주인은 그를 칭찬하며 "잘하였다 착한 종이여 네가 지극히 작은 것에 충성하였으니 열 고을 권세를 차지하라" 하였다(17절). 두 번째 종은 한 므나로 다섯 므나를 만들었다고 보고했다. 주인은 그에게도 다섯 고을을 다스리는 권세를 주겠다고 하셨다(18, 19절).

그런데 다른 종은 와서 주인이 주신 한 므나를 수건에 싸서 잘 간수했다고 했다(20절). 그리곤 주인에 대해 악한 말을 했다. "주인님은 지독한 분이시기에 두려워하여 그렇게 했습니다. 주인님은 남의 것을 빼앗아 가고, 심지도 않은 것을

14) 백 데나리온이 한 므나라는 주장도 있고, 한 므나는 약 100 드라크마로 한 드라크마는 노동자의 하루 임금에 해당한다는 주장도 있다.

거둬들이십니다(21절).” 이 대목은 종이 주인을 탐욕스런 수전노로 생각했음을 보여준다. 자기가 이윤을 남길 경우 주인이 그것을 모두 착취할 것이고, 손해를 보면 보상을 요구할 것이므로 원금을 그대로 남겨둔 것이다. 예수님의 왕 되심을 인정하지 않고 불성실하게 산 사람이다.

그러자 주인은 그를 “이 악한 종아, 내가 네 말로 너를 심판하노니 너는 내가 남의 것이나 빼앗고 심지도 않은 것을 거둬들이는 지독한 사람인 줄로 알았느냐? 그렇다면 왜 내 돈을 은행에 맡기지 않았느냐? 그랬더라면 내가 돌아왔을 때 이자와 원금을 함께 받을 수 있지 않았겠느냐?” 하셨다(23절). 주인을 악하게 보고 최소한의 노력도 하지 않은 그를 책망하신 것이다. 불충한 종이다. 여기서 은행은 문자적으로 ‘책상’을 뜻한다. 돈 바꾸는 자의 책상이다. 비유의 내용으로 보아 대부업도 겸했음을 알 수 있다.

주인은 곁에 섰는 자들로 하여금 그 한 므나를 빼앗아 열 므나 있는 자에게 주도록 했다(24절). 그들은 한 목소리로 ‘그에게 이미 열 므나가 있는데요.’라 했다. 왜 더 줘야 하는지 반문한 것이다(25절). 그러자 주인은 말했다. “무릇 있는 자는 받겠고 없는 자는 그 있는 것도 빼앗기리라(26절).” 한 므나도 빼앗아 있는 자에게 주라는 것이다. 주님이 왕이심을 인정하고 성실하게 산 자는 더 받을 것이고 불충한 자는 있는 것마저 빼앗기리라는 말씀이다. 그리고 주인은 단호히 말했다. “너희는 내가 왕 되는 것을 원치 않던 저 원수들을 이리 끌어다가 내 앞에서 죽여라(27절).” 예수님의 왕 되심을 인정하지 않고 불성실하게 산 사람들은 심판을 받게 된다는 말씀이다. 예수님을 공공연히 거부하는 자나 불충한 그리스도인에 대한 경고의 말씀이다. 때를 얻든지 못 얻든지 우리는 주님이 오실 때까지 열심히 복음을 전해야 한다.

3. 예루살렘 입성(28-40절)

예수님은 므나의 비유를 말씀하시고 앞장서서 예루살렘을 향해 가셨다(28절). 예수님으로선 세 번째 예루살렘 방문 길이다. 예수님 일행은 감람산 기슭 벳바게

와 베다니에 이르렀다. 감람산(Mount of Olives)은 예루살렘 동편 기드론 시내 건너편에 있는 동산으로, 감람나무가 많아 감람산이라 불렀다. 이 산에 오르면 예루살렘 전체가 보인다. 벳바게(Bethphage)는 예루살렘과 베다니 사이에 있는 작은 마을이고, 베다니(Bethany)는 마리아와 마르다가 사는 곳이다.

예수님은 두 제자를 보내시며 맞은편 마을로 가면 아무도 타 보지 않은 나귀 새끼 한 마리가 매여 있을 것이니 그것을 풀어서 이리로 끌고 오도록 하셨다(30절). 만일 누가 왜 나귀를 푸는가 묻거든 "주가 쓰시겠다 하라" 하셨다(31절). 참존화장품 김광석 장로의 간증에 따르면 곽선희 목사님이 연변과기대의 어려움에 대해 말씀하시자 "주가 쓰시겠다 하라(The Lord needs it)"는 주님의 말씀이 생각나 공학관 건물을 지어 헌납했다.

제자들이 가 보니 예수님이 말씀하신 대로 나귀 새끼가 매여 있었다. 나귀 새끼를 풀자 주인이 왜 푸느냐 물었다. 그들은 주님의 말씀대로 "주가 쓰시겠다." 했다(34절). 허락한 것이다. 제자들은 그 나귀를 끌고 와 자기들의 겉옷을 나귀 등에 펴고 예수님을 태웠다. 예수님이 나귀 새끼를 타고 가시자 사람들은 겉옷을 벗어 길에 폈다(36절). 예수님이 나귀 새끼를 타실 것은 이미 예언된 것이었다. "보라 네 왕이 네게 임하시나니 그는 공의로우시며 구원을 베푸시며 겸손하여서 나귀를 타시나니 나귀의 작은 것 곧 나귀 새끼니라(슥 9:9)." 예언의 성취다. 예수님이 정치적, 세속적 왕이 아니라 구원을 베푸실 겸손한 왕이시라는 것이다.

예수님이 감람산 비탈 길 가까이 오셨을 때 많은 제자들이 자기들이 본 모든 기적에 대하여 기뻐하며 큰 소리로 하나님을 찬양했다. "찬송하리로다 주의 이름으로 오시는 왕이여 하늘에는 평화요 가장 높은 곳에는 영광이로다(38절)." 이 찬양은 예수님 탄생할 때 천사들의 찬양(눅 2:14)과 그 내용이 같다. 이것은 십자가 보혈의 피로 우리를 구속하시는 사역을 시작하기 전의 놀라운 찬양이다. 예수님이 평화의 왕으로 오셨다는 것이다.

그러자 군중 가운데 있던 몇몇 바리새인들이 예수님을 향해 "선생이여 당신의 제자들을 책망하소서." 하였다. 바리새인들은 예수님을 이해하거나 존경할 마음이 없었다. 그래서 찬양을 중지시키려 한 것이다. 그러자 예수님은 "만일 이 사람들이 침묵하면 돌들이 소리 지르리라." 하셨다(40절). 베드로가 예수님은 메시야, 곧 왕이시라 고백했을 때 그것을 아무에게도 말하지 말라 하셨다. 아직 때가 아니었기 때문이다. 그러나 지금은 예루살렘에서 구원의 과업을 이루실 때가 왔다. 만일 이 사람들이 침묵할 경우 생명이 없는 돌들을 통해서라도 예수님이 하나님께서 보내신 메시야이심을 증거하고 찬양하게 하실 것이라는 말씀이다.

4. 예루살렘을 위해 우심(41-44절)

예수님은 주님, 곧 하나님의 이름으로 오시는 왕으로서 예루살렘을 찾아오셨다. 하지만 예루살렘은 주님을 배척하게 된다. 그로 인해 장차 하나님의 심판을 받아 평화를 잃게 되고 초토화된다.

예루살렘에 가까이 오시자 예수님은 성을 보시고 우셨다(41절). '보시고(idon, saw)' 는 문자적으로 '직관으로 통찰하시어 보시고' 라는 의미를 가지고 있다. 예루살렘의 운명을 보시고 탄식하신 것이다. 예루살렘이 겉으로는 아름다워 보인다. 하지만 영적으로는 크게 문제가 있음을 보신 것이다. 신앙의 중심지인 예루살렘이 불신앙으로 인해 멸망할 것이기 때문이다. 한국교회는 눈으로는 크고 아름다워 보이지만 교회는 날로 세속화되어 가고 영적으로 기도를 잃어 허우적거리고 비틀거리고 있음을 보아야 한다. '우시니라' 는 '통곡하셨다' '목 놓아 우셨다' 는 뜻이다. 성경에 주님은 세 번 우셨는데 이번이 그 가운데 한 번이다.

예수님은 말씀하셨다. "너도 오늘 평화에 관한 일을 알았더라면 좋았을 터인데 지금 네 눈에 숨겨졌도다(42절)." '평화에 관한 일' 은 예수를 메시야로 알아보고 그를 영접함으로써 구원에 참여하는 일을 말한다. 예루살렘은 '평화' 라는 이름을 가진 성이다. 하나님은 예루살렘을 위하여 선지자들을 보내셨고, 이제 하나님의 외아들을 보내어 평화를 주시고자 하셨다. 예수님의 예루살렘 입성은 평화에 관한 일을 깨달을 수 있는 좋은 기회였다. 그러나 그들은 그것을 알지 못했고, 하나님의 사랑을 거절하였다. 지금 주님이 보시기에 이 도시에 평화가 없다. '숨겨졌다' 는 것은 영적인 눈이 가려 보이지 않게 되었음을 말한다.

"날이 이를지라 네 원수들이 토둔(둑, embankment)을 쌓고 너를 사방으로 포위하고 또 너와 및 그 가운데 있는 네 자식들을 땅에 메어치며 돌 하나도 돌 위에 남기지 아니하리니 이는 네가 보살핌 받는 날을 알지 못함을 인함이니라 하시니라(43, 44절)." 네 자식들을 땅에 메어친다는 것은 완전히 멸망됨을, 돌 하나도 돌 위에 남기지 않게 된다는 것은 철저히 파괴될 것을 의미한다. A. D. 70년 예루살렘은 로마 장군 티투스에 의해 실제 돌 위에 돌 하나도 남지 않고 파괴 되었다. 그들은 예루살렘을 점령하여 아이들까지 학살했고, 돌과 돌 사이에 금이 있다는 소문 때문에 성전은 완전히 파괴되었다. 이처럼 파괴되는 것은 '보살핌 받는 날'은 문자적으로 '너의 방문(your visitation)의 때,' 곧 예수님이 이들을 구원하기 위해 오셔서 그들을 권고하신 때를 말한다. 하나님이 그들을 구원하시기 위해 찾아온 날(the time of God's coming to you)을 예루살렘 사람들이 알지 못하고 오히려 거부했다. 하나님의 사랑을 받아들이지 않는다면 평화가 아니라 멸망을 당할 수밖에 없다.

5. 성전을 정화시키시다(45-48절)

예수님은 성전에 들어가 장사하는 사람들을 쫓아내셨다(45절). 성전은 예배하는 것이고, 하나님의 말씀을 가르치는 곳이며, 기도하는 곳이다. 그러나 이곳은 장사하는 곳으로 변질되었다. 상인들이 먼 곳에서 온 순례자들을 위해 제사드릴 때 쓸 소, 양, 비둘기 같은 제물을 성전 내 '이방인의 뜰' 에서 팔았다. 편의를 위한 것이었지만 제사장들은 상인들과 결탁해 부당 이득을 취했다. 터무니없는 가격으로 거래해 차익을 챙긴 것이다. 이로 인해 성전은 불의한 자로 가득했다. 현대에도 주님을 팔아 사리를 취하는 자들이 많다. 교회 안에서 여러 형태로 시장이 서는 것은 문제가 있다. 예수님은 거룩한 성전이 이처럼 모독당하는 것에 분노하시고, 장사하는 자들을 내쫓으셨다. 예수님의 분노가 지금 우리를 향해 있음을 알아야 한다.

"내 집은 기도하는 집이 되리라 하였거늘 너희는 강도의 굴혈을 만들었도다(46절)."

'내 성전은 기도하는 집이라' 성경에 쓰여 있는데 너희는 이 집을 강도의 소굴로 만들었다는 것이다. 이 구절은 "내가 그를 나의 성산으로 인도하여 기도하는 내 집에서 그들을 기쁘게 할 것이며 그들의 번제와 희생은 나의 단에서 기꺼이 받게 되리니 이는 내 집은 만민의 기도하는 집이라 일컬음이 될 것임이라." 하신 이사야 56:7, 예레미야 7:11을 인용하신 것이다. 성전의 본질은 기도하는 곳인데 완전히 시장으로 만들고 사기와 착취의 온상이 되었다는 말씀이다. 교회는 기도가 본질이 되어야 한다. 교회는 하나님과 커뮤니케이션하는 곳이다. 교회는 모든 열방을 품고 만민이 기도하는 집이요 신령과 진정으로 예배하는 곳이다. 하나님의 전인 우리는 과연 어떠한가?

예수님의 성전 정화는 유대 종교지도자들과 충돌하는 계기가 되었고, 이 사건은 점차 비화되어 십자가의 죽음으로까지 이어졌다.

제20장

예수의 권위에 대한 질문과 부활에 대한 토론

1. 예수의 권위에 대한 질문(1-8절)

하루는 예수님이 성전에서 사람들을 가르치시며 복음을 전하셨다. 그 때 대제사장들과 율법학자들이 장로들과 함께 가까이 와서 물었다. "당신이 무슨 권위로 이런 일을 하는지 이 권위를 준 이가 누구인지 우리에게 말하라(2절)." 도전적이고 악의적인 물음이다. 그들은 산헤드린 회원으로 종교 문제에 관한 결정권을 가지고 있었다. 성전 정화를 하고 성전에서 복음을 전하시자 심기가 불편했던 그들이 예수님의 권위(authority, 권세)를 문제 삼았다. 무슨 권세로 가르치며, 무슨 권세로 병을 고치는가. 권세에 대한 지지기반이 무엇인지 알고 싶어 한 것이다.

서기관들은 귀신들린 사람을 치료해주신 예수님을 조롱하기 위해 주님에게 바알세불이라는 별명을 이미 붙여 주었다(마 12:24, 막 3:22, 눅 11:15). 바알세불의 뜻은 원래 "왕이신 바알," "하늘에 거하는 주"이다. 서기관들이 예수님을 바알세불이라 부른 것은 존경하기 위한 것이 아니라 귀신의 왕으로 비꼬기 위한 것이다. 이 같은 태도를 가진 그들이 다시 '무슨 권세로부터냐?' 묻고 있는 것이다. 예언자로서의 권세인지 제사장으로서의 권세인지 왕으로서의 권세인지 어떤 그룹을 대표하는가에 관심을 두었다.

이에 예수님은 나도 한 가지 물어보겠다며 그들에게 반문하셨다. "요한의 세례가 하나님에게서 왔느냐, 아니면 사람에게서 왔느냐?" 예수님이 그들의 간계를 간파하시고 반대질문을 하신 것이다. 그들은 세례 요한을 지지하지 않았다. 만일 요한의 세례가 하나님으로부터 나온 것이라 답하면 왜 그토록 요한을 반대했느냐고 물으실 것이다. 그리고 사람으로부터 나온 것이라면 그 세례를 하나님의 것으로 인식하고 있는 백성들로부터 미움을 받아 그들을 돌로 칠 것이 두려웠다. 주님이 이 물음을 하신 것은 그리스도와 세례 요한의 역사 모두 하나님으로부터 나온 것이고, 요한에 대한 답변은 그리스도 자신에 대한 답변이 되기 때문이다. 예수님은 이 질문을 통해 자신의 행위가 하나님의 권위에 의한 것임을 암시할 뿐 아니라 이 문제에 관해 그들 스스로 판단하도록 하셨다.

그들은 서로 의논했다. '만일 하나님에게서 왔다고 하면 왜 그를 믿지 않았느냐 할 것이고 만일 사람으로부터라 하면 백성이 요한을 선지자로 인정하니 그들이 다 우리를 돌로 칠 것이다.' 유대 종교지도자들은 자신들의 기득권을 지키기 위해 세례 요한을 '귀신 들린 자'로 몰아갔고 믿지 않았다. 물론 회개도 하지 않았다. 그런데 요한이 하나님으로부터 권세를 받은 선지자로 답할 경우 자신들이 잘못되었음을 스스로 드러내는 꼴이 되고 만다. 그렇다고 요한을 거짓 선지자라고 말할 수도 없다. 사람들은 그를 진정한 예언자로 믿고 있었기 때문이다. 그를 거짓 선지자라 할 경우 사람들은 돌을 들어 자신들을 치게 될 것이다. 돌로 치는 것은 거짓 예언자에 대한 형벌이다. 그런데 참된 예언자를 거짓 예언자로 몰아세운 경우 역으로 그들이 그 벌을 받게 된다는 것이다. 마태복음에는 '그들이 다 우리를 돌로 칠 것이다'는 말 대신 '백성이 무섭다(마 21:26)'고 했다.

결국 그들은 "그것이 어디로부터 왔는지 알지 못한다(7절)"고 대답했다. 궁지에 몰린 유대 종교 지도자들은 어떤 답도 하지 못하고 말았다.

그러자 예수님은 "나도 무슨 권위로 이런 일을 하는지 너희에게 이르지 아니하리라(8절)" 하셨다. 이것은 그들처럼 '나도 알지 못한다'는 것이 아니다. 이 논쟁에서 승리하신 주님의 권위 있는 답변이다. 예수님의 권세도 세례 요한에게 주신 분, 곧 하나님으로부터 온 것임을 나타낸다.

이 부분은 예수님의 권세, 권능, 권위에 관한 물음이다. 예수님이 가지신 권세는 주로 다음과 같다.

첫째, 가르치는 권세이다. 예수님의 가르침은 서기관(랍비, 율법학자)과 같지 않았다. 서기관은 지식적으로 가르쳤지만 주님은 뜨거운 가슴으로 가르쳤다. 산상수훈의 가르침을 받은 사람들은 그의 말씀이 권세 있는 자의 말씀과 같았다고 고백한다.

둘째, 모든 병을 고치는 권세이다. 예수님은 모든 병을 다 고치신다. 손으로, 진흙으로, 말씀으로 다양한 방식을 사용하셨다. 병든 자를 다 고치셨다. 만병의 의원이 되셨다.

셋째, 죽은 자를 살리는 권세이다. 주님은 나인성 과부의 아들을 살리셨고 무덤에 있는 나사로를 일으키셨다. 죽은 자의 생명까지 주장하셨다.

넷째, 자연을 지배하는 권세이다. 바람과 바다도 순종시켜 풍랑마저 잔잔케 하셨다.

다섯째, 영적 능력을 행사하시는 권세이다. 귀신도 떨게 하셨다. 귀신도 자신을 무저갱에 가지 않게 하도록 빌었다.

여섯째, 죄를 사하는 권세이다. 우리의 죄를 사하실 뿐 아니라 죄 때문에 생긴 병의 경우 "네 죄 사함을 받았느니라."고 말씀하심으로 병의 근원을 고치셨다.

끝으로, 심판의 권세이다. 재림주로 오실 때 알곡은 곡간에, 쭉정이는 불에 태우는 심판을 하신다.

예수의 권세가 무엇인지 모르는 사람들은 그 권세를 의심하고 믿지 않는다. 그러나 그리스도인들은 예수님의 권세가 내 권세가 되도록 기도해야 한다. 즉, 그분의 가르침을 믿어 내 생활이 변하고, 그의 힘을 의지하여 악령을 물리치며, 병을 고치는 역사가 일어나야 한다. 그리스도인은 주님처럼 권세 있는 삶을 살아야 한다.

예수의 권세가 내 권세가 되려면 다음과 같은 조건이 충족되어야 한다. 첫째, 하나님의 자녀가 되어야 한다. 믿는 자에게는 하나님의 자녀가 되는 권세를 주셨다. 그리스도인은 결코 귀신의 자녀가 되어서는 안 된다. 둘째, 성령 충만해야 한다. 성령이 충만해야 능력을 받고 증인된 삶을 살 수 있다. 끝으로, 주신 달란트로 봉사해야 한다. 작은 일부터 충성하고, 남이 보이지 않는 데서 더욱 충성하며, 상을 생각지 않고 충성하고, 끝까지 충성한다. 당연히 할 것을 한 것뿐이라 생각한다.

2. 악한 포도원 소작인의 비유(9-18절)

그리고서 예수님은 군중들에게 악한 포도원 소작인에 관한 비유를 말씀하셨다.

예수님은 이 비유를 통해 유대 종교 지도자들의 사악함을 보여줄 뿐 아니라 자신도 고난을 당하게 될 것을 말씀하셨다.

어떤 사람이 포도원을 만들어 농부들에게 세를 주고 오랫동안 먼 나라에 가 있었다(9절). 어떤 사람은 하나님을 가리키고, 포도원은 이스라엘을, 농부들은 유대 종교 지도자들을 가리킨다.

포도 철이 되어 주인은 자기 몫의 포도를 받아오라고 한 종을 소작인들에게 보냈다. 그러나 소작인들은 그를 때려서 그냥 돌려보냈다(10절). 여기서 종은 이스라엘의 선지자를 가리킨다. 유대 종교 지도자들이 선지자의 경고에 귀를 기울이지 않고 핍박했음을 비유적으로 보여준다.

주인은 다시 다른 종을 보냈으나 소작인들은 그 종도 때리고 온갖 모욕을 하고서 그냥 돌려보냈다. 세 번째 종을 보냈지만 마찬가지였다(11, 12절). 하나님이 계속해서 이스라엘에 선지자들을 보냈지만 말을 듣지 않고 계속 핍박했음을 보여준다. 그러자 포도원 주인은 사랑하는 자기 아들은 존대하리라 생각하고(13절) 그의 아들을 보냈다. '사랑하는 아들' 은 예수 그리스도를 가리킨다. 그러나 그의 기대와는 달리 소작인들은 그의 아들을 보자 "이 사람은 상속자이니 죽여 버리자. 그러면 그의 유산이 우리 것이 될 것이다(14절)." 하고 그를 포도원 밖으로 끌어내 죽이고 말았다(15절). 농부들이 주인의 아들을 죽인 것은 그리스도의 십자가 사건을 비유한 것이다.

그렇다면 포도원 주인이 이 소작인들을 어떻게 할까? 주인이 돌아와 소작인들을 죽이고 포도원은 다른 사람에게 맡길 것이다(16절). 소작인들이 죽게 되는 것은 A. D. 70년에 예루살렘 멸망으로 유대인들이 심판 받게 되는 것을 비유한 것이고, 포도원이 다른 사람에게 맡겨지는 것은 포도원을 유대인 대신 이방인에게 맡겨질 것을 비유한 것이다.

사람들이 이 말씀을 듣고 그렇게 되지 않기를 바란다고 했다. 그러자 예수님은 그들을 바라보시며 말씀하셨다(17절). "그러면 '건축자들이 버린 돌이 집 모퉁이의 머릿돌이 되었다.' 라고 기록된 성경 말씀이 무슨 뜻이냐?" 이 구절은 시 118:22를 인용한 것이다. 예수가 박해를 받아 건축자들이 버린 돌처럼 죽게 되지만 죽은 자 가운데서 부활하여 영광 받을 것, 곧 집 모퉁이의 머리돌이 되실 것을 보여준다. 유대주의에 맞지 않는다고 버림을 받은 돌이 중심 돌이 되어 새로운 집을 지어간다. 새로운 집은 하나님으로부터 온 권세자이신 예수를 중심으로 지어진다. 그 집은 우주적인 집(교회)으로 국가와 종족을 초월한다.

"누구든지 그 돌 위에 떨어지는 사람은 깨어지겠고, 이 돌이 사람 위에 떨어지면 그를 가루로 만들어 흩어버릴 것이다(18절)." 소경이 돌에 걸려 넘어지듯 영적인 눈을 뜨지 못하고 예수 그리스도를 구주로 영접하지 않은 사람은 산돌이신 그리스도에 걸려 넘어지게 된다. 그들에게는 그리스도가 거치는 돌, 부딪칠 돌(롬 9:32)이 되기 때문이다. 그리고 끝까지 믿지 않은 사람들은 심판을 받아(단 2:34, 35) 항아리에 돌이 떨어져 산산조각 나듯 부서지고, 타작마당의 밀 껍질처럼 날림을 받는다. 이 전모가 드러날 때는 예수님이 재림해 오실 때이다. 지금은 그 집이 지어져 가고 있다. 악의 권세는 점차 무너져가고 있다.

3. 납세에 관한 문제: 가이사의 것과 하나님의 것(19-26절)

서기관들과 대제사장들은 이 비유가 자기들을 가리켜 한 말인 줄 알고 즉시 예수님을 잡으려고 했다. 하지만 사람들이 두려워 잡지 못했다(19절). 그들은 예수님을 세심하게 지켜보다가 첩자들을 보내 그들 스스로 의로운 체하며 어떻게 해서든지 예수님의 말을 책잡아 그를 총독에게 넘기려고 하였다(20절). 예수를 종교적인 죄, 곧 하나님 모독죄로 올가미를 씌우려 했다가 전략을 바꾸어 로마에 대한 반역죄로 몰아 로마로 하여금 예수문제를 처리토록 궁리했음을 말한다.

첩자들은 예수님께 물었다. 책잡으려 미끼를 던지는 질문이다. "선생님이여 우리가 아노니 당신은 바로 말씀하시고 가르치시며 사람을 외모로 취하지 아니하시고 오직 진리로써 하나님의 도를 가르치시나이다(21절)." 시작은 점잖고 정중하였다. "우리가 가이사(Caesar)에게 세를 바치는 것이 옳으니이까 옳지 않으니이까(22절)." 하지만 그들은 간계를 품은 함정 질문을 던졌다. 로마 황제 가이사에게 세금을 내지 말라는 대답을 유도함으로써 그를 로마에 대한 반역자로 몰기로 한 것이다. 그들은 예수님이 로마 군인에게 붙잡혀 처형당할 수 있는 접근법을 택했다.

그들의 간교함을 아신 주님은 데나리온 하나를 가져오라 하신 뒤 "이 돈에 누구의 형상(초상)과 글(이름)이 여기 있느냐(24절)" 물으셨다. 데나리온(denarius)은 은으로 만든 로마주화이다. 이 주화에는 신격화된 황제의 흉상이 새겨져 있었다. 그들이 가이사의 것이라 대답하자 주님은 "그런즉 가이사의 것은 가이사에게, 하나님의 것은 하나님께 바치라(25절)" 말씀하셨다.

당시 세금은 인두세로 남자는 14-65세까지, 여자는 12-65세까지 바치도록 되어 있었다. 로마에 세금을 내지 말라 하면 로마에 반역하는 행위이다. 로마로부터 정치적 독립을 바라는 유대인들은 가이사에게 세를 바치는 것을 수치스럽게 생각했다. 세를 바친다는 것은 이스라엘이 로마의 종주국임을 의미하기 때문이다. 따라서 이 같은 질문은 어느 쪽으로든 답하기 곤란한 것이었다.

하지만 예수님은 세상질서를 부인하지 않으셨다. 가이사의 것은 가이사의 것이니 세금을 내는 것은 당연하다는 것이다. 그렇다면 가이사의 것과 하나님 것은 별개인가. 그렇지 않다. 별개의 것처럼 보이지만 이 두 질서는 다 하나님의 손 안에 있다. 따라서 지상의 지배자에 대한 의무를 다해야 할뿐 아니라 그것과는 비교할 수 없는 하나님께 충성을 해야 한다는 말씀이다. 이것은 우리가 이 세상 나라에서 하나님 백성으로 어떻게 살아갈 것인가를 생각하게 만든다.[15)]

---

15) 이 세상 것(조건적 충성)과 하나님의 것(절대적 사랑과 공의로 주권적으로 개입)으로 구분된다. 과거에는 이 세상을 악의 질서로만 인식해왔다. 하지만 그리스도인은 이 세상에서도 하나님 나라를 실현시켜 나가야 할 책임이 있다. 우리는 이 땅에서 하나님 나라와 세상 나라의 두 시민으로 충성하며 살아가고 있다. 지금은 정부를 통해서 질서를 유지해가고 있다. 이 세상의 조직 정부 사회제도를 받아들여야 하는 것은 하나님이 기뻐하시는 뜻에 따라 사용할 때(자기의 유혹에 따라 사용하지 않아야)이다. 우리가 하나님의 뜻에 순종하며 살면 우리는 이 땅에 살면서도 세상 질서를 뛰어넘는 삶을 살 수 있다. 예수님은 결코 악의 권세에 굴복하라 가르치지 않으셨다.

이 세상 것과 하나님의 것은 별개이지만 각각 평행점이 아니라 교차점을 이뤄야 한다. 두 질서가 하나님이 원하시는 교차점에서 만나려면 이 세상에서 사회정의가 실현되도록 해야 한다. 가난한 자가 무시되어서는 안 된다. 하나님이 창조한 이 세상을 잘 가꾸고 다스리고 관리해야 한다. 자연파괴도 안 된다. 자연과 환경에 대해서는 인류가 공동책임을 지고 인간이 살 수 있는 곳으로 만들어야 한다. 이것이 바로 두 차원이 만날 수 있는 지점이다. 오늘

첩자들은 사람들 앞에서 예수님의 말씀을 책잡기는커녕 예수님의 대답에 놀라 모두 말문이 막히고 말았다(26절). 당시 유대 종교 지도자들은 예수님을 정치범으로 처단하기 위해 간교한 질문을 던졌지만 주님의 답변은 그들의 기대를 벗어났다. 예수님의 의도는 세상 나라와 하나님의 나라의 영역을 이원적으로 가르는 것이 아니라 모든 권세는 하나님께 속한 것이므로 사람들은 세속 권세에 복종을 해야 한다는 것이다. 그러나 세속 권세는 하나님의 뜻에 일치할 때만 복종할 가치를 갖는다.

4. 부활에 대한 토론(27-38절)

평소 부활이 없다고 주장하는 몇몇 사두개인들이 예수님을 찾아와 물었다. 그들은 신학적인 문제를 가지고 와 예수의 말꼬리를 잡으려 했다. 사두개인들은 바리새파, 엣세네파와 함께 유대 3대 종파가운데 하나로 모세의 오경만 경전으로 인정하고 내세, 부활, 천사를 믿지 않았다. 메시야 믿지 않고 영도 믿지 않아 신학적으로 바리새인과 반대되는 입장이다. 그들은 하나님의 섭리를 믿지 않았고 인간의 자유의지를 믿었다. 사두개인들은 권력과 부를 움켜쥔 제사장 계급으로 정치적으로는 친로마였다.

“모세의 법에는 형이 자식 없이 아내를 두고 죽었을 경우 그의 동생이 형수와 결혼하여 형의 대를 이어야 한다고 했습니다(28절).” 사두개인들은 부활의 모순을 제기하기 위해 모세의 율법 중 수혼법(*嫂婚法* levirate law, 신 25:5, 6)을 인용해 질문을 했다. 그들의 질문은 부활을 가르치신 예수님을 조롱하려는 의도를 가지고 있었다. 그들은 부활이 모세 율법과 어긋난다고 생각했다. 그러나 모세가 그렇게 한 것은 그 시대 상황을 반영한 것이다. 수혼법으로 후사를 세우도록 한 것은 전쟁이 많아 대가 끊어질 것을 막기 위한 그 시대 윤리를 담고 있었다.

날 교회는 사회, 조직, 정부, 제도가 제대로 구실을 하며 무엇을 해야 하는지 눈을 떠야 한다. 하나님은 교회(예언자적 책임)를 통해서, 사회 정부를 통해서 깨우치고 다스려서 하나님의 뜻을 이루어 가신다.

"그런데 일곱 형제 중 맏이 결혼하여 살다가 자식 없이 죽고 둘째와 셋째도 형수와 살았으며 일곱이 다 그렇게 하여 자식 없이 죽었습니다. 그 후에 여자도 죽었습니다. 일곱이 다 그를 아내로 취하였으니 부활 때에 그 중에 누구의 아내가 되겠습니까(29-33절)." 부활 때 누구의 아내가 되겠느냐는 것은 부활 교리는 모순이라는 사두개인의 생각을 담고 있다. 그들은 부활이 없다는 자신들의 견해를 합리화하는 한편 예수님을 깎아내리려 유도 질문을 했다.

이에 예수님은 세 가지를 들어 말씀하셨다.

첫째, 이 세상 사람들은 장가도 가고 시집도 간다. 그러나 죽었다가 다시 부활하여 하늘나라에서 살 자격이 인정된 사람들은 장가도 시집도 가지 않는다(34, 35절). 하늘나라에서는 시집, 장가가는 일이 없다는 것이다. 이 땅에서의 결혼은 종족을 보존하기 위한 것이다. 그러나 저 세상에선 종족 보존(성별, 신분차별, 종족차별)을 할 이유가 없다. 이 세상 삶(결혼)과 저 세상 삶(결혼하지 않아)이 다르다. 인간관계가 전혀 새로운 차원으로 변화되므로 그들의 질문 자체가 잘못되었다.

둘째, 그들은 천사들과 같아서 다시 죽을 수도 없다. 그들은 부활한 자들이므로 하나님의 자녀들이다(36절). 남자나 여자나 모두 한 형제이며 자매요 하나님의 한 식구일 뿐이다. 그곳에서 천사와 같이 불사의 몸으로 산다.

셋째, 죽은 사람들의 부활에 대해서는 모세도 떨기나무 기사에서 주를 '아브라함의 하나님, 이삭의 하나님, 야곱의 하나님'이라고 하였다. 하나님은 죽은 사람들의 하나님이 아니라 살아 있는 사람들의 하나님이시다. 하나님이 보시기에는 모든 사람이 살아 있는 것이다(37, 38절). 예수님은 하나님께서 족장들에게 하신 약속의 말씀을 근거로 부활신앙을 적극 주장하셨다. 하나님의 약속의 말씀은 영원하고 파기되지 않는다. 족장들은 죽었지만 부활의 생명을 누리고 있기에 하나님은 산 자의 하나님이시다. 사두개인들이 신명기를 들어 부활을 부정하는 논리를 펴자 예수님은 오경 중에 출애굽기 3:6을 인용해 부활을 입증하셨다. 너희는 부활이 없다고 말하지만 하나님과 그 백성의 언약의 관계는 생명의 관계로 죽음도 이를 깨뜨릴 수 없다. 부활은 있다.

우리에게 있어서 죽음은 끝이 아니다. 우리는 영광스런 몸, 완전한 몸으로 부활

한다. 땅에서 하루 길어지면 하늘에서 하루 짧아진다. 땅에서 하루 짧아지면 하늘에서 하루 길어진다. 구세군은 별세자를 진급자로 부른다. 사망에서 생명으로 옮겼기 때문이다. 나는 부활이요 생명이라 하신 주님, 우리는 그 주님 안에 영원히 살아있다.

5. 다윗의 자손에 대한 질문(39-44절)

서기관 중 어떤 이들은 "선생님, 잘 말씀하셨나이다." 라고 했다(39절). 이 서기관들은 바리새인이었을 가능성이 높다. 그들은 예수님이 사두개인의 논리를 명쾌하게 깨뜨리자 깊이 감탄하며 이같이 말한 것이다. 사두개인들은 예수님께 감히 더 이상 묻지 못하였다(40절).

그러자 예수님은 그들에게 다시 묻고 말씀하셨다. "사람들이 왜 그리스도를 다윗의 자손이라고 하느냐(41절)" 유대인들은 그리스도가 다윗 왕의 자손 중에서 태어난다는 신념을 가지고 있었다. 따라서 '다윗의 자손' 은 메시야의 별칭으로 사용되기도 했다. 예수님이 이 질문을 하신 것은 자신이 다윗의 자손임을 거부하려는 것이 아니라 자신의 신적인 본질을 밝히기 위함이었다.

"다윗이 시편에서 직접 '주께서 내 주께 이르시되 내가 네 원수를 네 발등상으로 삼을 때까지 내 우편에 앉았으라' 하셨도다(42, 43절)." 하나님이 나의 주님에게 말씀하시기를 '내가 네 원수들을 네 발 앞에 굴복시킬 때까지 너는 내 오른편에 앉아 있거라.' 하셨다는 것이다. 이것은 메시야에 관한 예언으로 시 110:1을 인용한 것이다. '네 원수를 네 발등상으로 삼을 때' 는 그리스도가 재림하시어 사단의 권세를 짓밟을 때를 말한다.

"다윗이 이렇게 그리스도를 주라고 불렀는데 어떻게 그리스도가 다윗의 후손이 되겠느냐(44절)." 예수님은 다윗이 메시야를 '주' 라 부른 사실을 문제 삼으면서 유대인들이 메시야를 '다윗의 자손' 으로만 생각하는 것은 모자란 생각임을 지적하셨다. 자신은 인간의 몸을 입은 '다윗의 자손' 일뿐 아니라 신성을 가진 '하나님의 아들' 이심을 말씀하고 있다. 자신은 하나님의 아들이니 나를 믿으라는 말씀이다. 그러나 그들은 적대감을 안고 돌아갔다.

6. 서기관들을 조심하라(45-47절)

모든 사람들이 말씀을 듣고 있을 때 예수님은 제자들에게 율법 교사들의 교만, 탐욕, 그리고 위선을 비판했다. 그들을 본 받지 말라는 것이다.

"너희는 서기관들(율법교사들)을 주의하여라. 그들은 긴 옷을 입고 다니기를 좋아하고 시장에서 인사 받는 것과 회당의 높은 자리와 잔치의 윗자리를 좋아한다(46절)." 당시 율법 교사들은 안식일에나 입는 예복을 입고 다니기를 좋아한다. 자기 드러내기를 좋아한다는 것이다. 또한 시장에서 인사받기와 상석 앉기를 좋아한다. 존경받기를 원했다는 것이다. 그만큼 자기중심적이다. 겉 치레와 허식을 좋아하는 그들을 본받지 말라는 말씀이다.

"그들은 과부의 재산을 가로채고 사람들 앞에서 거룩하게 보이려고 외식하며 길게 기도한다. 이런 사람들은 더욱 무서운 심판을 받게 될 것이다(47절)." 당시 율법 교사들은 법정 대리인의 기능을 수행했는데, 때론 직권을 남용하여 과부들이 맡긴 재산을 착복했다. 바리새인은 외식으로 길게 기도했다. 길게 할수록 경건하다고 생각했다. 이런 모습을 통해 자신을 드러내고자 한 것이다. 예수님은 이런 사람들이 더 엄한 심판을 받게 될 것이라 하셨다.

제21장

종말의 징조와 인자의 재림

1. 과부의 두 렙돈(1-4절)

예수님이 눈을 들어 부자들이 헌금함에 헌금 넣는 것을 보셨다(1절). 당시 헌금은 제사장이 보는 앞에서 하는 헌금하는 것으로 목적과 액수를 밝혀야 했다. 성전 여인의 뜰 한쪽에는 나팔 모양으로 생긴 13개의 헌금함이 있었고, 그 각각에는 헌금의 목적을 명시해 놓았다고 한다. 또 사람들은 헌금을 낼 때 액수와 헌금을 내는 목적을 그곳을 관리하는 제사장에게 밝힌 다음 헌금함에 넣었다고 한다. 목적과 액수를 밝히는 헌금이었기 때문에 부자들은 많은 액수를 헌금했다. 헌금을 많이 내는 사람을 칭찬하고 그 이름을 먼저 적는 것은 주님의 정신에 벗어난다.

또 어떤 가난한 과부가 두 렙돈을 넣는 것도 보셨다(2절). 과부는 가난해 두 렙돈을 헌금했다. 렙돈은 데나리온의 128분의 1(드라크마의 100분의 1)에 해당하는 동전으로 가장 최소한의 헌금이다. 달란트가 가장 큰 것이라면 렙돈은 가장 작은 단위다.

예수님은 "내가 참으로 너희에게 말하노니 이 가난한 과부가 다른 모든 사람보다 많이 넣었도다." 하셨다(3절). 부자는 풍족한 가운데 남은 것으로 헌금했다. 그러므로 많이 바쳤다고 해도 칭찬받을만한 것은 아니다. 주님은 헌금의 액수로 평가하지 않으신다. 바리새인들은 소득의 10분의 1을 드린다고 자랑했다. 연보를 자기선전용으로 사용한 것이다. 주님은 그 교만한 마음을 문제 삼으셨다. 주님은 외모로 평가하지 않으신다. 주님은 형식을 보시는 것이 아니라 마음의 중심을 보신다.

또한 주님은 "저들은 그 풍족한 중에서 헌금을 넣었거니와 이 과부는 그 가난한 중에서 자기가 가지고 있는 생활비 전부를 넣었느니라." 하셨다(4절). 예수님은 율법 교사들의 위선적인 경건과 과부의 참된 경건을 대조하면서 과부의 헌금을 칭찬하셨다.

과부가 칭찬을 받은 첫 번째 이유는 정성을 다해 헌금했다는 것이다. 얼마나 많은 액수를 바쳤는가가 중요한 것이 아니라 헌금에 하나님을 향한 정성스러운 마음이 얼마나 깃 들여 있는가 하는 것이 중요하다. 과부는 자신의 생활고에도 불구하고 그것을 탓하지 않고 어려운 가운데 정성, 최선, 마음을 다하여 드렸다. 이것은 그가 하나님을 향해 얼마나 감격적인 생활을 하고 있는가를 보여준다. '생활비 전부' 는 헌금 액수가 크다는 것이 결코 아니다. 부자에 비해 그의 마음과 뜻과 정성이 그만큼 컸다는 것이다. 주님은 그것을 보시고 '전부 넣었다' 고 말씀하신다. 하나님은 '주 너희 하나님을 사랑하라' 하셨다. 헌금을 드리면서도 주님을 사랑하는 마음과 뜻과 정성이 담겨 있어야 한다. 리빙스턴은 헌금 쟁반에 올라서서 "비록 가진 돈은 없지만 내 몸과 마음 모두를 바칩니다." 라고 말했다. 그는 결국 아프리카 선교를 위해 일생을 바쳤다.

두 번째 이유는, 그가 하나님을 신뢰했다는 것이다. 과부는 자신의 생활비 모든 것을 바쳤다. 그것은 헌금을 함으로써 올 수 있는 당장의 어려움, 곧 희생을 각오한 것이었다. 자기의 생명이나 다름없는 것이지만 앞으로의 삶 모두 주님께 의지하고 바쳤다. 하나님을 의지하는 신앙이 없었다면 그렇게 바치지 못했을 것이다. 엘리야에게 떡을 만들어 준 사렙다 과부의 신앙이 이것의 아름다움을 보여준다.

세 번째 이유는, 그가 자신의 것을 하나님의 것으로 생각했다는 데 있다. 그는 자신의 것을 내 것이라 하지 않고 하나님의 것이라 생각하고 바쳤다. 내게 속한 모든 것은 다 주의 것이라는 마음가짐이 중요하다. 우리의 물질관이 달라져야 한다. 재물이 평강의 조건은 아니다. 이것은 가난한 과부가 은혜가운데 부자(바리새인)와는 얼마나 다른 신앙적 삶을 살고 있는가를 보여준다.

2. 종말의 징조들(5-19절)

몇몇 제자들이 아름다운 돌과 예물로 화려하게 꾸며진 성전을 보고 감탄했다(5

절). 이것은 헤롯대왕이 유대인의 환심을 사려고 지은 것으로 솔로몬 성전, 스룹바벨 성전에 이어 세 번째 성전이다. 성전은 40척이나 되는 대리석 기둥들로 세워져 화려하고 장엄했다. 지붕은 금으로 덮여있었고, 문도 황금으로 입혀있었다. 제자들은 이것을 보고 감격한 것이다.

그러나 예수님은 너희가 보고 있는 이 건물이 돌 하나도 제대로 얹혀 있지 않고 다 무너져 내릴 날이 올 것이라 하셨다(6절). 제자들은 성전의 화려함에 감탄하고 있었지만 예수님은 성전의 부패성과 그로 인한 하나님의 심판을 보셨다. 이 예언은 A. D. 70년 티투스에 의해 예루살렘 멸망으로 입증되었다. 예루살렘 사람들이 대량 학살되고, 성전은 완전히 무너졌다. 형식만 있는 신앙은 파멸된다.

그들은 예수님께 언제 이런 일이 일어나며 이런 일이 일어나려고 할 때 어떤 징조가 있는지 물었다(7절). 그 물음에 몇 가지 징조를 말씀하셨다.

첫째, 적그리스도가 출현한다. 많은 사람이 내 이름으로 와서 '내가 그리스도이다,' '때가 가까웠다.' 며 떠들어댄다. 자기가 재림 주라며 미혹한다는 말씀이다. 이런 경우 아무에게도 속지 않도록 주의하고, 그들을 따라가지 않도록 하셨다(8절). 이런 현상은 지금도 시한부종말론자들에게서 자주 나타난다.

둘째, 난리와 소란이 일어난다(9절). 난리는 전쟁이, 소란은 작은 소요가 일어난다는 말씀이다. 민족이 민족을, 나라가 나라를 대적하며 전쟁이 계속된다(10절). 이 일이 먼저 있어야 하지만 아직 끝은 아니다(9절).

셋째, 자연계에 이변이 일어난다. 곳곳에 큰 지진과 기근과 전염병이 발생한다. 그리고 무서운 일과 하늘에 큰 징조들이 나타난다(11절).

넷째, 종교적 핍박이 일어난다. "이 모든 일 전에 내 이름으로 말미암아 너희에게 손을 대어 박해하며 회당과 옥에 넘겨주며 임금들과 집권자들 앞에 끌어가려니와 이 일이 도리어 너희에게 증거가 되리라(12, 13절). 세속정권을 통한 정치적 핍박이다. 그러나 핍박이 복음증거의 기회가 된다.

예수님은 핍박을 받을 경우 크게 두 가지를 대비할 것을 말씀하셨다.

첫째, 믿음 때문에 세상 권력에 끌려가도 미리부터 변명할 말을 생각하지 말라. "너희는 변명할 것을 미리 궁리하지 않도록 명심하라(14절)." 왜 그럴까? "내가 너희 대적들이 대항하거나 반박할 수 없는 말과 지혜를 너희에게 주겠다(15절).” 말과 지혜를 주시겠다는 것이다. 대안이 있는 말씀이다.

둘째, 가족에게까지 미움과 박해를 받아도 끝까지 인내하라. “너희 부모와 형제와 친척과 친구들까지 너희를 고발하여 너희 가운데 몇 사람을 죽게 할 것이며 또 너희가 나 때문에 모든 사람에게 미움을 받을 것이나 너희 머리카락 하나도 상하지 않을 것이다. 너희가 인내하면 너희 자신을 구할 것이다(16-19절). 이 말씀은 모든 일이 하나님의 계획과 섭리 안에서만 이루어지므로 두려워 말고 하나님만 의지하라는 것이다. 머리털 하나도 상치 않는다. 하나님의 자녀는 하나님의 자상한 보살핌아래 있다.

3. 예루살렘의 멸망 예고(20-24절)

예수님은 예수를 거부한 예루살렘이 멸망당할 것을 예언하셨다. “너희가 예루살렘이 군대에게 포위당하는 것을 보거든 예루살렘의 멸망이 가까운 줄 알아라(20절).” 이 예언은 A. D. 70년에 일어났다. A. D. 66년에 유대인들이 애국지사들을 중심으로 로마에 대항하여 독립운동을 전개했다. 로마군은 70년 4월에서 8월까지 예루살렘을 포위하여 멸망시켰다.

“그때 유대에 있는 사람들은 산으로 도망하여라. 성 안에 있는 사람들은 그 곳을 떠나고 시골에 있는 사람들은 성 안으로 들어가지 말아라(21절).” 예루살렘으로부터 멀리 도망하라는 말씀이다. 당시 성도들은 이 경고의 말씀에 의지하여 다른 지역으로 피했고, 예루살렘에서 죽임 당한 기독교인인 하나도 없었다고 한다.

“이 때는 성경에 기록된 모든 것이 이루어지는 형벌의 날이다. 그때 아이 밴 여자들과 젖먹이가 딸린 여자들은 불행할 것이다. 이것은 이 땅에 큰 고난이 있을 것이며 이 백성에게 하나님의 형벌이 내릴 것이기 때문이다(21, 22절).” 이것은 재앙이 극심할 것을 보여준다. 아이 밴 자와 젖 먹이는 자들은 빨리 도망할 수 없기 때문이다.

“그들은 칼날에 죽임을 당하고 포로가 되어 여러 나라로 잡혀갈 것이며 예루살렘은 이방인의 시대가 끝날 때까지 이방인들에게 짓밟힐 것이다(23, 24절). 요세푸스에 따르면 110만이 죽임을 당하고 9만7천 여 명이 포로가 되었다. 이것은 하나님을 거부한 이스라엘에 대한 심판이었다. '이방인의 시대가 끝날 때까지'는 여러 의견이 있지만 가장 합당한 해석은 이방인들에게 복음이 전파되어 개종하게 되는 기간이다. 그 이래로 아직까지 예루살렘은 회복되지 않았다.

4. 인자의 재림(25-28절)

예수님의 재림에 관한 말씀이다. 성경의 30분의 1이 종말과 재림의 말씀이다. 그 때 우주적인 징조들이 나타나 공포에 사로잡히게 된다. 하지만 믿는 자들에게는 희망을 가져야 할 때다. 구원의 날이 될 것이기 때문이다.

일월성신, 곧 해와 달과 별이 이상한 일이 일어날 것이며 땅에서는 성난 바다와 파도 소리에 놀라 민족들이 불안에 떨 것이다(25절). 천재지변 등 우주적 대변혁이 일어난다. 초림은 조용히 오셨으나 재림은 우주적 변혁가운데 오신다. 해와 달, 별, 그리고 바다가 말세의 징조를 보여준다. 하늘의 영광이 떨어지고, 바다도 더 이상 옛 바다가 아니다. 기상이 놀랍게 변하는 것이다. 그 변화에 사람들은 공황 상태에 빠진다. 사람들이 세상에 닥쳐올 일을 생각하고 무서워서 기절한다. 하늘의 권능들, 곧 천체가 뒤흔들릴 것이기 때문이다(26절). 사람들이 다가올 일들을 생각만 해도 기절할 정도로 공포에 사로잡히게 된다. 그러니 말세를 준비하라는 말씀이다.

그때 사람들이 인자가 구름을 타고 능력과 큰 영광으로 오는 것을 보게 된다(27절). 예수님이 영광 중에 재림하시는 것이다. 구름은 하나님의 임재나 하나님과 관련된 영광스러움을 상징한다. 예수님은 이런 일이 일어나기 시작하거든 너희는 일어나 머리를 들라 하셨다. 믿는 자들에 대한 구원이 가까웠기 때문이다(28절). 이 때야 말로 성도들이 머리를 들 수 있는 날, 희망의 날이다.

5. 무화과의 비유(29-33절)

봄철에 나무들이 자라기 시작하면 곧 여름이 올 것을 안다. 마찬가지로 예수님이 말씀하신 말세의 징조들이 나타나면 종말이 올 것을 알 수 있다. 예수님은 이와 관련해 무화과의 비유를 들으셨다.

"무화과나무와 모든 나무를 보라 싹이 나면 너희가 보고 여름이 가까운 줄을 자연히 아나니 이와 같이 너희가 이런 일이 일어나는 것을 보거든 하나님의 나라가 가까이 온 줄을 알라(29-31절). 무화과 싹이 나면 여름이 가까워 옴을 알듯 말세의 징조로 주님 오실 날이 가까운 줄 알라는 말씀이다.

"내가 진실로 너희에게 말하노니 이 세대가 지나가기 전에 모든 일이 다 이루어지리라 천지는 없어지겠으나 내 말은 없어지지 아니하리라(32, 33절)." 이 세대가 지나가기 전에 천지는 없어질 것이다. 그러나 주님의 말은 없어지지 않는다. 종말은 반드시 있다는 말씀이다.

6. 깨어 기도하라(34-38절)

이 단락에서는 종말을 맞아 우리가 가져야 할 태도에 대해 하신 말씀을 담고 있다. 종말에 관한 예수님의 말씀에 대해 성도들은 그 종말이 언제 올 것인가에 관심을 두기보다 우리 각자가 주님의 재림과 심판을 어떻게 맞을까 하는 것이 중요하다.

"너희는 스스로 조심하라 그렇지 않으면 방탕함과 술 취함과 생활의 염려로 마음이 둔하여지고 뜻밖에 그 날이 덫과 같이 너희에게 임하리라(34절)." 술 취하거나 방탕하지 말라는 것은 마음이 세상에 빼앗기지 말라는 말씀이다. 생활의 염려도 종말과 재림에 대한 우리의 마음을 둔하게 만든다. 생활하면서도(시집가고 장가가며) 영적으로 잠잘 때 있다. 지진을 대비하라는 데도 관심을 가지지 않는다. "설마. 나는 괜찮겠지." 생각한다. 이런 때 그 날이 덫(trap)처럼 예상하지 않게 임하게 된다. 아무 영적 준비 없이 그 날을 맞지 말라는 말씀이다. 재림은 긴박성(빨리 오리라, 지체하지 아니하리라)과 도발성(도적같이 오리라)을 가지고 있다.

이 날은 온 지구상에 거하는 모든 사람에게 임한다(35절). 종말은 예외 없이 누구에게나 임한다는 말씀이다. 예수님은 당부하셨다. "이러므로 너희는 장차 올 이 모든 일을 능히 피하고 인자 앞에 서도록 항상 기도하며 깨어 있으라 하시니라(36절)." 주님 앞에 설 수 있도록 깨어 기도하라. 깨어있어야 할 때 잠자고 있지 말라는 것이다. 열 처녀 비유가운데 다섯 처녀는 영접했고, 다섯 처녀는 영접하지 못했다. 50%가 잠자고 있었다. 노아는 120년 동안 조롱과 비난을 받았지만 끝까지 순종하며 배를 만들었다. "위에 것을 찾으라, 땅엣 것을 생각하지 말라(골 3:2)." 끝에 웃는 자가 승리한다. 세상이 잠자고 있으면 바보 같다는 소리를 들을 정도로 주님께 미친 사람이 되어야 한다. 재림은 미래에 올 대 사건이다. 주님의 재림과 함께 웃는 자가 승자이다. 초대교인들은 "마라나타," 주여 어서 오시옵소서 간구했다. 주님이 곧 오신다는 것을 잊지 말자. 주님이 능력가운데, 영광가운데 임하신다.

예루살렘에 오신 예수님은 낮에는 성전에서 가르치시고 밤에는 나가 감람원이라 하는 산에서 쉬셨다(37절). 모든 백성이 주님의 말씀을 들으려고 이른 아침에 성전에 나아갔다(38절).

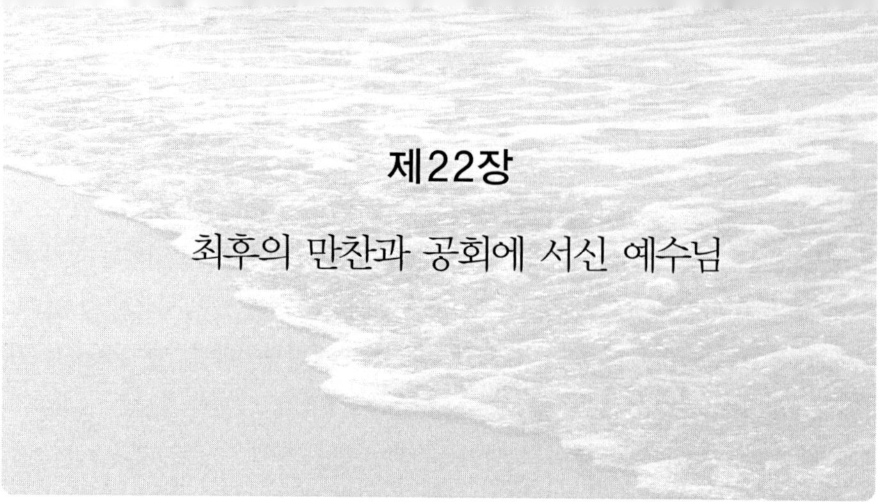

제22장

최후의 만찬과 공회에 서신 예수님

1. 예수님을 잡아 죽일 음모와 유다의 배반(1-6절)

누룩 넣지 않은 빵을 먹는 명절인 유월절이 다가왔다. 대제사장들과 율법학자들은 백성들을 두려워하여 어떻게 하면 예수님을 아무 탈 없이 죽일 수 있을까 하고 의논하고 있었다(1, 2절). 유대종교지도자들이 본격적으로 예수님을 죽일 음모를 꾸미고 있었다는 말이다. 그들은 예수님을 따르는 군중들의 눈을 피해 일을 저지르고자 했다.

그때 열 두 제자 중 하나인 가룟 유다(Judas, called Iscariot)에게 사단이 들어갔다(3절). 이 음모에 사단이 개입한다. 그리고 유다가 그 배신행위에 가담한다. 유다는 처음부터 예수를 팔기 위해 그를 따른 것은 아니었다. 그는 세속적 야망이 큰 사람이었다. 그는 예수를 정치적 메시야로 믿었고, 그를 통해 새로운 이스라엘이 건설되리라 기대했다. 이러한 자신의 야망이 채워지지 않자 점차 불신하게 되었고, 그 틈새로 사단이 끼어든 것이다. 예수님이 다섯 번 경고했지만 무시하고 회개하지 않았던 유다는 결국 사단의 도구가 되었다. 성경에서 사단은 인간의 마음에 악한 영향력을 행사하는 것으로 나타난다.

유다가 대제사장들과 성전 경비병들에게 가서 예수님을 팔아넘길 방법을 의논하자 그들이 기뻐하며 돈을 주기로 약속하였다(4, 5절). 유다는 물질에 관심 높았다. 돈을 사랑했다. 여인이 옥합을 깨뜨렸을 때 그것을 팔아 가난한 자에게 주었으면 좋을 것이라 했다. 일부 제자들도 같은 생각을 했다. 이것은 그가 사회적 약자에 대한 관심이 있는 듯 보이지만 실제로는 그렇지 않았다.

유다는 그들의 뜻에 따르기로 하고 사람들이 없을 때 예수님을 넘겨 줄 기회를 찾기 시작했다(6절). 유다는 유대종교지도자들이 바라는 절호의 기회를 찾고자 했다.

2. 최후의 만찬(7-23절)

1) 유월절 만찬 준비(7-13절)

누룩 넣지 않은 빵을 먹는 명절인 무교절이 되었다. 이 날은 유월절에 쓸 어린 양을 잡는 날이었다(7절). 유월절(Passover)은 출애굽 전 이집트의 장자를 죽일 때 양의 피를 바른 유대인의 집을 넘어간 것을 기념하는 날로 유대력으로 니산월(1월) 14일이다. 무교절(Feast of Unleavened Bread)은 급히 출애굽하면서 무교병, 곧 누룩 넣지 않은 빵을 먹었던 것을 기념하는 것으로 니산월 15일부터 21일까지 한 주간 지킨다. 유월절과 무교절이 이렇게 구분되지만 여기서는 '유월절에 쓸 어린 양을 잡는 날' 이라 함으로써 두 절기를 관례대로 같이 취급하고 있음을 볼 수 있다.

예수님은 베드로와 요한을 보내시며 '가서 우리가 먹을 유월절 음식을 준비하여라.' 하셨다(8절). 그들이 마련할 장소를 묻자 예수님은 성안에 들어가면 물통을 가지고 가는 한 사람(a man)을 만날 것이고 그가 들어가는 집으로 따라 들어가도록 하셨다(8, 9절). 유월절 때 예루살렘 성은 아주 북적댔고, 예수님을 찾는 적들로 가득했기 때문에 비밀이 필요했다. 초대교회 전승에 따르면 이 집은 마가의 집이었고, 물통을 가지고 간 사람도 마가였다고 한다.

그리고 그 집 주인에게 '우리 선생님이 제자들과 함께 유월절 음식을 먹을 방을 알아보라 하셨다.' 고 말하도록 했다. 그러면 잘 준비된 큰 다락방(a large upper room), 곧 이층 넓은 방으로 안내할 것이니 거기서 준비하도록 했다(11, 12절). 제자들이 예수님의 말씀대로 가 보니 말씀하신 그대로였다. 그들은 그곳에서 유월절 음식을 준비했다(13절).

2) 성만찬과 그 의미(14-20절)

14일 저녁, 곧 유월절 지키는 시간이 되자 예수님은 사도들과 함께 식탁에 앉으셨다. 유대인의 하루는 저녁부터 시작된다. 예수님이 제자들에게 말씀하셨다. “내가 고난을 당하기 전에 너희와 함께 이 유월절 음식 먹기를 무척 원하였노라(15절).” 자신으로서는 이 땅에서 마지막이 될 유월절에 제자들과 함께 할 이 시간을 기다려왔다는 말씀이다. 제자들과의 마지막 이별 식사이기 때문이다.

“내가 너희에게 말하지만 유월절의 의미가 하나님의 나라에서 성취될 때까지 내가 다시는 이 음식을 먹지 않을 것이다(16절).” 이 말씀에는 이번 식사가 장차 완성될 하나님 나라에서 새롭게 이루어질 것이라는 희망의 메시지를 담고 있다. 이번 유월절 식사가 지상에서 예수님의 마지막 유월절 잔치가 된다. 하지만 이 식사는 마지막이 아니라 제자들에게 영원한 하나님의 나라에서의 유월절 잔치, 곧 영원한 미래에 희망을 주는 만찬이 될 것이라는 말씀이다.

그리고서 예수님은 잔을 들어 감사 기도를 드리신 다음 “너희는 이것을 가져다가 너희끼리 나누어 마셔라. 나는 이제부터 하나님의 나라가 올 때까지 포도나무에서 난 것을 다시 마시지 않으리라.” 하셨다(17, 18절). 유월절 식사의 첫 번째 식사는 감사 기도를 드린 다음 포도주 잔을 돌리는 것이었다. 그러나 예수님은 관례대로 하지 않으시고 19절과 20절처럼 유월절 의식과는 아주 다른 성만찬 행사를 주관하셨다. 이것이 성만찬의 기원이 되었다. 주님은 할례를 세례로, 유월절을 성만찬으로 바꿔주셨다.

예수님은 또 떡(빵)을 들어 감사 기도를 드리고 떼어서 제자들에게 주시며 말씀하셨다. “이것은 너희를 위해 주는 내 몸이다. 너희는 이것을 행하여 나를 기념하라(19절).” ‘기념하라’ 는 기억하라는 뜻이다. 떡과 포도주는 유대인들이 매일 먹기 위해 비치해두는 상설물이다. 매일 먹기 때문에 매너리즘에 빠져 그 중요성을 잊을 수 있다. 떡과 포도주로 주님을 기억하라는 것은 영적으로 둔감해지지 말라는 것이다. 성찬의식의 반복을 통해 십자가를 새롭게 만나고 주님의 사건을 새롭게 경험한다. 그리고 내 수준이 아니라 주님이 원하시는 수준을 구한다.

기념할 뿐 아니라 ‘행하라’ 하신다. 단순히 머리에 기억하는 것이 아니다. 행동이다. 무엇을 행해야 하는가? 첫째, 습관적 죄에서 벗어난다. 죄는 하나님 앞에서 독립 선언한 것이다. 죄를 지으면 우리는 커지는 것이 아니라 오히려 작아진다. 자기 독립선언서를 낭독했던 것을 회개한다. 오히려 부모가 없으면 살 수 없는 어린 이처럼 주님께 의지한다. 주님에 대한 전적 의지를 선포한다. 이것은 중요한 내적 작업이다. 둘째, 예수님의 말씀에 순종한다. 순종은 우리 몸에 고삐를 물리는 외적 작업이다. 우리 몸을 제어하고 절제한다. 하나님이 원하시는 습관, 거룩한 습관으로 고쳐간다.

예수님은 저녁을 잡수신 후에 마찬가지로 잔을 들고 말씀하셨다. “이 잔은 내 피로 세우는 새 언약이니 곧 너희를 위하여 붓는 것이라(20절).” 모세는 시내 산에서 이스라엘 백성에게 피를 뿌려 언약을 세웠다(출 24:8). 마찬가지로 그리스도의 피가 새 언약의 증표가 되었다. 이 피로서 인류가 속죄함을 받고 하나님과 화목을 이루었기 때문이다. ‘너희를 위하여 붓는 것이라’ 는 ‘너희를 위하여 흘리는 것이라’ 는 뜻이다. 인간의 계약은 환경에 따라 변경되지만 하나님의 언약은 어떤 환경에서도 변경되지 않는다. 예수님의 피로 도장을 찍었기 때문이다. 우리는 새 언약의 백성이 되었다.

성찬은 신앙과 삶을 일치시키는 현장이다. 그리스도의 살과 피를 마시는 순간 하나님으로부터 받은 은혜를 일깨워준다. 성찬이 과거에 받은 은혜와 지금의 내 모습을 일치시켜 은혜의 자리로 나가게 한다. 성찬이 은혜의 통로가 된다. 성찬에 참여한 우리가 해야 할 일은 삶의 현장에서 거룩한 산제사를 주님께 드리는 일이다.

3) 인자를 파는 자는 화가 있으리라(21-23절)

그러나 예수님은 ‘나를 파는 사람의 손이 내 손과 함께 식탁 위에 있도다(21절).’ 하셨다. 유다가 배신할 것에 대한 예고다. 예수님은 가룟 유다의 이름을 거론하지 않으시고 유다로 하여금 가책을 느끼게 하였다.

“인자는 이미 작정된 대로 가거니와 그를 파는 그 사람에게는 화가 있으리로다(22절).” 예수님은 하나님이 계획하신 대로 죽지만 자신을 배신한 사람은 그 대가를 받게 된다는 말씀이다. 사람은 자신의 사악한 욕망과 탐심에서 비롯된 행동에 대해 스스로 책임을 져야 한다.

그러자 제자들은 “우리 중에서 이 일을 행할 자가 누구일까” 서로 물었다(23

절). 제자들은 궁금하지 않을 수 없다. 도저히 있을 수 없는 일이기 때문이다. 그 때까지만 해도 제자들은 유다를 의심하지 않았다. 하지만 이 말을 들은 유다의 마음이 어떠했을까.

레오날드 다빈치가 그린 '최후의 만찬' 에는 유다를 돈 주머니를 쥔 음흉한 인물로 묘사되어 있다. 사실 유다는 본래부터 배신자는 아니었다. 가장 신임을 받는 제자로 재정출납을 맡았다. 그만큼 성실하고, 믿을만했다. 유월절 만찬 때 아무도 그가 배신할 것으로 생각하지 않았다. 그런 그가 왜 이렇게 되었을까. 여러 이유가 있겠지만 무엇보다 그는 구원받지 못한 제자였음을 보여준다. 중생하지 못한 채 다른 목적을 가지고 예수님을 따른 것이다. 참된 믿음이 무엇인지, 중생이 무엇인지 모르고 신앙생활을 하고 있다면 자신을 돌아볼 일이다. 교회의 직분을 맡은 자라면 더욱 진정 자신은 예수님의 제자인지 심각히 물어야 한다.

3. 누가 크냐(24-27절)

제자들 사이에 누가 가장 크냐고 하는 문제로 말다툼이 생겼다(24절). 이것은 여전히 그들이 예수님의 왕권을 세속적인 정권장악으로 이해하고 있음을 보여준다. 그들은 예수님이 건설할 다윗의 왕국에서 누가 더 높은 자리를 차지할 것인가에 골몰한 것이다. 마태복음 20:20-28과 마가복음 10:35-45을 보면 이 사건이 세베대의 아들들과 그의 어머니가 예수님을 찾아와 천국에서 높은 지위를 달라고 한 것과 연관이 있다. 그들은 더 높은 위치를 차지하려 자리다툼부터 한 것이다.

그들의 잘못된 모습을 보신 예수님은 말씀하셨다. "이방인의 임금들은 그들을 주관하며 그 집권자들은 은인이라 칭함을 받는다(25절)." 세상의 왕들은 권력으로 자기 백성을 마구 부리고 다스린다. 그럼에도 불구하고 백성들은 집권자들을 향해 '은인(Benefactors)' 이라 부른다. 은인은 '좋은 일을 한 사람' 이라는 뜻으로 '공로자,' '각하' 의 뜻으로 발전했다. 백성을 예속하는 자들이 오히려 은인이라 불린다는 말이다. 우리도 '성은이 망극하다' 하지 않았는가.

"그러나 너희는 그렇게 해서는 안 된다. 너희 중에 큰 자(가장 높은 자)는 젊은 자(가장 낮은 자)와 같고 다스리는 자는 섬기는 자와 같아야 한다(26절).” 하나님 나라에서는 위대한 사람일수록 다른 사람들을 섬기는 종이 되어야 한다는 말씀이다. 이것은 세상 나라와 하나님의 나라는 그 뿌리부터 다름을 보여준다. 이방 지배자들이 백성들을 강제로 지배하기 위해 세운 피라미드형의 지배구조를 추구해서는 안 된다는 것이다.

“앉아서 먹는 자가 크냐 섬기는 자가 크냐 앉아서 먹는 자가 아니냐 그러나 나는 섬기는 자로 너희 중에 있노라(27절).” 남보다 우위에 서서 존경을 받고자 하는 태도를 버리고 오히려 자신을 낮추고 겸손하게 남을 섬기는 것이 위대하다. 제자들은 섬김과 봉사와 겸손의 사람이 되어야 한다는 말씀이다. ‘나는 섬기는 자로 너희 중에 있노라.’ 예수님의 삶 전체는 제자들과 백성들을 섬기는 삶이었고, 그의 죽으심 또한 섬김을 위한 것이었다. 주님은 섬김의 모범이시다.

4. 제자들이 받을 상(28-30절)

“너희는 나의 모든 시험 중에 항상 나와 함께 한 자들인즉(28절).” 주와 함께 동거하며 모든 시험을 견디어 온 자란 말이다. 앞으로도 그 충정이 변하지 않을 것이다. 제자들은 그리스도의 죽음 이후 잠시 실망하기도 했지만 성령 강림 이후 새 사람이 되어 죽을 때까지 복음을 위해 살았다.

“내 아버지께서 나라를 내게 맡기신 것 같이 나도 너희에게 맡겨 너희로 내 나라에 있어 내 상에서 먹고 마시며 또는 보좌에 앉아 이스라엘 열두 지파를 다스리게 하려 하노라(29, 30절).” 섬기며 모든 시험을 견디어온 제자들에게 예수님은 주님과 함께 하는 천국 잔치에 참여할 뿐 아니라 그의 나라를 맡기시리라 하셨다. 그 미래를 축복하신 것이다. 이스라엘 열두 지파는 이스라엘 민족이 아니라 구원받은 새 이스라엘을 말한다. ‘다스리게 한다’는 것은 지배한다는 뜻이 아니라 심판한다(judge)는 뜻이다.

5. 베드로의 부인을 예언하시다(31-38절)

누가는 이 단원에서 베드로가 예수님을 모른다고 부인하게 될 것이라는 예수님의 예언을 기록하고 있다.

"시몬아, 시몬아, 보라 사탄이 너희를 밀 까부르듯 하려고 요구하였으나(31절)." '너희'라 말씀하신 것으로 보아 '시몬아, 시몬아'는 시몬 베드로만 부르는 것이 아니라 그곳에 함께 있던 모든 제자들을 함께 지칭하고 있다. 시몬을 부른 것은 베드로가 제자들의 대표이기 때문이기도 하다. '밀 까부르듯 하려고(sift you as wheat)'는 체를 쳐서 알곡과 쭉정이를 걸러내듯 예수님이 시련을 당하는 와중에 제자들을 키질하여 참 제자와 거짓 제자를 분리한다는 것이다. 이것은 예수를 끝까지 믿는 자로 서는가 아니면 부인하고 넘어지는가를 가늠하는 사단의 시험을 말한다. 사단의 시험이 극심했다는 것이다.

"그러나 내가 너를 위하여 네 믿음이 떨어지지 않기를 기도하였노니 너는 돌이킨 후에 네 형제를 굳게 하라(32절)." 아무리 사단의 시험이 강해도 예수님은 자기 제자들을 보호하신다. 베드로가 주님을 부인하겠지만 주님의 보호하심으로 회개하고 다시 주님을 섬기게 된다. 그러므로 앞으로 어떤 시련과 박해가 와도 동료들이 주님을 위해 굳게 서도록 하라는 말씀이다.

그때 베드로가 "주님, 나는 주님과 함께 감옥에도, 죽는 데도 갈 각오가 되어 있습니다."라고 말했다(33절). 그러자 주님은 그에게 "오늘 닭 울기 전에 네가 세 번 나를 모른다고 부인하리라" 하셨다(34절). 예수님은 베드로가 자신을 부인하게 될 것을 이미 아셨다. 전지하신 예수님이다.

그 후 예수님은 제자들에게 물으셨다. "내가 너희를 전대(지갑)이나 배낭(가방)이나 신발도 없이 보냈을 때 부족한 것이 있었느냐?" 제자들은 없었다고 대답했다(35절). 그러자 예수님은 "이제는 전대 있는 자는 가질 것이요 배낭도 그리하고 검 없는 자는 겉옷을 팔아 살지어다." 하셨다(36절). 예전에 전도여행을 떠났을 때와는 달리 이제는 사단과 싸워야 하기 때문에 철저한 영적 대비가 필요하다는 말씀이다. 검 없는 자는 옷을 팔아서라도 사라는 것은 무력으로 항거하라는 뜻이 아니라 영적으로 대비하라는 것이다.

예수님은 "내가 너희에게 말하노니 기록된 바 그는 불법자의 동류로 여김을 받았다 한 말이 내게 이루어져야 하리니 내게 관한 일이 이루어져 감이니라(37절)" 하셨다. '불법자(transgressors)의 동류' 는 '악한 자' 라는 뜻으로 이사야 53:12의 말씀을 인용한 것이다. 예수님이 악인과 똑같이 취급을 당하시어 죄 없이 죽음을 당하실 것을 말하고 있다. 그 예언이 성취될 것이라는 말씀이다.

그때 제자들은 그 말씀을 실제적인 것으로 인식하고 "주님, 여기 칼 두 자루가 있습니다." 라고 했다.실제로 칼이 있다는 것이다. 당시에 검을 차고 다니는 일은 흔히 있는 일이었다. 그러자 예수님은 "족하다." 고 하셨다(38절). '족하다(That is enough)' 는 말씀은 칼 두 자루면 충분하다기보다 이 대화는 이것으로 충분하니 그만 두자는 뜻이 강하다. 제자들의 몰이해를 자탄하시는 말씀이다.

6. 감람산에서의 기도(39-46절)

예수님은 십자가의 죽으심을 앞두고 제자들과 감람산으로 올라가 기도하셨다. "예수께서 나가사 습관을 따라 감람산에 가시매 제자들도 따라갔더니(39절)." 감람산은 감람나무가 많았기 때문에 붙여진 이름이다. 감람산 기도 또는 겟세마네 기도라 한다. 겟세마네(Gethsemane)는 '기름을 짜는 곳' 이라는 뜻이다. 올리브 기름을 짜는 곳이란 말이다. 유대에 감람 밭이 많아 곳곳에 겟세마네가 있었다. 예수님이 기도하신 곳은 감람산의 겟세마네를 가리킨다. '습관을 따라' 는 '보통 때와 같이(as usual)' 라는 뜻으로 예수님이 감람산에 자주 가셔서 기도하셨음을 보여준다. 습관은 일회적이거나 부정기적이 아님을 보여준다.

그곳에 이르자 예수님은 제자들에게 부탁하셨다. "유혹에 빠지지 않게 기도하라(40절)." 하나님이 정하신 수난의 때에 있을 여러 유혹, 곧 시험(temptation)에 빠지지 않도록 기도하라는 것이다. 이 엄중한 상황에서 가장 중요한 것은 기도다.

그리고 그들을 떠나 돌을 던지면 닿을 정도에 떨어진 곳으로 가셔서 무릎을 꿇고 기도하셨다(41절).

"아버지여 만일 아버지의 뜻이거든 이 잔을 내게서 옮기시옵소서 그러나 내 원대로 마시옵고 아버지의 원대로 되기를 원하나이다(42절)." 이 기도에는 예수님의 고민과 결단의 모습이 강하게 드러나 있다. 이 잔은 하나님의 분노로 인한 형벌의 고통, 곧 예수의 수난을 상징한다. 육체적 고통뿐 아니라 죄인이 되어 하나님께 버림받는 고통이 너무나 크다. 예수님은 자신의 고통보다 하나님의 뜻을 먼저 생각하셨다.

그러자 한 천사(An angel)가 하늘에서 나타나 예수님께 힘을 북돋아 주었다(43절). 예수님이 힘쓰고 애써 더욱 간절히 기도하시니 땀이 땅에 떨어지는 핏방울 같이 되었다(44절). 이것은 예수님이 얼마나 진액을 쏟으며 간절히 기도하셨는가를 보여준다. 히브리서 기자는 "심한 통곡과 눈물로 간구와 소원을 올렸고(히 5:7)"라고 했다. 인류 구원을 위한 눈물과 영적 통곡이다. 주님의 기도는 진액을 짜는 겟세마네 기도였다. 예수님은 고난을 회피하고 싶은 인간적인 유혹을 기도로써 물리치셨다.

예수님은 기도하던 자리에서 일어나 제자들에게 돌아가 그들이 슬픔에 지쳐 잠든 것을 보셨다(45절). 이것은 제자들이 주님에 대한 염려와 슬픔으로 지쳐(exhausted from sorrow, NIV) 잠이 들었음을 보여준다. 그리고 말씀하셨다. "어찌하여 자느냐 시험에 들지 않게 일어나 기도하라(46절)." 기도로 이 난관을 극복하라는 말씀이다.

7. 가룟 유다의 배신과 체포되신 예수님(47-53절)

예수님이 말씀을 미처 마치기도 전에 한 떼의 무리가 열 두 제자 중 하나인 유다를 앞세우고 나타났다(47절). 유다가 예수님께 가까이 와서 입을 맞추려고 가까이 왔다. 유다의 입맞춤은 예수를 잡기 위한 군호였다. 원래 유대에서 친구나 랍비를 만나면 사랑과 우정의 표시로 입을 맞추는 습관이 있었다. 유다는 이 습관을 악용하려 한 것이다. 예수님은 그에게 말씀하셨다. "유다야, 네가 입맞춤으로 나를 파느냐(48절)." 입맞춤 하나로 3년 동안 따라 다녔던 주님을 배신하려는가 물으신 것이다. 유다는 이미 양심에 화인 맞았다. 참 제자 되지 못하면 이처럼 예수님을 깨뜨린다.

함께 있던 제자들은 되어 가는 일을 보고 예수님께 물었다. "주님. 우리가 칼로 쳐 버릴까요?" 그러자 그들 중 한 사람이 대제사장의 종을 쳐서 그의 오른쪽 귀를 잘라 버렸다(49, 50절). 무력을 사용한 것이다. 하지만 예수님은 "이것까지 참으라." 하시고 그 귀를 만져 낫게 하셨다(51절). 예수님은 제자들과는 달리 저항하지 않으셨다. 나아가 이것, 곧 무리가 주님을 잡아가는 것까지 참고 칼을 사용하지 않도록 하셨다. 그리고 귀가 잘린 이의 상처를 온전하게 고쳐주셨다. 이것은 예수님의 사역이 칼이나 폭력에 바탕을 둔 것이 아님을 보여준다.

예수님은 자신을 잡으러 온 대제사장들과 성전의 경비대장들(captains of the temple)과 장로들에게 말씀하셨다. "너희가 강도를 잡는 것 같이 검과 몽치를 가지고 나왔느냐(52절)." "내가 날마다 너희와 함께 성전에 있을 때에 내게 손을 대지 아니하였도다. 그러나 이제는 너희 때요 어둠의 권세로다(53절)." '너희 때(your hour)' 는 악한 일을 자행하는 어두움의 자식들이 활개를 치는 때를 말한다. '어둠의 권세(the power of darkness)' 는 사단의 세력을 가리킨다. 그러므로 예수님의 이 말씀은 바로 이 밤이 어둠의 권세가 활개를 치도록 허락된 때임을 적시하신 것이다. 예수님은 이미 자신의 수난과 죽으심을 기꺼이 받아들이셨다.

8. 예수를 부인한 베드로(54-65절)

이 단락은 예수님이 예언하신 대로 베드로가 세 번이나 예수님을 부인했음을 기록하고 있다. 예수님을 잡은 무리들이 대제사장의 집으로 끌고 들어가자 베드로도 멀찍이 뒤따라갔다(54절). 이 집이 당시 대제사장이었던 가야바(Caiaphas)의 집인지 그의 장인이자 은퇴한 안나스(Annas)의 집인지 확실치 않으나 요한복음 18:12, 13을 보면 안나스의 집일 가능성이 높다. 요한복음 18:15을 보면 베드로뿐 아니라 다른 제자 하나도 함께 들어갔다고 했다. 다른 제자는 요한일 가능성이 높다.

사람들이 뜰 한가운데 불을 치우고 둘러앉아 있을 때 베드로도 그들 틈에 끼어 앉았다(55절). 때는 4월쯤이라 고지대인 예루살렘은 밤에 추웠다. 그때 대제사장의 여종(막 14:66)으로 문지기(요 18:17)였던 한 사람이 앉아서 불을 쬐고 있는 베드로를 유심히 보더니 "이 사람도 그와 함께 있었다."고 하였다(56절). 그러자 베드로는 "이 여자여 내가 그를 알지 못하노라." 부인했다(57절). 첫 번째 부인이다.

조금 후에 또 어떤 사람이 베드로를 보고 "당신도 그들과 한패다." 라고 하자 베드로는 "이 사람아, 나는 아니야." 라고 懧다(58절). 두 번째 부인이다. 마태복음 26:70과 마가복음 14:68에서는 "네 말하는 것이 무엇인지 알지 못하겠노라" 했다. 강한 부정이다.

한 시간쯤 있다가 또 한 사람이 장담하며 말했다. "이 사람이 갈릴리 사람인 걸 보니 틀림없이 그들과 한패다"고 했다(59절). 베드로는 "여보시오. 나는 당신이 무슨 말을 하는지 도무지 모르겠소." 하고 대답하였다. 세 번째 부인이다. 베드로의 말이 미처 끝나기도 전에 닭이 곧 울었다(60절).

예수님께서 몸을 돌이켜 베드로를 보시자 베드로는 주의 말씀 곧 오늘 닭 울기 전에 네가 세 번 나를 부인하리라 하신 말씀이 생각났다(61절). 주님을 모른다고 말하는 순간 예수님은 몸을 돌이켜 베드로를 바라보셨다. 옥에도 가고 죽는 데도 가겠다고 호언장담했음에도 불구하고 주님을 부인하고 만 베드로, 그는 지금까지 영적 특권을 누린 사람이다. 주님의 마지막 설교를 가장 가까이 서 들었던 사람이다. "네가 나를 세 번 부인하리라" 말씀하셨음에도 불구하고 말씀대로 그는 세 번이나 주님을 모른다고 부인했다. 이것은 아무리 좋은 신앙을 가졌다 해도 실족할 수 있음을 보여준다.

밖에 나가서 심히 통곡하니라(62절). 그는 자신에 대한 실망과 뉘우침으로 통곡하고 말았다. 양심이 괴로워 통곡한 것이다. 내 자신도 내가 믿을 수 없다. 베드로는 세 번 부인했지만 우리는 몇 번 부인했을까?

지키는 사람들이 예수를 희롱하고 때리며 그의 눈을 가리고 물었다. "선지자 노릇 하라 너를 친 자가 누구냐(63, 64절)." 장님 때리기 놀이가 있다. 이것은 술래가 "누가 때렸는지 말해봐" 하며 이름을 맞힐 때까지 계속 때리는 놀이다. 전지하신 주님이 자신을 희롱하며 때리는 사람이 누구인지 모르실리 없지만 그들에게 대답하지 않으셨다. 주님은 때린 사람도 아시고, 그 내면까지도 아신다. 주님은 그들의 이름을 불러 놀라게 하고 때리는 그들을 굴복시킬 수도 있었지만 양처럼 털

깎는 자 앞에서 잠잠했다. 주님의 잠잠하심은 사명을 감당하기 위해 끝까지 그리고 철저히 참으신 것이다. 자신의 뜻과 만족이 아니라 하나님의 뜻을 생각하셨다.

이 외에도 많은 말로 예수님을 욕했다(65절). 대제사장의 하속들은 가만있지 않았다. 많은 말로 주님을 모욕하며 밤새 놀려댔다. 그러나 주님은 참으셨다. 아버지 하나님께만 묵묵히 기도했다. 예수님은 참된 선지자상을 보여주셨다. 예수님의 무한하신 자비를 보여주셨다.

9. 공회에 서신 예수님(66-71절)

날이 밝자 백성의 장로들 곧 대제사장들과 서기관들이 모여서 공회(the council), 곧 산헤드린(Sanhedrin)을 열고 예수를 의원들 앞에 세웠다(66절). 공회는 날이 새기 전에는 공식적인 모임을 가질 수 없었다. 예외적으로 밤중에 되어진 사안에 대해 정식으로 추인을 받아야 했다. 공회는 산헤드린으로 유대의 최고의 법정이다. 모세가 70인 장로를 세우던 전통에 따라 세워졌고, 대부분의 의석은 사두개인들이 차지했고, 바리새인과 서기관은 소수였다. 이곳의 결정은 절대적이었다. 그러나 사형만큼은 로마의 총독이 권한을 가지고 있었다.

그들은 예수님을 향해 "네가 그리스도라면 우리에게 말하라." 하였다. "네가 그리스도냐"는 질문이다. 당시 그리스도, 곧 메시야라는 개념은 정치적이었다. 따라서 그리스도라 할 경우 로마 황제 외에 또 다른 왕권을 주장하는 것이어서 죽음을 뜻했다. 로마에 반역하는 국사범으로 몰고자 한 것이다. 그들은 겉으로는 메시야를 대망했지만 현재를 누리기 원했다. 그들은 메시야를 기다렸지만 메시야이신 예수님이 오시자 정작 믿지 않았다. 그들이 찾고자 한 것은 오직 고소할 증거였다.

그러자 예수님은 말씀하셨다. "내가 말할지라도 너희가 믿지 아니할 것이요 내가 물어도 너희가 대답하지 아니할 것이니라(67, 68절)." 그들의 의도를 아신 예수님은 그들의 질문에 대한 답변을 거부하셨다. 그리스도라고 답해보았자 그들은 믿지 않을 것이 확실하고, 그리스도에 대한 문제로 그들에게 반문한들 그들이 대답할 수 없음을 아셨기 때문이다.

"그러나 이제부터는 인자가 하나님의 권능의 우편에 앉아 있으리라" 하셨다(69절). '이제 부터' 는 예수님은 앞으로 일어날 사건들, 곧 부활, 승천, 심판의 주로서 나타나게 될 일을 가리킨다. "인자가 전능하신 하나님 우편(the right hand of the mighty God)에 앉은 것을 보리라." 이 말씀은 "지금 인자가 영광을 얻었고(요 13:31)"라는 것과 같은 의미다. 이 모든 것이 자신의 신분을 증명해 줄 것이라는 말씀이다.

"그렇다면 네가 하나님의 아들이냐?" 하고 그들이 묻자 예수님은 "너희들이 내가 그라고 말하고 있느니라." 라고 대답하셨다(70절). 그렇다는 말씀이다.

그러자 그들은 외쳤다. "이 이상 무슨 증거가 더 필요하겠는가? 우리는 이 사람이 직접 하는 말을 다 들었다(71절)." 예수님이 자신을 '하나님의 아들' 이라 한 것은 그들에게 있어서 참람한 말이다. 사형 죄로 고소하려면 두 사람 이상의 증인이 필요하다. 그런데 공회원 모두가 이 말을 들었기 때문에 더 이상의 증거가 필요 없을 만큼 고소할 충분한 조건을 갖추었다는 것이다. 그들은 예수님이 자신을 그리스도로 인정했다는 결론을 내리고 국사범으로 몰아 빌라도에게 고소하기에 이른다.

제23장

빌라도의 심문과 십자가에 못 박히신 예수님

1. 빌라도에게 심문을 당하시다(1-7절)

무리가 다 일어나 예수를 빌라도(Pilate)에게 끌고 가서 고소했다(1절). 빌라도는 이두메 지역을 관장하는 로마의 지역사령관이었다. 그의 근무지는 가이사랴였지만 유월절이라 예루살렘에 와 있었다. 공휴일에는 재판을 하지 않는 것이 일반적이었다. 그러나 절기이자 공휴일인 유월절에 재판을 시도했다. 이것은 유대인이 아니라 사단의 회임을 여실히 보여준다.

"우리가 이 사람을 보매 우리 백성을 미혹하고 가이사에게 세금 바치는 것을 금하며 자칭 왕 그리스도라 하더이다(2절)."

고소 내용은 크게 세 가지다. 백성을 미혹케 했다, 가이사에게 세금을 바치지 못하게 했다, 그리고 자칭 왕 그리스도라는 것이었다. 그들은 이것으로 예수를 코너로 몰고자 했으나 사실 이 모두는 정치적으로 왜곡시킨 것이어서 영적인 면이 크게 결핍되어 있음을 보여준다.

'백성을 미혹했다' 는 것은 치안을 교란케 했다는 것이다. 그러나 주님은 치안 교란 범이 될 수 없다. 그분은 하나님 나라의 삶을 가르쳤을 뿐이다. '가이사에게 세금을 바치지 못하게 했다.' 당시 가이사에게 세금을 바치지 않도록 하는 것은 로마체제에 대한 거부요 그 체제에 대한 전복음모죄에 해당한다. 예수님은 "가이사의 것은 가이사에게, 하나님의 것은 하나님께 바치라" 하셨다. 가이사에게 세를 바치지 말라 하지 않으셨다. 가이사도 하나님께 순종해야 할 사람임을 보여주셨다. 무리는 위증했다. '자칭 왕 그리스도' 는 정치적인 왕이 아니라 죄에서 우리를 구속하실 영적인 왕을 말한다. 그들은 이것을 인식하지 못했다. 따라서 무리의 고소는 하등 고소꺼리가 되지 못한다. 사단의 고소였음이 드러나고 있다.

그래서 빌라도가 예수님께 "네가 유대인의 왕이냐" 하고 묻자 예수님은 "그렇다."고 하셨다(3절). '유대인의 왕이냐' 는 빌라도의 물음은 정권(민란)에 대한 불안감이 담겨 있다. 주님이 유대인의 왕이라 함은 영적인 왕권을 의미하므로 세상적인 왕권과 구별된다. 그러나 유대 지도자들은 신성모독으로 간주했다. 예수님의 "그렇다"는 말씀에서 우리는 오히려 당당함과 평안을 느낀다. 사람들은 그 말로 그가 당할 줄 알았지만 오히려 당당하게 대답하셨다. 이것은 세상 권세와 하늘 권세의 차이다. 우리는 하늘나라에 속해야 한다. 모두들 예수를 떠나갔으나 혼자 계시는 주님은 불안해하지 않았고 오히려 의연하였다. 밖은 요란했지만 예수님은 오히려 평안했다. 이것이 세상과 다른 주님의 평안이다.

빌라도는 대제사장들과 군중을 향하여 "나는 이 사람에게서 아무런 죄도 찾지 못하였소"라 했다(4절). 유대인의 왕이냐는 질문에 그렇다고 대답했지만 빌라도는 이것이 유대의 종교적인 문제일 뿐 로마법에 저촉되지 않음을 간파했다. 그는 예수가 증거가 불충분하고 무죄하다고 판단해 사면의 뜻을 비쳤다.

그러나 백성들의 소리는 더 높아졌다. 그들은 억지를 부리며 외쳤다. "그는 갈릴리에서부터 이 곳에 이르기까지 온 유대에서 가르치며 백성을 선동하고 있습니다." 예수가 갈릴리에서부터 시작해서 여기까지 오면서 백성을 선동했다는 것이다. 갈릴리에서부터 하나님 나라를 전하면서 온 평화적 운동을 반로마적 폭력운동으로 정죄하였다. 예수님을 민란주동자로 몰고 있다.

빌라도는 그 말을 듣고 이 사람이 갈릴리 사람인가 물어 본 뒤 예수님이 헤롯의 관할 지역에 속한 것을 알고 그에게 보냈다. 그때 마침 헤롯도 예루살렘에 와 있었다(6, 7절). 갈릴리의 영주인 헤롯 안디바(Herod Antipas)도 유월절을 맞아 순례하기 위해 예루살렘에 와 있었다. 빌라도가 예수님을 헤롯에게 보낸 것은 예수님에 대한 사건을 다룰 마음이 없음을 보여준다.

2. 헤롯의 심문(8-12절)

헤롯은 오래 전부터 예수님의 소문을 듣고 한번 만나보고 싶기도 했고 또 그가 기적을 행하는 것을 보고 싶은 생각도 있었다. 때문에 예수님을 보자 매우 기뻐하였다(8절). 헤롯은 갈릴리와 베뢰아 지역을 관장하는 분봉 왕이다. 동생의 아내를 데리고 산 사람으로 세례 요한을 죽인 사람이다. 그가 예루살렘을 방문한 길에 예수를 만나게 되어 기뻤다. 소문을 들어 한 번 만나보고 싶었고, 예수님이 이적을 행하실 것을 기대했기 때문이다. 그는 예수를 죽은 세례 요한이 환생한 것으로 생각하고 있었기 때문에 한 번 만나 이를 확인하고 싶은 호기심을 가지고 있었다.

헤롯은 예수님께 여러 가지를 물어 보았다. 하지만 예수님은 아무 대답도 하지 않으셨다(9절). 헤롯의 이런 기대는 완전히 빗나갔다. 주님은 그의 물음에 대답도 하지 않았고 기적도 행하지 않으셨다. 헤롯의 욕구를 충족시키지 못한 것이 아니라 안하셨다. 이적은 하나님의 영광을 위한 것이지 헤롯을 즐겁게 하기 위한 것이 아니다. 예수님의 이러한 태도는 이사야 53:7에 언급된 예언의 성취다.

우리도 호기심이나 이적을 바라고 교회에 왔다면 잘못된 것이다. 헤롯의 명령에도 복종하지 않으신 주님은 우리의 이런 요구에 응답도 하지 않으실 것이다. 기복신앙이나 이기적 욕심을 내세우면 주님은 침묵하실 것이다. 이스라엘 백성은 광야 40년 동안 매일 매순간 하나님의 이적을 체험한 것과 비교가 된다. 그럼에도 불구하고 광야의 이스라엘은 하나님을 원망하며 살았다.

대제사장들과 서기관들은 서서 악착같이 예수님을 고소했다(10절). 화가 난 헤롯은 군인들과 함께 예수님을 업신여기고 조롱한 후 빛난 옷을 입혀 빌라도에게 돌려보냈다(11절). 헤롯은 예수님을 만나 그의 삶이 크게 변화될 수 있는 절호의 기회였음에도 불구하고 이 기회를 무시했다. 예수님을 만나고도 아무 감동도 느끼지 못한 채 돌려보낸 것이다. 빛난 옷은 화려한 옷, 곧 왕이 입는 옷이다. 예수님을 왕으로 가장하고 조롱한 것이다. 빌라도의 군병들도 같은 희롱을 했다(막 15:17). 예수가 유대의 왕이라 한 데 대한 조롱이다.

헤롯과 빌라도가 전에는 원수처럼 지냈으나 바로 그 날 서로 다정한 친구가 되었다(12절). 빌라도와 헤롯은 평소 정치적인 사건으로 서로 사이가 좋지 않았다. 그러나 그 날에는 불법을 행하는 일, 곧 예수를 재판하는 일에는 한 통속이 되었다. 그리스도인은 악인의 꾀를 좇는 사람이 아니다. 악한 일에 하나가 되어서는 안 된다.

3. 빌라도의 판결(13-25절)

빌라도는 대제사장들과 지도자들과 백성을 소집하고 자신의 견해를 밝혔다. 예수가 백성을 미혹하는 자라 하여 내게 끌고 와 여러 분들이 보는 앞에서 심문했다. 하지만 이 사람에게서 여러분이 고소한 죄를 찾지 못하였다. 헤롯도 이 사람에게서 죄를 찾지 못하고 우리에게 되돌려 보냈다. 사실 이 사람은 죽을 짓을 한 일이 아무것도 없다. 그러므로 매질하여 놓아 주겠다는 것이다(14-16절).

빌라도는 예수에게서 죄를 찾지 못했다. 그는 사람들에게 예수님이 죄가 없다고 말했다. 주님은 죄가 없으면서도 십자가 처형을 받았다. 빌라도는 예수의 무죄성을 인정하면서도 그것을 끝까지 추진하지 못한 잘못을 범하고 말았다. 사도신경은 주님이 "본디오 빌라도에게 고난을 받으사"라고 지적하고 있다. 빌라도가 직접 주님에게 고통을 준 것은 아니었지만 그의 판단 잘못으로 인해 결국 주님이 고난을 받게 된 것이다.

그러자 군중들은 일제히 큰 소리로 그 사람은 죽이고 바라바(Barabbas)를 석방해달라고 외쳤다(18절). 바라바는 성 안에서 폭동을 일으키고 살인죄로 갇혀있는 죄수였다(19절). 그는 로마체제를 반대한 사람으로 민란을 주도하고 살인을 한 사람이었다. 백성은 오히려 반란을 일으킨 그를 유월절 특사로 석방시킬 것을 빌라도에게 요구했다. 예수를 반로마적으로 고소한 것과 모순된 행태다.

빌라도는 예수님을 놓아 주고 싶어서 군중들에게 다시 말했다(20절). 그러나 그들은 계속 소리를 지르며 예수를 십자가에 못 박으라 외쳤다(21절). 그러자 빌라도가 그들에게 세 번째 말했다. "이 사람이 무슨 악한 일을 하였느냐 나는 그에게서 죽일 죄를 찾지 못하였나니 때려서 놓으리라(22절)." 죽일 만한 죄를 찾지 못했으므로 매질이나 해서 놓아 주겠다는 것이다.

그러나 그들은 큰 소리로 외쳐대며 예수님을 십자가에 못 박아야 한다고 끈질기게 요구하자 마침내 그들의 소리가 이기고 말았다(23절). 군중심리에 따른 무리의 목소리를 빌라도가 이기지 못하였음을 보여준다. 우유부단한 빌라도다. 이 모두 사단의 역사다. 마태복음에 따르면 빌라도가 "이 옳은 사람의 피에 대하여 나는 무죄하니 너희가 당하라" 할 때 백성들은 모두 "그 피를 우리와 우리 자손에게 돌릴 지어다" 라고 외쳤다(마 27:24-25). 하나님은 "내 귀에 들린 대로 되리라" 고 하셨다. 이스라엘이 광야에서 정탐을 할 때 자기들을 메뚜기로 비하하며 하나님을 원망했다. 그들은 그 뒤 얼마 안 있어 메뚜기처럼 그대로 광야에서 죽어갔다. 역사적으로 유대민족들이 수난을 당한 것이 "그 피를 우리와 우리 자손에게 돌릴 지어다." 라고 한 것과 결코 무관하지 않다.

그래서 빌라도는 그들의 요구대로 할 것을 언도했다(24절). 그리고 그는 그들이 요구한 사람, 곧 폭동과 살인죄로 감옥에 갇힌 죄수 바라바를 석방하고 예수님을 넘겨주어 그들이 뜻대로 하게 하였다(25절). 예수님이 모함을 받았음이 확실함에도 불구하고 그는 정권(로마의 평화)을 유지하기 위해, 죄가 없음을 알면서도 반발하는 민중을 의식해 백성의 뜻대로 하게 했다. 법을 중시하는 로마도 결국 법을 무시하는 선례를 남기고 말았다. 법을 바르게 집행하지 못한 것이다.

4. 십자가에 달리신 예수님(26-43절)

그들이 예수를 끌고 갈 때에 시몬이라는 구레네 사람이 시골에서 오는 것을 붙들어 그에게 십자가를 지워 예수를 따르게 하더라(26절). 구레네(Cyrene)는 지금의 북아프리카 트리폴리로, 당시 유대인들이 많이 살고 있었다. 시몬이 예루살렘에 있었던 것은 유월절을 맞아 순례 차 왔거나, 예루살렘에 구레네인 회당이 있어 그 회당 사람이었을 가능성도 있다. 십자가는 원래 처형 받을 사람이 지고가게 되어있었지만 예수님이 그것을 지고 갈 수 없을 만큼 약해져 그가 대신 지고 가게 된 것이다. 시몬은 억지로 십자가를 졌으나 나중에는 식구 모두 믿게 되었다. 로마교회 중직이 되었다는 설과 에베소 교회 감독이 되었다는 설이 있다. 시몬은 알렉산더와 루포(Rufus)의 아버지(막 15:21)이며 루포는 로마서 16:13에 나오는 인물과 같다.

그리고 많은 사람들이 예수님을 뒤따라갔다. 그들 가운데는 예수님 때문에 슬퍼하며 우는 여자들도 있었다(27절). 예수께서 돌이켜 그들을 향하여 말씀하셨다. "예루살렘의 딸들아 나를 위하여 울지 말고 너희와 너희 자녀를 위하여 울라(28절)." 예루살렘이 멸망당하게 될 것이니 예수님 자신보다 그들 자신을 위해 울라 하셨다. 예루살렘이 곧 심판을 받게 된다는 말씀이다.

"보라 날이 이르면 사람이 말하기를 잉태하지 못하는 이와 해산하지 못한 배와 먹이지 못한 젖이 복이 있다 하리라. 그 때에 사람이 산들을 대하여 우리 위에 무너지라 하며 작은 산들을 대하여 우리를 덮으라 하리라(29, 30절)." '날이 이르면' 은 예루살렘 멸망의 때를 가리킨다. 그 때 자식들이 고통을 당할 것이라는 말씀이다. 오죽하면 자식이 없었으면 좋았을 것이라 했을까. 멸망의 고통을 당하는 것보다 차라리 산이 무너져 생매장 당하는 것이 낫다 했을까.

푸른 나무와 같은 나도 이런 일을 당하는데 마른 나무와 같은 너희 유대인들이야 무슨 일인들 당하지 않겠느냐(31절). 이 말씀은 예수님 당시 유행하던 격언으로, 푸른 나무, 곧 예수님과 같은 극형을 당한다면 마른 나무, 곧 예루살렘 사람과 같은 죄인들이야 말해 무엇 하겠느냐는 말씀이다.

또 다른 두 행악자도 사형을 받게 되어 예수와 함께 끌려갔다(32절). 두 행악자(criminals)는 예수님 좌우편에 매달린 강도들을 가리킨다. 해골(the Skull)이라 하는 곳에 이르러 거기서 예수를 십자가에 못 박고 두 행악자도 그렇게 하니 하나는 우편에, 하나는 좌편에 있더라(33절). 해골은 산 모양이 해골처럼 생겨 붙여진 이름이다. 히브리식 이름은 골고다(Golgotha)이고, 라틴어로는 갈보리(Calvary)이다. 히브리서에서는 그곳이 예루살렘 성 밖에 있었다고 했다(히 13:12). 예수님은 두 강도와 함께 십자가에 못 박히셨다. 두 행악자와 함께 못 박히신 것은 범죄자로 취급되었음을 의미한다.

십자가 처형은 원래 베니게와 카르타고, 바사의 사형 법으로 극심한 고통이 2,3일 지속되는 잔인한 처형방법이다. 헬라와 로마 시대에 노예나 속국의 반란자들을 처형하는데 주로 사용되었다. 예수님은 로마 정권에 반역을 꾀한 음모자로 판결을 받아 십자가형을 받으셨다.

그때 예수님은 말씀하셨다. "아버지 저들을 사하여 주옵소서 자기들이 하는 것을 알지 못 함이니이다(34절)." 용서의 기도다. 도저히 용서할 수 없는 사람들을 위해 용서를 빌었다는 점에서 위대한 기도이다. 주안에서는 용서 못할 자가 없다. 요셉은 형들을 용서해서 유명하다. 멋지게 용서했다. 주님의 용서는 인류구원의 용서다. 주님은 인류를 구원하시기 위해 묵묵히 걸어가셨다. 인내하시고 용서하셨다. 우리도 인내하고 용서하는 삶을 살아야 한다.

그들이 예수님의 옷을 제비 뽑자 백성들은 서서 구경하고 유대인 지도자들은 예수님을 비웃으며 "그가 남을 구원하였으니 만일 하나님이 택하신 그리스도라면 자기도 구원하게 하라." 하였다(35절). 이것은 유대 지도자들의 조롱 섞인 말이었다. 하지만 이 말속에는 진실이 담겨 있다. 예수님은 남, 곧 인류를 구원하시기 위해 십자가를 지셨기 때문이다.

군인들도 희롱하면서 나아와 신 포도주를 주며 "네가 만일 유대인의 왕이면 네가 너를 구원하라" 했다(36, 37절). 신 포도주를 준 것은 시편 69:21의 성취다. 이 행위를 조롱으로 보기도 하지만 오히려 십자가의 고통을 덜어주는 행위로, 사형수에게 자비를 베푸는 사무적 행동이었다. 예수님의 머리 위에는 '이 사람은 유대인의 왕이다(THIS IS THE KING OF THE JEWS).'라고 쓴 죄 패가 붙어 있었다(38절).

함께 십자가에 달린 죄수 중 한 사람은 "네가 그리스도가 아니냐 너와 우리를 구원하라" 하며 예수님을 모욕하였다(39절). 마태복음과 마가복음에는 두 강도 모두 예수님을 비방했다. 그러나 누가복음에서는 한 강도는 비방하고, 다른 강도는 예수님 편에 선 것으로 기록되어 있다. 이것을 보아 한 사람은 계속 비방 쪽에 섰고, 다른 사람은 나중에 돌아선 것으로 보인다. 왼쪽 편 강도는 조롱했다. 비방한 강도는 예수를 인정하지도 않았고 회개하지도 않았다. 그는 다른 모든 비방자나 다름이 없었다.

그러나 다른 죄수는 그를 꾸짖으며 "너는 똑같이 사형 선고를 받고도 하나님을 두려워하지 않느냐" 하였다(40절). 오른쪽 편 강도는 꾸짖었다. 예수님이 의로운 분임을 안 것이다. 이 사람은 처음에 비방하는 쪽에 있다가 돌아선 인물로 간주된다. 누가복음에는 비방했다는 기록 없이 주님 편에 선 것만 기록하고 있다. 이 강도는 무엇보다 하나님을 두려워했다. 다른 강도가 비방할 때 오히려 그를 향해 "왜 하나님을 두려워 아니 하느냐"며 질책했다.

나아가 그는 "우리는 죄를 지었기 때문에 이런 벌을 받아도 싸지만 이분은 잘못한 것이 아무것도 없다."고 했다(41절). 그는 먼저 자신의 죄를 인정했다. 그는 다른 강도와는 달리 자신의 벌 받는 것을 당연하게 생각하고 그 잘못에 상응하는 보응으로 간주했다. 잘못을 아는 사람이었다. 그리고 그는 예수님이 죄가 없다는 것을 고백했다. 그는 예수님이 옳지 않은 것이 없다고 했다. 예수님의 진실성을 많은 사람 앞에서 입증한 것이다.

예수님에 대한 그의 이 고백과 변호는 제자들도 두려워 다 도망가고 병 고침을 받은 사람 하나도 나타나 주님을 변호하지 않는 상황에서, 그리고 모두들 예수를 비방하는 가운데서 일어났다는 점에서 높이 평가받아야 한다. 죽음가운데서 살아난 나사로는 어디에 있는가? 회당장의 딸은 어디에 있는가? 몇 년 동안 주님을 따라 다니던 사람들은 지금 어디에 있는가? 그는 주님을 뵌 지 몇 시간 밖에 되지 않았지만 주님을 인정한 마지막 사람이 되었다. 내가 몇 년 동안 교회에 다녔는가가 중요하지 않다. 내가 지금 어떻게 믿고 있는가가 중요하다.

그리고서 그는 "예수여 당신의 나라에 임하실 때에 나를 기억하소서."라 했다(42절). 그는 주님과 그의 나라를 신뢰했다. 주님이 그를 생각만 해도 구원해주실 것을 믿었다. 그는 예수를 메시야로 인정했다.

예수님은 그에게 "내가 진실로 네게 이르노니 오늘 네가 나와 함께 낙원에 있으리라." 하셨다(43절). 조금만 참으면 낙원에 있을 것이다. 곧 천국에 있을 것을 약속하셨다. 하나님은 목자의 심정으로 우리를 도와주시는 분이시다. 끝까지 기회를 주시려는 예수님을 통해 우리와 함께 하시는 분, 그 하나님 아버지를 바라보자.

'오늘 네가,' 내일이 아니라 오늘, 곧 즉각적 구원이다. 주님 편에 선 강도는 믿음으로 구원을 받았다. 우리는 여기서 "지금 예수를 믿는 것보다 한 강도처럼 마지막에 믿고 구원받으면 되지 않겠는가?" 하는 얄팍한 생각을 할 수도 있다. 그러나 그것은 사단의 생각이자 심각한 착각이다. 마지막 시간은 아무도 모른다. 죽음에는 순서도 없고 시간도 정해있지 않다. 구원받을 보장이 없다. 오늘, 지금을 삶의 마지막 시간으로 간주하고 철저히 믿음생활을 해야 한다. 오늘 주신 말씀을 믿고 회개하며 살아가야 한다. 나 같은 사람도 주님 믿으면 구원 받을 수 있다.

죽는 순간 예수님을 인정하고 구원을 받았다면 낙원을 훔친 것 아닌가? 그렇다면 우리도 세상 다 살고, 죽는 순간 믿으면 되지 않겠는가 생각할 수도 있다. 그러나 죽는 순간 예수님을 인정하고 구원 받을 가능성은 거의 없다. 계속 주님을 거부해온 사람은 관성의 법칙에 따라 그 순간에도 거부할 확률이 높다. 그 순간 주님을 받아들인다는 것은 기적이다. 그러니 강도의 삶을 부러워할 것이 못 된다. 오히려 매일 하나님의 인도하심에 따라 살아온 것을 감사하라.

강도가 받은 것은 구원이지 선물이 아니다. 구원과 선물을 혼동해서는 안 된다. 구원은 전혀 의롭지 못한 우리를 주님의 피 값으로 의로워졌다는 점에서 칭의의 선물이다. 이 구원은 우리에게 과제를 준다. 그것은 바로 성화다. 구원은 행함으로 얻은 것 아니다. 포도원일꾼의 비유에서와 같이 아침에 와서 일하던, 늦게 와서 일하던 주인이 약속한 한 데나리온을 받는다. 이 데나리온은 구원을 상징한다. 그러나 구원과 상급은 다르다. 상급은 행함에 따른 것이다. 달란트 비유에서와 같이 성과에 따라 차등이 있다.

"왜 강도와 나를 똑같이 취급하시나요?" 라고 묻고 싶다면 그것은 구원의 관점에서 보지 않은 것이 문제다. 짧을지라도 강도 역시 예수님을 믿어, 우리와 똑같이 구원을 받았다. 그 짧은 믿음에도 불구하고 구원을 주시는 것은 전적으로 주님의 은혜이다. 우리도 우리 죄를 주님께 전가시키고 구원을 받음은 물론 거룩하다 칭함을 받은 도둑놈이다. 우리도 예수님 때문에 구원을 받았다. 우리 행위 때문이 아니다. 이 구원에 대한 확신을 가져라. 강도를 생각할 때 죽어가는 사람에게 당당하게 복음을 전하자. 그들이 믿으면 기적이다. 나아가 죽은 성도에 대해서도 "구원 받았구나, 천국 가셨구나." 확신 갖기를 바란다.

5. 운명하시다(44-49절)

때가 제육시쯤 되어 해가 빛을 잃고 온 땅에 어둠이 임하여 제구시까지 계속되었다(44절). 낮 12시쯤 되어 온 땅에 어두움이 뒤덮이더니 오후 3시까지 계속되었다는 말이다.

성소의 휘장이 한가운데가 찢어졌다(45절). 해가 빛을 잃었고 성전 휘장이 두 쪽으로 찢어졌다. 두터운 휘장은 성소와 지성소를 구분시킨다. 지성소에는 대제사장이 1년에 한번 들어가 백성을 대신하여 제사를 드렸다. 휘장이 찢어졌다는 것은 그리스도의 죽음으로 이제 성소와 지성소의 구분이 없어지고 모든 성도가 하나님께 나아갈 수 있게 되었음을 의미한다(히 10:19-21). 주님께 가기 위해서는 더 이상 제사장을 거칠 필요가 없다.

예수께서 큰 소리로 "아버지 내 영혼을 아버지 손에 부탁하나이다." 하신 후 숨지셨다(46절). 이 말씀은 경건한 유대인들이 잠자리에 들기 전 하던 기도였다. 예수님은 이 기도로 자신을 온전히 하나님 아버지께 맡기고 죽으셨다. 죄 없으신 예수님이 십자가에 달려 죽으셨다. 이사야는 그의 고난과 죽음은 우리의 죄악 때문임을 말했고, 바울은 이로써 주님의 사랑을 확증했다 했으며, 우리를 더 이상 죄의 종노릇 하지 않게 하기 위함이라 했다.

다음은 북미주 QT지 'Today' 의 글에서 따온 것이다.

> "제 부모님이 가르쳐 준 첫 번째 잠자리 기도는 '이제 제가 잠자리에 듭니다. 주께서 저의 영혼을 지켜 주시기를 기도합니다.' 였습니다. 예수님의 시대에 어린 유대 자녀들 역시 기도를 배웠습니다. 매일 밤 마을의 모든 집에서 어린 아이들이 시편 31:5 말씀을 기도로 사용했습니다. '내가 나의 영을 주의 손에 부탁하나이다.' 부모가 어린 자식들을 잠자리에 눕힐 때에 아이는 주님을 신뢰하고 맡기는 그 위로의 말씀을 외웠습니다.
>
> 예수님도 어렸을 때, 그 기도문을 배웠으리라 여겨집니다. 그리고 약 삼십 년 후에 그 기도문이 자신의 마지막 숨을 쉬기 직전에 하게 된 마지막 말이 되었습니다. 십자가에서 예수님은 클라이맥스에 도달했으며, 그의 전체 사명의 끝에 이르렀습니다. 그리고 마지막 숨을 쉬면서 하신 최후의 말씀이 바로 자기 어머니의 무릎 위에서 배운 그 기도말이었습니다. '아버지여, 내 영혼을 아버지 손에 부탁하나이다.'
>
> 우리는 모두 바로 그런 모습의 신뢰를 보이라는 청을 받고 있습니다. 이전

에 예수님은 '누구든지 하나님의 나라를 어린이아와 같이 받들지 않는 자는 결단코 그 곳에 들어가지 못하리라(막 10:15)' 라고 가르치셨습니다. 예수님은 어린아이와 같은 신뢰심을 갖고 사나 죽으나 자신의 아버지에게 다가갔습니다. "내 영혼을 아버지 손에 부탁하나이다."

백부장이 그 된 일을 보고 하나님께 영광을 돌리며 "이 사람은 정녕 의인이었도다" 하고(47절), 이를 구경하러 모인 무리도 그 된 일을 보고 다 가슴을 치며 돌아갔다(48절). 무리들은 예수님이 운명하실 때 일어난 놀라운 일들을 목격하며 무고한 피를 흘리게 한 자신들이 중대한 죄를 깨닫고 양심을 가책을 크게 느꼈을 것이다. 예수를 아는 자들과 갈릴리로부터 따라온 여자들도 다 멀리 서서 이 일을 지켜보았다(49절).

6. 무덤에 장사되시다(50-55절)

공회 의원으로 선하고 의로운 요셉(Joseph)이라 하는 사람이 있었다. 그는 공회의 결의와 행동에 찬성하지 아니한 사람이었다. 그는 유대인의 동네 아리마대(Arimathea) 사람이요 하나님의 나라를 기다리는 자였다(50, 51절). 그가 빌라도에게 찾아가서 예수님의 시체를 요구했다(52절). 공회 의원은 아리마대 요셉은 유대인들의 비난을 감수하고 빌라도에게 시신을 달라했고, 니고데모는 기름을 발랐다. 그들은 조용히 믿었지만 결정적 순간에 용감히 나섰다. 제자들은 도망갔어도 그들은 예수님을 장사지내는데 동참했다. 모두 용기 있는 사람들이다.

아리마데 요셉은 그 시체를 내려 세마포(linen cloth)로 싸서 바위에 판 무덤에 모셨다(53절). 세마포는 고운 모시 천을 말한다. 유대인의 장례법에 따른 것이다. 세마포로 시체를 싸고 향유를 발랐다. 바위에 판 무덤은 바위를 쪼아 내어 만든 새 무덤을 말한다.

그 날은 예비일(Preparation Day), 곧 안식일을 준비하는 금요일이었는데 안식일이 곧 시작되려는 참이었다(54절). 갈릴리에서 예수와 함께 온 여자들이 뒤를 따라 그 무덤과 그의 시체를 어떻게 모셔 두었는지를 보고 돌아가 향품과 향유를 준비하였다. 향품(spices)은 무덤 안에 뿌리는 것이고, 향유(ointments, perfumes)는 시체에 바르는 것이다. 모두 시체의 냄새를 막기 위한 것이었다. 그리고 그들은 계명을 따라 안식일에 쉬었다(55, 56절).

제24장

예수의 부활과 승천

1. 예수의 부활(1-12절)

안식일이 지나자마자 여인들은 이른 새벽에 여자들이 준비해 두었던 향품과 향유를 가지고 무덤에 가 보니 무덤을 막았던 돌은 이미 굴려져 있었다. 마태복음에는 이 돌은 인봉되었고 로마 군병들이 지키고 있었다. 그런데 그 돌이 굴러 옮겨진 것이다. 여인들이 무덤 안에 들어가 보았으나 주 예수님의 시신은 보이지 않았다(1-3절). 어떻게 된 일인지 몰라 그들은 당황할 수밖에 없었다. 혹시 누가 예수님의 시신을 훔쳐가지는 않았을까.

그 때 갑자기 빛나는 옷을 입은 두 사람, 곧 두 천사가 나타나 그들 곁에 서는 것이었다(4절). 여자들이 무서워서 얼굴을 땅에 대자 그 천사들이 말했다. "어찌하여 살아 있는 자를 죽은 자 가운데서 찾느냐 여기 계시지 않고 살아나셨느니라. 갈릴리에 계실 때에 너희에게 어떻게 말씀하셨는지를 기억하라(5, 6절)." 주님의 말씀은 누가복음 9:22, 18:33 등을 가리킨다. 예수님은 이미 부활에 대해 예고했지만 당시는 그 참 뜻을 알지 못했다. 그런데 두 천사가 부활 소식을 전해준 것이다. "나는 죄인들의 손에 넘어가 십자가에 못 박히고 3일 만에 다시 살아나야 한다고 하시지 않았느냐(7절)." 예수님은 이미 말씀하신 대로 삼일 만에 부활하셨다. 할렐루야.

그제서야 그들은 예수님의 말씀이 생각났다(8절). 무덤에서 돌아가 이 모든 일을 열 한 제자와 그 밖의 여러 사람들에게 알렸는데 그 여자들은 막달라 마리아와 요안나와 야고보의 어머니 마리아였다(9, 10절). 여인들은 무덤에서 나와 사도들에게 빈 무덤과 천사의 말을 전해 주었다.

그리고 함께 있던 다른 여자들도 이 일을 사도들에게 알렸으나 사도들은 여인들의 증언을 신빙성 있게 받아들이지 않았다. 허튼 소리 같아서 도저히 믿어지지 않은 것이다(11절). 그러나 베드로는 일어나 무덤으로 달려갔다. 허리를 굽혀 안을 들여다보니 모시 천만 놓여 있어서 그는 이상하게 생각하며 집으로 돌아갔다(12절). 베드로만 빈 무덤임을 확인하고 신비감에 쌓였다. 요한도 함께 무덤에 갔다(요 20:3).

시체가 보이지 않은 것을 두고 여러 설들이 제기되었다. 첫째, 기절했다가 깨어났다는 기절설이다. 로마 병사가 죽음을 확인했고, 물과 피도 다 쏟았기 때문에 이 설은 맞지 않다. 둘째, 여인과 제자들이 비어있는 다른 무덤을 찾아갔다는 오해 설이다. 어두워서 잘못 갔다는 주장이다. 밝을 때도 갔고, 여인도 제자도 갔기 때문에 이 주장도 맞지 않다. 셋째, 시신을 도난당했다는 도난 설이다. 로마군인이 지키고 있었기 때문에 도난은 불가능했다. 넷째, 꿈에 나타났다는 환상설이다. 많은 사람들이 보았다. 무려 40일간 보여주셨다. 진실이 아니면 제자들이 순교할 이유가 없다. 다섯째, 예수님의 부활은 영혼만 부활했다는 주장이다. 이것은 기독교적이 아니다. 이것은 플라톤과 같은 희랍철학에 영향을 받은 것이다. 끝으로, 당황한 유대 지도자들이 군병들에게 돈을 주며 제자들이 예수님의 시신을 몰래 이장했다고 주장하게끔 했다(마 28:13). 이장 설이다. 이것은 유대 지도자들이 억지로 만든 설이다.

예수님은 부활하셨다. 영과 육이 함께 부활했다. 이 부활은 오늘 우리에게도 의미가 있다. 부활의 소망을 갖게 하기 때문이다. 우리는 부활을 증거하며 살아야 하고, 최후의 승리를 확신하며 살아야 한다. 베드로는 공회에서 "내가 하나님의 말을 들으랴 사람의 말을 들으랴" 과감히 증언했다. 내게 과연 그런 믿음이 있는가.

2. 엠마오로 가는 두 제자(13-35절)

바로 그 날 두 제자가 예루살렘에서 지중해 쪽으로 이십오 리, 곧 11킬로미터

쯤 떨어진 엠마오(Emmaus)라는 마을로 내려가면서 최근에 일어난 모든 일에 대하여 서로 이야기하고 있었다(13, 14절). 엠마오로 가는 두 제자를 가리킨다. 두 제자 중 한 사람의 이름은 글로바(Cleopas)다(18절). 또 한 사람은 가족일 가능성, 특히 부부일 가능성이 제시되고 있다. 이 경우 '글로바의 아내 마리아(요 19:25)' 일 수 있다. 두 제자는 갈릴리로부터 따라온 사람들이었다. 그들은 예수에 대한 세속적 희망, 곧 이스라엘 민족 해방을 갖고 예루살렘에 갔다가 예수님이 십자가라는 수치스런 죽음을 당하자 낙심하면서 엠마오를 향해 가는 중이었다.

이 두 제자는 막달라 마리아, 베드로 등으로부터 부활하신 예수님에 관한 소식도 들어 알고 있었다. 그러나 빈 무덤만 확인했을 뿐 아직 부활하신 예수님을 만나지 못했기 때문에 진짜 부활했다는 확신을 가지고 있지 못했다. 그들 마음속에는 아직도 부정적인 생각으로 차 있었다. 이것은 신앙이 좋다고 하는 사람들도 때로는 낙심에 빠질 수 있다는 것을 보여준다. 그들은 실망과 절망가운데 있었다.

그들이 서로 이야기하며 토론하고 있을 때 예수님이 가까이 가셔서 그들과 동행하셨다(15절). 예수님께서 낙심한 제자들, 아직도 부활에 대한 확신을 가지고 있지 못한 제자들에게 찾아오시는 장면이다. 주님은 우리가 낙심하고 있을 때나 확신하고 있지 못할 때도 우리 인생길에 동행하신다. 예수님은 그 실망을 희망으로 바꾸어 주신다. 실의와 좌절가운데 있을 때 주님이 찾아오셨다는 사실이 매우 중요하다. 이것은 우리가 용기를 가져야할 이유이다. 제자들은 결코 홀로 걷지 않았다. 예수님은 우리와 동행하신다.

예수님을 보고도 알아보지 못했다. 눈이 가리어졌기 때문이다(16절). 가리어진 것은 두 가지로 생각할 수 있다. 첫째, 예수님이 다른 모양으로(막 16:12) 나타나셨기 때문에 그들은 예수님을 알아보지 못했다. 둘째, 변형이 아니라 선입견에 사로 잡혀 있었기 때문이다. 그들은 예수를 잘 알았음에도 불구하고 그의 죽으심만 생각하고 다시 사신 것을 생각지 못했다. 주님의 본질을 의식하지 못했다. 새로운 차원의 영적 각성이 필요한 부분이다. 우리가 슬픔, 낙심, 좌절, 의심 등 비관적 생각, 부정적 생각가운데 있으면 영적으로 침체하여 주님이 아무리 우리를 뒷받침 해줘도 알지 못한다.

예수님이 너희가 길 가면서 서로 주고받고 하는 이야기가 무엇이냐 하시니 두 사람이 슬픈 빛을 띠고 머물러 섰다(17절): 얼굴에 슬픈 빛을 띤 것도 그들의 영적 상태에 문제가 있음을 드러낸다. 부활의 주님을 알았다면 슬픈 빛을 띨 이유가 없다. 마음의 즐거움은 얼굴이 빛나게 하지만 근심은 심령을 상하게 한다(잠 15:13). 이 두 제자는 지금 영적으로 침체했다. 지금 우리의 영적 침체의 원인과 증상이 무엇인지 파악하고 그 근원을 다스려야 한다. 그리스도에 대한 확신이 없으면 영적 침체에 빠진다. 예수님이 답이다. 세상을 바라보지 말고 예수를 바라보라.

그 한 사람인 글로바라 하는 자가 대답하여 이르되 당신이 예루살렘에 체류하면서도 요즘 거기서 된 일을 혼자만 알지 못하느냐(18절). 예수의 십자가 사건을 모르는 것 같아 안타깝다는 말이다. 엠마오로 가는 두 제자 중 한 사람이 글로바임을 드러내는 구절이다. 글로바를 비롯해 그의 아내 마리아, 그리고 그의 아들 시몬은 예수께 충직한 가정이었다. 유세비우스에 따르면 글로바의 아들 시몬이 예루살렘 교회의 2대 감독으로 있었다. 이것은 엠마오 도상에서 주님을 만난 글로바와 그의 아들이 얼마나 주님을 위해 헌신을 했는가를 보여준다. 예루살렘 교회 1대감독은 주님의 동생 야고보였다.

그래서 예수님이 무슨 일인가 하고 다시 물으시자 그들은 대답하기 시작했다. "'나사렛 예수님에 대한 일입니다. 그분은 하나님과 모든 백성들 앞에서 행동이나 말씀에 능력 있는 선지자였습니다(19절)." 이 구절은 글로바가 예수를 그리스도, 곧 구세주가 아니라 선지자 중 하나로 믿었음을 보여준다. 예수를 세례 요한과 같은 사람으로 인식했다는 점에서 예수 인식에 문제가 있다.

"그런데 대제사장들과 우리 지도자들이 그분을 넘겨주어 사형 선고를 받게 하고 십자가에 못 박았습니다(20절)." 십자가 사건을 가리킨다. 십자가가 구원의 사건임을 인식하지 못한 것으로 보인다.

"우리는 이 사람이 이스라엘을 속량할 자라고 바랐노라 이뿐 아니라 이 일이 일어난 지가 사흘째요(21절)." 예수가 처형되어 죽음으로 이제 모든 것이 끝났다는 생각이다. 이젠 예수가 희망이 될 수 없다는 말이다. 이것은 19절에 이어 예수

인식에 중대한 문제가 있음을 보여준다.

"우리 가운데 어떤 여자들이 우리를 깜짝 놀라게 했습니다. 그들은 새벽이 무덤에 갔다가 예수님의 시체는 보지 못하고 돌아와서 천사가 나타나 그분이 살아나셨다는 이야기를 해 주었습니다. 그리고 우리와 함께 있던 몇 사람도 무덤에 가 보고 여자들이 말한 것이 사실임을 확인했으나 예수님은 보지 못했습니다(22-24절)." 무덤이 비었다는 것을 부활로 인식하지 못하고 시체가 없어졌다고만 생각했음을 보여준다. 그들은 부활에 대한 인식이 전혀 없었다. 예수님이 삼일 만에 부활하실 것을 말씀하셨음에도 불구하고 그에 대한 생각은 없었다.

그래서 예수님은 그들에게 말했다. "너희는 정말 미련하고 예언자들이 말한 모든 것을 더디 믿는 자들이어(25절)." 예수님께서 그토록 말씀으로 가르쳤건만 예수님이 왜 고난을 받고 십자가에 돌아가셔야 했는가를 이해하지 못하고 있는 제자들에 대한 질책이다. 원문은 '오, 미련하고'라 되어 있어 예수님이 탄식하셨음을 보여준다. 선지자의 말한 모든 것은 예수에 대한 구약의 예언을 가리킨다.

"그리스도가 이런 고난을 받고 자기의 영광에 들어가야 할 것이 아니냐(26절)." 예수님이 고난을 받아야 할 당위성과 그로 인해 구원을 이루심으로 십자가의 고난은 영광의 고난임을 가르쳐 주신다. 영광에 들어가게 될 것은 주의 거룩한 자로 썩지 않게 하심, 곧 부활승리다.

그 다음 모세와 모든 예언자들로부터 시작하여 자기에 관해서 모든 성경에 기록된 것을 그들에게 자세히 설명해 주셨다(27절). 예수님은 성경의 예언 말씀을 풀어 설명해 주셨다. 예수님은 모세와 선지자들의 말씀, 곧 성경 말씀을 풀어 설명하시면서 예수가 세속적인 힘을 가지고 이스라엘민족을 해방하기 위해 오신 것이 아니라 십자가의 죽으심으로 대속하기 위해 오셨음을 가르쳐 주었다. 고난을 받아야 할 이유에 대해 구약의 말씀으로 일깨워주신 것이다. 예수님과 함께 하는 성경공부다. 예수님이 없는 성경공부는 안 된다.

엠마오로 가는 세 시간 동안 자신에 대한 구약의 내용을 조목조목 들어 자세히 설명하셨을 것이다. 창세기에서 여인의 후손(창 3:15)과 유월절 어린양, 레위기는 속죄제물, 민수기는 반석, 신명기에선 나무에 달린 자(신 21:23), 시편에선 가까운 친구의 배반(시 41:7, 9), 이사야에서 모욕과 침 뱉음 당함과 찔림(사 53:1-12), 다니엘서에서는 뜨인 돌, 말라기에는 공의로운 해이신 예수님이심을 설명하셨을 것이다. 그의 죽으심, 부활, 재림이 있어 주는 우리의 소망이 되신다. 예수는 이 말씀을 통해 주님이 받은 고난은 실패가 아니라 우리를 향한 사랑이요 축복임을 증거 하셨다.

그들이 가려고 하는 마을에 가까이 갔을 때 예수님이 더 가시려고 하시자 그들이 강력하게 권했다. "우리와 함께 유하사이다 때가 저물어가고 날이 이미 기울었나이다." 그래서 예수님은 그들과 함께 묵으려고 따라 들어갔다(28, 29절).

예수님이 그들과 함께 식탁에 앉아 떡을 들고 감사 기도를 드리신 후에 떼어서 그들에게 주셨다(30절). 주님이 떡을 들고 축사하신 다음 떼어주셨다. 그 순간 그들의 눈이 밝아져 예수님을 알아보았다. 그리고 예수님은 순식간에 사라져 보이지 않으셨다(31절). '그들의 눈이 밝아져.' 저녁식사시간 떡을 가지고 축사(감사기도)하고 떼어 주실 때 그들의 눈이 밝아져 예수님을 알아보게 되었다. 그들이 기도할 때, 떡을 나눌 때 눈이 열렸고 부활하신 예수님을 보게 되었다. 그 순간 예수님이 부활하셨다는 것을 확신하게 되었다. 말씀과 성찬을 통해 영의 눈을 뜨게 하신다. 부정적인 생각을 할 때는 주님이 보이지 않는다. 그러나 우리가 기도할 때, 곧 하나님을 향해 길을 낼 때 주님이 보이게 된다. 기도는 주님을 향한 고속도로와 같다. 성찬식 때 떡을 나누는 것도 부활하신 주님을 만나는 시간이다. 우리의 어두운 눈을 밝혀 주님을 보는 역사가 일어나야 한다.

예수님이 보이지 않자 그들은 서로 말했다. "길에서 그분이 우리에게 말씀하시고 성경 말씀을 설명해 주실 때 우리 마음이 속에서 뜨겁지 아니 하더냐(32절)." 주님이 말씀을 풀어 주었을 때 그들의 마음이 뜨거워졌음을 상기한다. 깊은 깨달음으로 감동과 감화가 있었다는 말이다. 마음의 뜨거움은 영적 뜨거움, 곧 영적 각성이 있었음을 보여준다. 믿어지지 않던 것이 믿어지고 말할 수 없는 기쁨이 충만했다. 마음이 뜨거워지고 눈이 밝아지는 은혜를 받아야 한다. 영안이 열려야 믿을 수 있다. 제자들은 이 깨달음으로, 예수 그리스도의 궁극적 승리를 확신하게 되었다. 부활은 예수님이 우리와 함께 계신다는 증거다. 예수님을 선명하게 바라보자.

성경말씀은 그저 평범한 이야기가 아니라 우리 속에 역사하는 힘이 있다. 그 말씀은 평소에 주님으로부터 많이 듣던 것이었지만 과거에 그들은 그 말씀에 주목하지 않았다. 하지만 그 말씀을 듣는 순간 느낌이 달랐다. 말씀이 살아 역사하기 시작했다. '우리의 마음이 뜨겁지 아니 하더냐,' 이는 한번만의 뜨거움이 아니라 계속해서 뜨거움, 곧 지속적으로 뜨거웠음을 문법적으로 보여준다. 성령의 역사가 있음을 보여준다. 성령은 주님의 말씀을 생각나게 하신다(요 14:26).

주님을 만난 기쁨, 부활에 대한 확신을 가진 그들은 엠마오 여관에서 가만히 앉아 있을 수 없었다. 그 여관에서 더 이상 머물러 잘 수 없었다. 증인의 심정이 생긴 것이다. 그들은 이 놀라운 소식을 전하기 위해 즉시 일어났다(33절). 그리고 다시 예루살렘으로 향했다. 이미 밤이 어둡고, 가는 길이 험하지만 마음에 두지 않았다. 오히려 소식을 전하는 것이 급하다. 그들은 애써 걸어온 11킬로미터의 길을 그것도 밤에 되돌아갔다. 믿음과 소망은 에너지를 새롭게 한다. 그들은 오직 주님의 살아나심과 그분의 말씀을 공유하고 싶었다. 주님을 만난 사람은 가만있을 수 없다. 그 소식을 전하고자 한다. 그것이 전도의 열정이다. 그들이 예루살렘으로 되돌아가는 동안 주님은 사라지신 것이 아니라 그들이 잘 갈 수 있도록 함께 동행하셨을 것이다.

예루살렘에 가 보니 열 한 제자가 다른 사람들과 함께 모여서 주님이 정말 살아나 시몬 베드로에게 나타나셨다는 이야기를 하고 있었다(34절). 그들은 그 밤에 예루살렘에 돌아왔다. 그러자 그들은 다른 제자들로부터 예수님이 살아나시고 베드로에게 직접 나타나셨다는 말을 듣게 되었다.

두 사람도 길에서 된 일과 예수께서 떡을 떼심으로 자기들에게 알려지신 것을 말해주었다(35절). 엠마오에서 돌아온 두 사람도 주님을 어떻게 만나게 되었는가를 증거 했다. 부활은 소문이 아니라 확실한 증거를 가진 사건이다.

엠마오로 가는 두 제자들은 주님을 새롭게 만났다. 그 주님을 만났을 때 그들은 달라졌다. 주님은 우리의 좌절, 고난의 현장에 함께 하신다. 좌절과 회의, 고난 속에서도 우리는 주님의 손을 꽉 잡고 가야 한다.

3. 제자들에게 나타나신 예수님(36-43절)

그들이 이야기를 하고 있을 때 예수님이 직접 그들 가운데 나타나셔서 "너희에게 평강이 있을 지어다," 즉, 다들 잘 있었느냐 하시자 그들은 깜짝 놀라며 유령을 보는 것으로 생각하였다(36, 37절). 사람들은 죽으면 모든 것이 끝난다고 생각한다. 그러나 예수님은 제자들을 찾아오셔서 "평강이 있을 지어다"라고 말씀하심으로 그것이 끝이 아님을 보여준다.

그때 예수님이 그들에게 말씀하셨다. "어찌하여 두려워하며 어찌하여 마음에 의심이 일어나느냐 내 손과 발을 보고 나인 줄 알라 또 나를 만져 보라 영은 살과 뼈가 없으되 너희 보는 바와 같이 나는 있느니라(38, 39절)." 의심하는 제자들에게 손과 발을 보고, 만져 보라 하신다. 그리고 "너희 보는 바와 같이 나는 있느니라." 하셨다. 부활의 몸이신 것을 보이신 것이다. "내 손과 발을 보라"는 말씀에는 십자가에 못 박히신 손과 발을 의미한다. 우리의 죄 사함을 위해 찢긴 손과 발이다. "그가 찔림은 우리의 허물을 인함이요 그가 상함은 우리의 죄악을 인함이라 그가 징계를 받음으로 우리가 평화를 누리고 그가 채찍에 맞음으로 우리가 나음을 입었도다(사 53:5)." 보혈이 드려지고 죄를 속량하시고 하나님과 화목하셨다. 율법의 요구가 이루어졌다. 이미 하늘의 속죄소에 올라가 피를 뿌림으로 그 모형을 완성하셨다.

예수님이 이 말씀을 하시고 손과 발을 보이셨으나 그들은 너무 기뻐서 오히려 믿지 못하고 이상하게 생각하였다. 그래서 예수님이 "여기 무슨 먹을 것이 있느냐" 물으시자 그들은 구운 생선 한 토막을 갖다 드렸다. 예수님은 그 생선을 받아 그들이 보는 앞에서 잡수셨다(40-43절). 구운 생선 한 토막을 받으시고 제자들 앞에서 직접 잡수신 것은 육신으로 오셨음을 입증하신 것이다.

4. 증인이 되라(44-48절)

그리고서 예수님은 제자들에게 말씀하셨다. "내가 너희와 함께 있을 때 모세의 율법과 선지자의 글과 시편에서 나에 대하여 기록된 모든 것이 이루어져야 한다고 너희에게 말한 것이 바로 이것이다(44절).” ‘너희에게 말한바’ 는 예수님이 제자들에게 말씀하신 것들(눅 9:22, 44, 17:25, 18:31-33, 22;37 등을 가리킨다. 모세의 율법과 선지자의 글은 구약을 가리킨다. 선지자들은 그리스도에 대해 예언했다. 시편의 경우 그리스도의 수난과 부활에 대해 언급하였다. 이 예언들이 모두 이루어졌음을 말한다.

이에 그들의 마음을 열어 성경을 깨닫게 하셨다(45절). 엠마오로 가던 두 제자에게 하셨던 것처럼 예수님은 구약을 인용하시며 메시야의 고난과 그가 받으실 영광의 비밀에 대해 말씀하셨다.

그리고 예수님은 “성경에는 그리스도가 고난을 받고 죽었다가 3일 만에 다시 살아날 것과 또 회개하면 죄를 용서받는다는 이 기쁜 소식이 예루살렘에서 시작하여 모든 민족에게 그리스도의 이름으로 전파될 것이 기록되어 있다. 너희는 이 일에 대한 증인(witnesses)이다.” 하셨다(46, 47절). 예수님은 제자들에게 선교의 사명을 주셨다. 제자들이 증인이 되어 전파해야 할 것은 그리스도의 고난과 죽으심, 부활, 그리고 회개와 용서의 복음이다. 예수님은 제자들이 이 과업을 힘 있게 수행할 수 있도록 하늘로부터 오는 능력, 곧 성령을 약속하셨다. 제자들은 이 능력을 받아 땅 끝까지 복음을 전하게 된다. 주님이 우리에게 전도하라고 주신 세 가지가 있다. 구원의 기쁜 소식인 복음, 그 복음을 전하도록 우리를 부르신 소명, 그리고 성령의 능력이다.

5. 승천하신 예수님(49-53절)

예수님은 제자들에게 “볼지어다 내가 내 아버지께서 약속하신 것(what my Father has promised)을 너희에게 보내리니 너희는 위로부터 능력으로 입혀질 때까지 이 성에 머물라” 하셨다(49절).” 약속하신 것은 성령이다. 머물라 하신 곳은 예루살렘이다. 성령을 기다리라는 하는 것은 성령의 능력을 받지 않고서는 전파할 수 없기 때문이다. 입혀질 때까지는 하나님의 능력을 받는 것을 말한다. 이것을 옷 입는 것으로 비유하셨다.

요한 웨슬리는 옥스퍼드 대학에서 신성클럽을 만들었다. 성찬을 행하고 금식기도를 했으며 감옥에 갇힌 자를 위로하고 자선사업을 했다. 그는 미국 인디언에게 복음을 전하러 갔다. 3년 후 실패한 후 돌아왔다. 누가 나를 회개시킬 것인가? 그는 로마서를 읽다가 성령의 임재를 체험했다. 그 후 그는 달라졌다. 더 이상 불만하거나 불평하지 않았다. 그리고 복음을 전했다. 그는 말을 타고 다니며 전도했다. 타락한 영국사회를 구원시키고자 노력했다. 이로 인해 영국은 프랑스와 같은 피비린내 나는 사건을 겪지 않았다.

예수께서 그들을 데리고 베다니 근처로 가서 손을 들어 그들을 축복해주셨다(50절). 예수님은 승천하시기 전 손을 들어 제자들을 축복하셨다. 주님의 축복하시는 손을 우리는 마지막으로 본다. 병자에게 있어서 주님의 손은 치료의 손이셨고, 오병이어에 손을 얹고 기도하시면 기적을 일어났다. 죄인에게는 못 박힌 손이 되셨다. 성도들에게는 항상 축복하는 손이 되셨다. 손쳐낸 아이들을 오히려 안고 축복하셨다. 그 주님께서 승천하시기 전 손을 들어 축복하셨다. 이 마지막 축복의 손이 지금도 축도의 손으로 이어지고 있다.

축복하실 때에 예수님은 그들을 떠나 하늘로 올림을 받으셨다(51절). 베다니 근처에서 승천하신 것이다. 사도행전 1:12에서는 승천 장소가 감람산이라 했다. 베다니는 감람산 동쪽 기슭에 위치하였다. 우리 주님은 땅에 매일 몸이 아니다. 하늘의 몸으로 승천하셨다. 하나님 우편에 앉아 우리를 위해 쉬지 않고 기도하신다. 스데반이 순교할 때 기쁜 낯으로 하늘을 우러러 예수님이 우편에 서 계신 것을 보았고 평화롭게 순교했다. 그 주님은 세상 끝 날까지 우리와 함께 하리라 하셨다. 이것은 성령으로 우리가운데 계심으로 가능하다. “내가 떠나가는 것이 너희에게 유익이라(요 16:7)” 하셨다. 가지 않으면 한 곳에서 한정된 사람만 돕지만 하늘에서는 모든 성도를 도와줄 수 있다.

제자들은 예수님께 경배하고 벅찬 기쁨으로 예루살렘에 돌아와 계속 성전에 머물러 있으면서 하나님을 찬양하였다(52, 53절). ‘경배하고(worshiped him)’ 는 제자들이 예수님을 하나님으로 인정하고 예배의 대상으로 삼았음을 의미한다. 제자들은 부활 이후 예수님의 신성을 강하게 증거 했다. 그들은 큰 기쁨을 안고 예루살렘으로 돌아갔다. 큰 기쁨은 예수님 때문이다. 제자들은 복음증거를 위해 감당할 힘도 약속받았다. 그리고 예수님은 다시 영광스런 몸으로 오실 것이다. 승천하신 그 모습 그대로 오신다. 우리 안에 예수 생명이 살아있다. 이 모든 일을 이루신 하나님을 찬송할지어다. 할렐루야.